2023-24年版

イチから身につく

FP3級

合格のトリセツ

速習問題集

ここから
はじまります！

LEC専任講師が丁寧に解説！
無料解説動画 全16回

アクセスは
こちらから！

https://www.lec-jp.com/fp/3fp/book/member/torisetsu2023_mondai.html

はじめに

この度は『FP3級 合格のトリセツ 速習問題集 2023-24年版』をご購入いただき、ありがとうございます。

本書は同時発刊のテキスト『FP3級 合格のトリセツ 速習テキスト 2023-24年版』の姉妹本で、2冊を併読してもらうことで、より効果的な学習ができるよう、配慮してあります。

各問題には、テキストの該当ページが出ていますから、わからない部分や復習するときには、すぐ必要なページにアクセスできます。

本書は、問題集ということもあり、「読む」というよりは「使う」ことに重点を置いています。このため、1ページあたりの見やすさを考え、文字数で圧倒されないよう適度に空白をあけた作りになっています。何度も見て、何度も解くことで理解を深め、余白に書き込みやチェックを入れていくことで自分の到達度を確認できるようにしてあります。何度も見返すページにはフセンを貼ってもいいでしょうし、ページに折り目を付けても見やすくなります。解答がどうしても目に入ってしまう場合は、「解答かくしシート」を使いましょう。

各問題には3つのチェックボックスがあります。
これは「最低でも3回は解いてくださいね」という意味です。もちろん、3回以上解くこともおすすめします。
このチェックボックスは、解いた回数を確認するだけでなく、苦手な問題や、わからなかった問題などを見つけるのにも役立ちます。

使っていくうちに「自分だけの問題集」になっていくはず。フセンだらけ、折り目だらけになるかも知れませんが、それだけ勉強した、ということ。苦手な問題を一つずつ潰して、合格を手にしてもらえれば、これに勝る喜びはありません！

2023年・初夏
レック先生
こと、LEC東京リーガルマインドFP講座講師陣

本書を使った勉強の仕方

本書は『FP3級　合格のトリセツ　速習テキスト　2023-24年版』に準拠した問題集です。テキストの該当ページへのリンクなど、2冊を併読することで効果的に学習できるようになっています。

チェックボックス

何度も解くことが、効果的な学習方法です。そのため、ここでは、解いた回数をチェックする□を付けてあります。チェックした回数が多いほど苦手な問題のはず。最低でも3回は解いてみましょう。

重要度

A～Cまで、出題数による重要度を付けてあります。

●分析対象
2018年1月～2023年1月
（15回の試験）

A：8回以上出題
　　（5割超）

B：4～7回出題
　　（5割以下）

C：3回以下の出題
　　（2割以下）

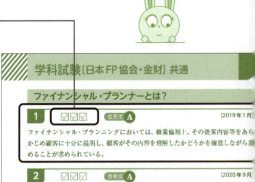

問題と解答がひと目でわかる！

ページをめくる必要はなく、わからなければパッと横を見るだけ。すぐに解答がわかります。
「解答かくしシート」も有効に使いましょう。

3）①転換前の契約時
20 ☑☑☑
本年中に契約した生命保険保険料控除の対象となる。

本書では、
「本年」とは2023年、
「本年度」とは2023年度のことを指します。

○　　　　　　　　　　　　　　　テキスト1章 P4

アカウンタビリティと呼ばれます。常識の範囲で解答すれば大丈夫です。

×　　　　　　　　　　　　　　　テキスト1章 P5

税理士でない者は、税務代理、税務書類の作成、個別具体的な税務相談は、無償でもできません。試験では「無償であれば、…」とひっかけてきますのでご注意ください。

×　　　　　　　　　　　　　　　テキスト1章 P5

未成年者、推定相続人・受遺者またはその配偶者、直系血族等、証人になることができない者に該当しない限り、特別の資格がなくても証人となることができます。なお、弁護士でない者が、法律事務について単独で具体的な法律判断をすることはできません。

○　　　　　　　　　　　　　　　テキスト1章 P6

なお、株価、経済指標等の客観的事実を伝えたりするだけであれば、投資・助言代理業に該当しません。

レック先生のワンポイント

資格者・登録者以外ができない業務の例

税理士法	個別具体的相談（有償・無償問わず）
弁護士法	単独で具体的な法律判断を下す
司法書士	不動産の権利に関する登記の書類の作成
金融商品取引法投資助言・代理業	主観的助言、投資顧問・投資一任契約
社会保険労務士法	社会保険の書類の作成・提出の代行

21

テキストへのリンク

問題を解いてみて、さらに詳しく調べてみたいと思ったら、テキストの該当ページへすぐにアクセスできます。

レック先生のワンポイント

さらにもう一押し、覚えておいたほうがいいこと、出題されるポイントはコラムで補足してあります。
ここもあわせて頭に入れておきましょう。

アプリの利用方法

本書に収載されている「学科問題」全問題については、
アプリと併せて学習ができます。
スマートフォンで問題演習が可能です。

利用期間

利用開始日　2023年6月1日
登 録 期 限　2024年5月31日
利 用 期 限　2024年5月31日

動作環境 （2023年3月現在）

【スマートフォン】
- Android 8 以降
- iOS 14.0以降

※ご利用の端末の状況により、動作しない場合があります。
　OSのバージョンアップをされることで正常にご利用いただけるものもあります。

利用方法

1 スマートフォンからGooglePlay または AppStore にアクセスし、**「FPトリセツ合格アプリ」** と検索し、アプリをダウンロードしてください。

「FPトリセツ合格アプリ」

アプリの利用方法

2 アプリをダウンロードしたら、問題集の選択画面から購入された問題集を選択してください。
次に「アクセスコード入力」画面に進み、「アクセスコード」入力欄にアクセスコードを入力します。
記載事項に同意した上で「上記に同意してはじめる」ボタンをクリックします。

アクセスコード
LECt2324fp3Z

3 「問題集を選択」の画面に進んだら、本書「FP3級 合格のトリセツ 速習問題集 2023-24年版」をクリックすると、アプリが利用できるようになります。

※画像はイメージです。

○「FPトリセツ合格アプリ」お問い合わせ方法のご案内

ログインやアプリの操作方法のお問い合わせ、内容の正誤についての確認方法は、こちらの専用ページからご確認ください。
https://lec.jp/fp/info/torisetsu.html
お電話でのお問い合わせはお受けしておりませんので、予めご了承ください。

2023-2024年
FP3級資格試験
学科と実技のポイント攻略

学科試験	共通	
実技試験	日本FP協会 （NPO法人 日本ファイナンシャル・プランナーズ協会）	資産設計提案業務
	金財 （一般社団法人 金融財政事情研究会）	個人資産相談業務 保険顧客資産相談業務

金財で受検する場合、2つの実技試験がありますが、どちらかを選択することになるので受検する実技試験は1つだけです。
このうち「保険顧客資産相談業務」の試験は、リスク管理のウエイトを高くしたもので、金融と不動産からは基本的に出題されません。一方、「個人資産相談業務」は金融と不動産は出題されますが、リスク管理からは基本的に出題されません。

試験は、学科と実技の両方に合格しなければなりません。

学科試験

〈午前〉
試験時間
120分
[CBT試験
90分（4月より）]

学科試験は、実施団体である金財・日本FP協会とも共通です

出題形式：〇×式30問・3択式30問の計60問
合格基準：6割以上（計60点満点で36点以上）

実技試験

〈午後〉
試験時間
共通/60分

実施団体である金財と日本FP協会で試験内容が異なります

金財
出題形式：事例形式5題
出題科目：個人資産相談業務、保険顧客資産相談業務から1つを選択
合格基準：6割以上（50点満点で30点以上）

日本FP協会
出題形式：3択式20問
出題科目：資産設計提案業務
合格基準：6割以上（100点満点で60点以上）

8

合格への道 学科編

学科試験の出題傾向

FP3級で出題される6つの分野の出題傾向を事前に知っておくことで、効率よく勉強を進めましょう。重要ポイントを絞り、集中して勉強に取り組めば合格への道がグッと近づくはずです。

1. ライフプランニングと資金計画 ………………………………… 10問

- 年金（国民年金、厚生年金）
- 医療保険（健康保険の給付）
- 介護保険、雇用保険
- 住宅ローン、教育ローン・奨学金、係数
- コンプライアンスなど

2. リスク管理 ………………………………………………………… 10問

- 保険商品（死亡・老後・地震・傷害など）
- 保険関連の約款（払済保険、延長保険、自動振替貸付など）
- 保険と税金（保険料の税務、保険金の税務）
- 保険業法

3. 金融資産運用 ……………………………………………………… 10問

- 投資型商品（債券、株式、投資信託、外貨）
- ポートフォリオ理論
- 経済指標

4. タックスプランニング …………………………………………… 10問

- 所得税（概要、各所得、損益通算、所得控除、税額控除、確定申告、青色申告）

5. 不動産 ……………………………………………………………… 10問

- 法律（建築基準法、借地借家法、不動産登記法など）
- 税金（取得に係る税金、保有に係る税金、譲渡に係る税金）
- 投資利回りの計算

6. 相続・事業承継 …………………………………………………… 10問

- 民法（相続分、遺言、相続放棄）
- 贈与税（基礎控除、配偶者控除、相続時精算課税制度）
- 相続税（非課税、基礎控除、配偶者の税額軽減、申告期限）
- 財産評価（土地、小規模宅地等の特例、上場株式など）

早わかり！ 2023-2024年版　3級実技試験（日本FP協会）

資産設計提案業務の重要ポイント

「資産設計提案業務」とはどんな試験？

「ライフプランニングと資金計画」の項目をベースに、幅広い出題がなされます。実技試験ですので、資料として記載されている経済記事や保険証券の内容を読み解いたり、総合問題では、実務で直面しそうな相談内容の設定から各問に答えていく、といった構成になっています。

出題傾向と対策は？

「ライフプランニングと資金計画」以外の5分野からもそれぞれ複数問、出題されます。金融、不動産、リスク、タックスプランニング、相続の問題について右の出題傾向の表に記載されている過去問題を重点的に取り組みましょう。これで十分合格に手が届くはずです。

この試験の特徴は？

必ず出題される問題がたくさんあります。具体的には、コンプライアンス、キャッシュフロー表の計算、建築基準法、保険証券の分析、相続人・相続分、バランスシート、6つの係数など。右のページの「ここもチェック！」までやると、学科試験の得点力も大幅にアップします。

合格への道　実技編 ❶

出題分野	問題数	この項目を押さえよう！
第1問 ライフプラン コンプライアンス	2	FPのコンプライアンス キャッシュフロー表の計算
第2問 金融	3〜4	株式投資の指標 (新) NISA **ここもチェック！** 投信（手数料、分配金、税金）も重要です
第3問 不動産	2〜3	建築面積と延べ面積の計算 **ここもチェック！** 不動産登記、不動産の売却の税金も必須です
第4問 リスク	3〜4	保険証券分析 生命保険金と税金 **ここもチェック！** 地震保険、自動車保険、個人賠償責任保険の特徴を覚えておこう
第5問 タックス プランニング	2〜3	所得金額の計算 **ここもチェック！** 医療費控除も重要です
第6問 相続	2〜3	相続人、相続分 贈与税（基礎控除、配偶者控除） **ここもチェック！** 遺言の種類と特徴も要チェック
第7問 総合・ ライフプラン	4〜5	バランスシート 6つの係数 遺族年金 **ここもチェック！** 老齢基礎年金、健康保険の給付（高額療養費、傷病手当金）もしっかりと

> 早わかり！

2023-2024年版 3級実技試験（金財）
個人資産相談業務の重要ポイント

「個人資産相談業務」とはどんな試験？

学科試験で出題される6分野のうち、保険を除く5分野から出題されます。社会保険は年金の計算、タックスプランニングは所得や所得税の計算、不動産は建蔽率や容積率の計算、相続は相続税の基礎控除や、相続税の総額の計算など、計算問題を確実に得点できるように学習しましょう。

> よく覚えてね！

> ここが大事！

出題傾向と対策は？

上記の計算以外にも知識を問う問題が3択形式で出題されます。学科試験の○×問題よりも難易度が高くなっています。言い換えれば、実技試験の知識を問う3択問題に取り組むことで学科試験の得点力も飛躍的に高まります。

この試験の特徴は？

右の出題傾向の表のようによく出題される問題には、一定の傾向があります。例えば金融では、株式の問題が多く出題されています。まずは、よく出る問題を取り組み、自信がついたら「ここもチェック！」まで取り組みましょう。

> がんばろっと！

合格への道　実技編 ❷

出題分野	問題数	この項目を押さえよう！
第1問 社会保険	3	老齢基礎年金の計算、老齢基礎年金、老齢厚生年金の受給要件、繰上げ支給・繰下げ支給 **ここもチェック！** 公的医療保険（高額療養費、傷病手当金等、任意継続被保険者）、遺族（基礎・厚生）年金、介護保険も重要です
第2問 金融	3	株式指標（PER、PBR、ROE、配当利回り等） （新）NISA・株式の税金 **ここもチェック！** 株式の売買・権利確定日等、株価指数、投資信託の手数料、J-REIT、外貨建て金融商品、投資信託も狙われます！
第3問 タックス プランニング	3	総所得金額（特に給与所得、一時所得、雑所得等）、所得控除（特に配偶者控除、扶養控除、医療費控除等）、所得税の確定申告（申告期限や、確定申告が必要なケース等） **ここもチェック！** 不動産所得の損益通算、所得控除（社会保険料控除等）、青色申告も大事です！
第4問 不動産	3	建蔽率・容積率の計算 土地の有効活用 **ここもチェック！** 固定資産税、譲渡所得・居住用財産・空き家の譲渡所得もしっかりと！
第5問 相続	3	相続税の基礎控除 相続税の総額 小規模宅地等の特例、遺言 **ここもチェック！** 遺留分、生命保険金の非課税、配偶者の税額軽減・2割加算、相続後の手続き、贈与税の計算、貸家建付地の評価も！

早わかり！ 2023-2024年版 3級実技試験（金財）

保険顧客資産相談業務の重要ポイント

「保険顧客資産相談業務」とはどんな試験？

金財には2つの実技試験があり、そのうち保険業に携わっている方や、就職・転職などで保険に関わる方が受検することが多い試験です。その名の通り、保険に関する比重が高く、「リスク管理」からの出題は必須ですから、重点的にマスターしましょう。

ポイントを把握しよう！

そうか！

出題傾向と対策は？

この試験の性格上、「リスク管理」は最重要項目です。全15問中6問程度がリスク管理から出題されますから、重点的に。「個人に関する生命保険（公的医療保険や公的介護保険・生命保険の税務など）」と「法人に関する生命保険（終身保険や養老保険などの保険料の経理処理、保険金や解約返戻金の経理処理や退職所得）」が頻出論点です。

この試験の勉強法は？

保険に特化した試験なので、「金融資産運用」「不動産」からの出題は基本的にありません。4分野を集中して勉強すればいいということになりますが、その分、保険に関する広い知識が必要になります。

がんばろうね！

合格への道　実技編 ❸

出題分野	問題数	この項目を押さえよう！
第1問 社会保険	3	老齢基礎年金、 老後の収入を増やす方法（付加年金、国民年金基金、小規模企業共済、確定拠出年金等） **ここもチェック！** 遺族基礎年金、遺族厚生年金、国民年金被保険者も合わせて押さえよう！
第2問 保険・個人	3	公的介護保険、生命保険・第三分野の商品の特徴、生命保険の約款、生命保険料控除、生命保険金の税金 **ここもチェック！** 公的医療保険（高額療養費、傷病手当金、任意継続被保険者）、必要保障額などは重要です！
第3問 保険・法人	3	退職所得、法人契約の経理処理、 法人向け生命保険の特徴・活用法
第4問 タックス プランニング	3	総所得金額（給与所得、一時所得等）、 所得控除（配偶者控除、扶養控除等）、 所得税の確定申告（期限、確定申告が必要となるケース等） **ここもチェック！** 所得控除（医療費控除、社会保険料控除等）なども大事です！
第5問 相続	3	生命保険金の非課税、相続税の基礎控除、 相続税の総額、小規模宅地等の特例、遺言 **ここもチェック！** 相続後の手続き、相続分、遺留分、配偶者の税額軽減も！

Contents

第 1 章　ライフプランニングと資金計画

●学科試験問題＆解答

ファイナンシャル・プランナーとは？ ………………………… 22

資産計算で使う6つの係数 ………………………………… 24

人生の3大資金 …………………………………………… 26

社会保険の基本 …………………………………………… 32

公的年金の基本 …………………………………………… 42

企業・個人事業主の年金 …………………………………… 52

クレジットカード等 ………………………………………… 54

●実技試験問題＆解答

[日本FP協会] 資産設計提案業務 ………………………… 56

[金財] 個人資産相談業務・保険顧客資産相談業務 ………… 64

第 2 章　リスク管理

●学科試験問題＆解答

保険の基本 ………………………………………………… 86

生命保険のしくみと保険の契約 …………………………… 90

生命保険の種類と契約～税金 ……………………………… 90

損害保険の種類と契約～税金 ……………………………… 102

第三分野の保険 …………………………………………… 116

●実技試験問題＆解答

[日本FP協会] 資産設計提案業務 ………………………… 118

[金財] 保険顧客資産相談業務（個人向け保険） …………… 136

[金財] 保険顧客資産相談業務（法人向け保険） …………… 156

第 3 章　金融資産運用

●学科試験問題＆解答

経済と金融の基本 ……………………………………………… 178

金融機関のセーフティネットと関連法規 …………… 182

貯蓄型金融商品 ……………………………………………… 188

債券 ……………………………………………………………… 188

株式 ……………………………………………………………… 192

投資信託 ………………………………………………………… 198

外貨建て金融商品 ………………………………………… 202

金融商品と税金 …………………………………………… 204

ポートフォリオ理論とデリバティブ ………………… 208

●実技試験問題＆解答

［日本FP協会］資産設計提案業務 …………………… 212

［金財］個人資産相談業務 ……………………………… 228

第4章 タックスプランニング

●学科試験問題&解答
税制と所得税の基礎 ………………………………… 250
所得の10分類と計算 ………………………………… 254
損益通算と繰越控除 ………………………………… 262
所得控除 ……………………………………………… 266
税額計算と税額控除 ………………………………… 274
所得税の申告と納税 ………………………………… 278
●実技試験問題&解答
[日本FP協会] 資産設計提案業務 ………………… 286
[金財] 個人資産相談業務・保険顧客資産相談業務 ……… 302

第5章 不動産

●学科試験問題&解答
不動産の基本 ………………………………………… 326
不動産取引 …………………………………………… 330
不動産に関する法令 ………………………………… 334
不動産の税金 ………………………………………… 348
不動産の有効活用と投資分析 ……………………… 358
●実技試験問題&解答
[日本FP協会] 資産設計提案業務 ………………… 362
[金財] 個人資産相談業務 …………………………… 376

第 **6** 章　相続・事業承継

●学科試験問題＆解答

相続の基礎知識 …………………………………… 398

相続税 ……………………………………………… 406

贈与税 ……………………………………………… 414

財産の評価 ………………………………………… 426

●実技試験問題＆解答

［日本FP協会］資産設計提案業務 ……………… 436

［金財］個人資産相談業務・保険顧客資産相談業務 ……… 452

特 別 編　総合問題

●実技試験問題＆解答

［日本FP協会］資産設計提案業務 ………………… 476

第1章 傾向と対策

ライフプランニングと資金計画の出題範囲は、FPの基礎から社会保険、公的年金などです。出題範囲が広く、FPの基本的な知識が詰まっている分野なので、様々なカテゴリーに関連しているのが特徴になります。

頻出される問題

＜学科試験＞　学科試験の主なキーワード
税理士法、弁護士法、金融商品取引法、6つの係数、フラット35、元利（金）均等返済、日本学生支援機構の貸与型奨学金、国の教育ローン、雇用保険の基本手当、傷病手当金、介護保険、国民年金保険料の免除・猶予、老齢基礎年金の繰上げ支給・繰下げ支給、遺族基礎年金、遺族厚生年金、確定拠出年金、国民年金基金、総量規制

＜実技試験＞
【日本FP協会】「ライフプランニングの考え方・手法」からよく出題され、特に「キャッシュフロー表の計算」は「6つの係数」と合わせて必須です。

【金財】「老齢年金、遺族年金」が頻出論点です。「繰上げ・繰下げ支給」や老後資金を増やす方法、公的医療保険や公的介護保険も出題されます。

第1章 ライフプランニングと資金計画

学科試験問題＆解答

- ファイナンシャル・プランナーとは？
- 資産計算で使う6つの係数
- 人生の3大資金
- 社会保険の基本
- 公的年金の基本
- 企業・個人事業主の年金
- クレジットカード等

実技試験問題＆解答

- ［日本FP協会］　資産設計提案業務
- ［金財］　個人資産相談業務＆保険顧客資産相談業務

※金財の実技試験は、「個人資産相談業務」「保険顧客資産相談業務」の2つがありますが、共通する科目での出題傾向は似ています。
　本書では効率よくかつ幅広く論点を学習するため、2つの試験問題を分けず、横断式で出題しています。

学科試験 [日本FP協会・金財] 共通

ファイナンシャル・プランナーとは？

1 ☑☑☑ 重要度 **A** [2022年1月]

弁護士資格を有しないファイナンシャル・プランナーが、顧客に対して、法定相続分や遺留分について民法の条文を基に一般的な説明を行う行為は、弁護士法に抵触する。

2 ☑☑☑ 重要度 **A** [2020年9月]

税理士資格を有しないファイナンシャル・プランナーが、顧客のために反復継続して確定申告書を作成しても、その行為が無償であれば税理士法に抵触しない。

3 ☑☑☑ 重要度 **A** [2020年1月]

ファイナンシャル・プランナーは、顧客の依頼を受けたとしても、公正証書遺言の作成時に証人となることはできない。

4 ☑☑☑ 重要度 **A** [2018年5月]

ファイナンシャル・プランナーが顧客と投資顧問契約を締結し、その契約に基づき投資助言・代理業を行うには、金融商品取引業の登録を受けなければならない。

テキスト1章　P5

一般的な法律の説明は、弁護士でなくてもすることができます。

テキスト1章　P5

税理士でない者は、税務代理、税務書類の作成、個別具体的な税務相談は、**無償でもできません**。試験では「無償であれば、…」とひっかけてきますのでご注意ください。

テキスト1章　P5

未成年者、推定相続人・受遺者またはその配偶者、直系血族等、証人になることができない者に該当しない限り、特別な資格がなくても証人となることができます。なお、弁護士でない者が、法律事務について**具体的な法律判断**をすることは**できません**。

テキスト1章　P6

なお、株価、経済指標等の**客観的事実**を伝えたりするだけであれば、投資助言・代理業に該当しません。

資格者・登録者以外ができない業務の例

税理士法	個別具体的相談（有償・無償問わず）
弁護士法	具体的な法律判断を下す
司法書士	不動産の権利に関する登記の書類の作成
金融商品取引法 投資助言・代理業	主観的助言、投資顧問・投資一任契約
社会保険労務士法	社会保険の書類の作成・提出の代行

5  [2021年9月]

Aさんの本年分の可処分所得の金額は、下記の＜資料＞によれば、(　　)である。

＜資料＞本年分のAさんの収入等

| 給与収入 | ：700万円（給与所得：520万円） |
| 所得税・住民税：60万円 |
| 社会保険料 | ：100万円 |
| 生命保険料 | ：10万円 |

1）360万円
2）530万円
3）540万円

6   [2019年5月]

個人のライフプランニングにおいて、キャッシュフロー表に記載する金額は、物価変動等が予測されるものについては、通常、その変動等を加味した将来価値で計上する。

資産計算で使う6つの係数

7   [2021年1月]

借入金額300万円、利率（年率・複利）3％、返済期間5年、元利均等返済でローンを組む場合、毎年の返済額は、下記の＜資料＞の係数を使用して算出すると、(　　)である。

＜資料＞利率（年率）3％・期間5年の各種係数

終価係数	減債基金係数	資本回収係数
1.1593	0.1884	0.2184

1）565,200円
2）655,200円
3）695,580円

3 が正しい

テキスト1章　P9

可処分所得は「**収入−（所得税・住民税＋社会保険料）**」により求めます。
700万円−（60万円＋100万円）＝540万円となり、3.が正解となります。

○

テキスト1章　P9

キャッシュフロー表は物価変動率や給与の上昇率等を加味した**将来価値**で計上します。
なお、ライフイベント表のイベント費用等は一般に、物価変動等を考慮する前の**現在価値**で計上します。

2 が正しい

テキスト1章　P15

借入額に対する毎年の返済額は「借入額×**資本回収係数**」により求めます。300万円×0.2184＝655,200円。
覚えるのが苦手な人は、分かっている金額を「1」としたとき、**求めたい金額の割合を表したのが係数**と考えましょう。

レック先生のワンポイント

問題の場合、1を5年で分割して返済すると元本の返済は「1÷5年＝0.2」となり、利息を加えて返済するため、0.2よりも少し多い「0.2184」を使うと考えます。

8  [2020年9月]

900万円を準備するために、15年間、毎年均等に積み立て、利率（年率）1％で複利運用する場合、必要となる毎年の積立金額は、下記の＜資料＞の係数を使用して算出すると（　　）である。

＜資料＞利率（年率）1％・期間15年の各種係数

現価係数	資本回収係数	減債基金係数
0.8613	0.0721	0.0621

1）516,780円
2）558,900円
3）600,000円

人生の3大資金

9   [2019年1月]

日本政策金融公庫の教育一般貸付（国の教育ローン）の融資限度額は、所定の海外留学資金として利用する場合等を除き、入学・在学する学生・生徒1人につき350万円である。

10 [2022年1月]

日本政策金融公庫の教育一般貸付（国の教育ローン）において、融資の対象となる学校は、中学校、高等学校、大学、大学院等の小学校卒業以上の者を対象とする教育施設である。

2 が正しい　　　　　　　　　　　　　　　テキスト1章　P15

将来の貯蓄目標額から毎年必要となる積立額は「貯蓄目標額×**減債基金係数**」により求めます。900万円×0.0621＝558,900円。
覚えるのが苦手な人は、分かっている金額を「1」としたとき、**求めたい金額の割合を表したのが係数**と考えましょう。
この問題の場合、15に分けて積み立てると、毎回の積立額は「1÷15年＝0.066」となり、利息が助けてくれる分、少ない積立でよいため、0.066よりも小さい数値である「0.0621」を使うと考えれば解けます。

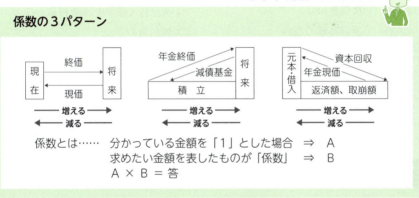

○　　　　　　　　　　　　　　　　　　　テキスト1章　P21

なお、所定の海外留学資金、自宅外通学、大学院等の場合の融資限度額は**450万円**となります。
返済期間は最長**18年**、**固定金利**という点もよく出題されます。

×　　　　　　　　　　　　　　　　　　　テキスト1章　P21

小学校、中学校は対象外です。

11 ☑☑☑ 重要度 A [2021年1月]

日本政策金融公庫の教育一般貸付（国の教育ローン）の使途は、入学金や授業料といった学校に直接支払うものに限られる。

12 ☑☑☑ 重要度 C [2020年1月]

日本学生支援機構が取り扱う奨学金には、（ ① ）第一種奨学金と（ ② ）第二種奨学金がある。

1）①利息付（在学中は無利息）の　　②利息付（在学中も有利息）の
2）①無利息の　　　　　　　　　　②利息付（在学中は無利息）の
3）①返済義務のない　　　　　　　②無利息の

13 ☑☑☑ 重要度 C [2021年9月]

日本政策金融公庫の教育一般貸付（国の教育ローン）は、日本学生支援機構の奨学金制度と重複して利用することができない。

14 ☑☑☑ 重要度 B [2018年5月]

住宅ローンの返済方法のうち、元利均等返済方式と元金均等返済方式の利息を含めた総返済金額を比較すると、返済期間や金利などの他の条件が同一である場合、通常、その額は、（　　）。

1）元利均等返済方式のほうが多い
2）どちらも同じ額である
3）元金均等返済方式のほうが多い

✕ テキスト1章 P21

国の教育ローンは、下宿費用、国民年金保険料等の支払いにも充てることができます。

2 が正しい テキスト1章 P21

第一種奨学金は**無利息**、第二種奨学金は**有利息**（在学中は**無利息**）となります。
所得要件、成績要件はともにありますが、原則、第一種奨学金の方が要件が厳しい分、利息面で優遇されています。
なお、日本学生支援機構の奨学金には、給付型（返還不要）もあります。

 レック先生のワンポイント

日本学生支援機構の貸与型奨学金

第1種奨学金	無利息
第2種奨学金	有利息（在学中は無利息）

✕ テキスト1章 P21

例えば、入学前に必要な資金は国の教育ローン、入学後の授業料や生活費は奨学金、という利用方法が考えられます。

1 が正しい テキスト1章 P24

借入金の利息は借入残高に対して計算されます。元金均等返済は一定のペースで元金が減るのに対し、元利均等返済は返済開始当初の元本の減少が緩やかですので、**元利均等返済のほう**が利息の支払いが**多く**なります。
なお、元金均等返済の毎回の返済額は、**返済開始当初**は元利均等返済よりも**多い**ですが、返済が進むにつれて少なくなり、**総返済額**で比較すると、**元利均等返済よりも少なく**なります。

15 [2019年1月]

下図は、住宅ローンの（①）返済方式をイメージ図で表したものであり、図中のPの部分は（②）部分を、Qの部分は（③）部分を示している。

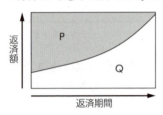

1）①元金均等　②利息　③元金
2）①元利均等　②元金　③利息
3）①元利均等　②利息　③元金

16 [2018年9月]

住宅ローンの一部繰上げ返済には、一般に、毎月の返済額を変更せずに残りの返済期間を短くする期間短縮型と、返済期間を変更せずに毎月の返済額を減額する返済額軽減型がある。

3 が正しい　　　　　　　　　　　　　　　　　テキスト1章　P24

①元利均等返済は「元利（全体）」の支払いが均等、元金均等返済は「元金」の支払いが均等です。
②③返済開始当初は借入残高が多いため、利息が多く、徐々に減少します。返済額が一定であるため、利息の支払いが減る分、元金の返済が増えます。

レック先生のワンポイント

住宅ローンの返済方法

元利均等返済	毎回の返済額が一定 一般的な返済方法	当初の返済額は元金均等返済の方が多い
元金均等返済	毎回の元金部分の返済額が一定 （利息の返済は徐々に減少）	総返済額は元利均等返済の方が多い

○　　　　　　　　　　　　　　　　　　　　　テキスト1章　P25

繰上げ返済した金額は全額が元金の返済に充てられ、その元金に対してかかるはずであった利息の負担がなくなります。
期間短縮型は借入額が減り、期間が短くなるというW効果（2つの効果）があるため、借入額が減少するのみの**返済額軽減型よりも利息軽減効果は大き**くなります。

17 ☑☑☑ 重要度 **B** [2020 年 9 月]

住宅を取得する際に長期固定金利住宅ローンのフラット 35（買取型）を利用するためには、当該住宅の建設費または購入価額が消費税相当額を含めて 1 億円以下である必要がある。

18 ☑☑☑ 重要度 **B** [2020 年 1 月]

住宅金融支援機構と民間金融機関が提携した住宅ローンであるフラット 35 の融資金利は固定金利であり、その利率は取扱金融機関がそれぞれ独自に決定している。

社会保険の基本

19 ☑☑☑ 重要度 **B** [2021 年 1 月]

全国健康保険協会管掌健康保険の被保険者に支給される傷病手当金の額は、1 日につき、原則として、傷病手当金の支給を始める日の属する月以前の直近の継続した（①）の各月の標準報酬月額の平均額を 30 で除した額に、（②）を乗じた額である。

1) ①12 カ月間　②3 分の 2

2) ①12 カ月間　②4 分の 3

3) ①6 カ月間　②5 分の 4

テキスト1章 P26

以前は購入価額の上限がありましたが、現在は**物件価格の上限はありません**。
なお、融資限度額（購入価格や建設資金の**100％**まで、最高**8,000万円**）はありますので、気をつけましょう。

フラット35

融資主体	民間金融機関
金利	固定金利。融資実行時点の金利。金融機関により異なる
返済期間	最長35年
諸費用	繰上げ返済の手数料、保証料は無料

 テキスト1章 P26

フラット35の「フラット」は「平ら＝**固定金利**」、「35」は最長**35年**の住宅ローン、つまり最長35年の固定金利ローンです。住宅金融支援機構は支援する側であり、民間金融機関が提供する住宅ローンであるため、利率は各金融機関が定めています。

---

1 が正しい　　　　　　　　　　　　　　　　　　テキスト1章 P36

頻出する問題なので、以下の数値をしっかり押さえましょう。
・支給開始日の属する月以前**12カ月**間の各月の標準報酬月額の平均額÷30日×$\frac{2}{3}$

- 連続した3日間の休業の後4日目から
- 支給開始日の属する月以前
   12カ月間の各月の標準報酬月額の平均額÷30日×$\frac{2}{3}$
- 支給開始日から通算1年6カ月が限度

20 [2022年1月]

全国健康保険協会管掌健康保険の被保険者が、産科医療補償制度に加入する医療機関で出産した場合の出産育児一時金の額は、1児につき（　　）である。

1) 42万円
2) 50万円
3) 56万円

21 [2019年5月]

健康保険の任意継続被保険者となるためには、健康保険の被保険者資格を喪失した日の前日まで継続して（①）以上被保険者であった者が、原則として、資格喪失の日から（②）以内に任意継続被保険者の資格取得手続を行う必要がある。

1) ①2カ月　②20日
2) ①2カ月　②14日
3) ①1年　　②14日

2 が正しい　　　　　　　　　　　　　　　　　　　テキスト1章　P37

被扶養者が出産した場合の金額も**同じ**です。

---

1 が正しい　　　　　　　　　　　　　　　　　　　テキスト1章　P38

任意継続被保険者のキーワードは「2」。「**2カ月**以上の被保険者期間」「**20日**以内に手続」「最長**2年間**」「**全額自己負担**、つまり（在職中の）最高2倍」です。

レック先生のワンポイント

健康保険の任意継続被保険者

被保険者期間の要件	継続して2カ月以上
手続期限	退職日の翌日から20日以内
加入期間	最長2年
保険料負担	全額自己負担（在職中は労使折半）

22   [2019年5月]

国民健康保険の被保険者は、原則として、70歳に達した時にその資格を喪失し、後期高齢者医療制度の被保険者となる。

23   [2020年9月]

公的介護保険の第2号被保険者は、市町村または特別区の区域内に住所を有する（ ① ）以上（ ② ）未満の医療保険加入者である。

1）①40歳　　②60歳
2）①45歳　　②65歳
3）①40歳　　②65歳

24   [2021年5月]

公的介護保険の第2号被保険者は、要介護状態または要支援状態となった原因を問わず、保険給付を受けることができる。

テキスト1章 P40

後期高齢者医療制度に加入するのは原則**75歳**以上です。国民年金（原則**20歳**以上**60歳**未満）、厚生年金保険（原則**70歳**未満）、介護保険（**65歳**以上は第1号被保険者、**40歳**以上**65歳**未満の医療保険加入者は第2号被保険者）等、社会保険の年齢は整理しておきましょう。

レック先生のワンポイント

社会保険と被保険者の年齢（原則）

国民年金 （第1号被保険者・第3号被保険者）	20歳以上60歳未満
厚生年金保険	70歳未満
健康保険・国民健康保険	75歳未満
後期高齢者医療制度	75歳以上
介護保険	第1号被保険者　65歳以上 第2号被保険者　40歳以上65歳未満

3 が正しい　　　　　　　　　　　　　　　　テキスト1章 P41

公的介護保険の第1号被保険者は**65歳**以上、第2号被保険者は**40歳**以上**65歳**未満の公的医療保険加入者です。第1号被保険者を「1軍（介護を必要とする世代）」、第2号被保険者を「2軍（介護を必要とする予備軍）」と考えると覚えやすいです。

 テキスト1章 P41

第1号被保険者は**原因を問わず**保険給付を受けられますが、第2号被保険者は**特定疾病**により要介護または要支援となった場合に、保険給付が受けられます。

25   [2018年5月]

公的介護保険において要介護認定を受けた被保険者が、居宅で生活するために必要な住宅改修を行った場合は、所定の手続により、改修に要した費用の全額が居宅介護住宅改修費として支給される。

26   [2019年9月]

労働者災害補償保険の保険料は、労働者と事業主が折半で負担する。

27   [2022年9月]

労働者災害補償保険の適用を受ける労働者には、1週間の所定労働時間が20時間未満のアルバイトやパートタイマーは含まれない。

テキスト1章 P41

支給限度額の範囲内で、**第2号**被保険者は**1割**、**第1号**被保険者は原則**1割**（高所得者は**2割**または**3割**）となりますので、支給割合は9割、8割、7割となります。
第1号被保険者と第2号被保険者の違い（年齢要件、要介護認定の原因、保険料徴収）を整理しておきましょう。

公的介護保険

	第1号被保険者	第2号被保険者
保険者・手続先	市町村・特別区	
対象年齢	65歳以上	40歳以上65歳未満の公的医療保険加入者
給付事由	理由は問わない 要支援1〜2 要介護1〜5	左記のうち、特定疾病が原因である場合（事故が原因の場合は対象外）
要介護度に応じた支給限度額の範囲内の自己負担割合	原則1割 一定の高所得者は2割または3割	一律1割

テキスト1章 P43

労災保険の保険料は**全額事業主**が負担します。厚生年金保険、健康保険の保険料は原則、労働者と事業主が**折半**します。

テキスト1章 P43

労働者は、**労働時間を問わず、労働者災害補償保険に**加入します。**1週間の所定労働時間が20時間以上**であることを**要件とするのは雇用保険**です。

28 [2021年1月]

雇用保険の基本手当を受給するためには、倒産、解雇および雇止めなどの場合を除き、原則として、離職の日以前（①）に被保険者期間が通算して（②）以上あることなどの要件を満たす必要がある。

1）①１年間　②６カ月
2）①２年間　②６カ月
3）①２年間　②12カ月

29 [2022年1月]

20年以上勤務した会社を60歳到達月の末日で定年退職し、雇用保険の基本手当の受給資格者となった者が受給することができる基本手当の日数は、最大（　　）である。

1）100日
2）150日
3）200日

30 [2021年9月]

雇用保険の育児休業給付金の額は、当該育児休業給付金の支給に係る休業日数が通算して180日に達するまでは、１支給単位期間当たり、原則として休業開始時賃金日額に支給日数を乗じて得た額の（　　）相当額となる。

1）50％
2）67％
3）75％

3 が正しい　　　　　　　　　　　　　　　　　　　テキスト1章　P45

自己都合退職、定年退職の場合は、原則として離職日以前**2年間**に**12カ月**以上の被保険者期間があること、倒産、解雇、雇止めなどの場合は、原則として離職日以前1年間に6カ月以上の被保険者期間があることが要件となっています。
過去の試験は、自己都合退職の場合の出題が多くなっています。

---

2 が正しい　　　　　　　　　　　　　　　　　　　テキスト1章　P46

自己都合退職、定年退職において、被保険者期間が**10年未満**の場合は最長**90日**、**20年未満**は最長**120日**、**20年以上**は最長**150日**です。

---

2 が正しい　　　　　　　　　　　　　　　　　　　テキスト1章　P49

なお、**181日経過後**は、**50％**相当額になります。
夫婦が入れ替わって休業すれば、改めて180日に達するまでは**67％**相当額となります。

31　重要度 C　[2022年5月]

雇用保険の教育訓練給付金のうち、一般教育訓練に係る教育訓練給付金の額は、教育訓練施設に支払った教育訓練経費の（①）相当額であるが、その額が（②）を超える場合の支給額は、（②）となる。

1)　①10%　　②10万円
2)　①20%　　②10万円
3)　①20%　　②20万円

公的年金の基本

32　重要度 C　[2018年9月]

国民年金の第1号被保険者によって生計を維持している配偶者で20歳以上60歳未満の者は、国民年金の第3号被保険者となる。

33　重要度 B　[2021年1月]

国民年金の保険料免除期間に係る保険料のうち、追納することができる保険料は、追納に係る厚生労働大臣の承認を受けた日の属する月前10年以内の期間に係るものに限られる。

2 が正しい　　　　　　　　　　　　　　　　　テキスト1章　P48

＜例＞教育訓練経費40万円の場合は8万円、60万円の場合は**10万円**（60万円×**20％**＝12万円であるため、10万円が限度）となります。

　　　　　　　　　　　　　　　　　テキスト1章　P51

国民年金第3号被保険者は、**第2号**被保険者（会社員、公務員等）の被扶養配偶者（専業主婦等）で20歳以上60歳未満の者をいいます。

覚えるコツは「2号、3号、1号」の順。サラリーマン等は2号、その専業主婦等は3号、その他（自営業者とその専業主婦、学生、無職等）は1号です。

　　　　　　　　　　　　　　　　　テキスト1章　P52

免除、猶予を受けている保険料は**10年**前の分まで遡って納付できます。滞納分の追納可能期間は**2年**前の分までです。

国民年金保険料の納付

	追納（納付）可能期間	所得要件
免除（申請免除）	10年前まで	本人、配偶者、世帯主
学生納付特例		本人（親の所得は不問）
50歳未満の猶予		本人＋配偶者（親の所得は不問）
滞納	2年前まで	―

34 ☑☑☑ 重要度 B [2018年5月]

国民年金の被保険者が、学生納付特例制度の適用を受けた期間について国民年金保険料の追納をする場合、追納できる保険料は、厚生労働大臣の承認の日の属する月前10年以内の期間に係るものに限られる。

35 ☑☑☑ 重要度 B [2019年1月]

国民年金の被保険者が学生納付特例制度の適用を受けた期間は、保険料を追納しない場合、老齢基礎年金の受給資格期間（ ① ）、老齢基礎年金の年金額（ ② ）。

1) ①に算入され　　　　②にも反映される
2) ①には算入されるが　②には反映されない
3) ①には算入されず　　②にも反映されない

36 ☑☑☑ 重要度 B [2019年1月]

国民年金の第1号被保険者が、国民年金の定額保険料に加えて月額（ ① ）の付加保険料を納付し、65歳から老齢基礎年金を受け取る場合、（ ② ）に付加保険料納付済期間の月数を乗じて得た額が付加年金として支給される。

1) ①200円　　②400円
2) ①400円　　②200円
3) ①400円　　②300円

○　　　　　　　　　　　　　　　　　　テキスト1章　P52-53

前の問題と同じく、免除、猶予を受けている保険料は**10年**前の分まで遡って納付でき、滞納分は**2年**前の分までです。結論は同じですが、論点が「保険料免除期間」と「学生納付特例制度」なので気をつけましょう。

2　が正しい　　　　　　　　　　　　　　　　　　テキスト1章　P53

学生納付特例、納付猶予制度の期間
　受給資格期間に算入され、年金額には**反映されません**。
通常の免除期間
　受給資格期間に算入され、年金額に**少し反映されます**。
産前産後保険料免除期間
　受給資格期間に算入され、年金額にも**反映されます**。
違いを整理しておきましょう。

2　が正しい　　　　　　　　　　　　　　　　　　テキスト1章　P57

付加年金を2年もらうと「**200円**×付加保険料納付月数×2年」。つまり、付加保険料納付月数×**400円**とイコール。2年もらうと元がとれると理解しましょう。
月額400円の付加保険料を支払うと、65歳以降、**200円**×付加保険料納付月数の年金が支給されます。

レック先生のワンポイント

付加年金

対象者	国民年金第1号被保険者で保険料を全額納付している者、任意加入被保険者等
保険料	月額400円
年金	「200円×保険料納付月数」（65歳から支給の場合）

37 ☑☑☑ 重要度 B [2022年1月]

国民年金の付加保険料納付済期間を有する者が、老齢基礎年金の繰下げ支給の申出をした場合、付加年金は、老齢基礎年金と同様の増額率によって増額される。

38 ☑☑☑ 重要度 B [2021年1月]

厚生年金保険の被保険者期間が原則として（ ① ）以上ある者が、老齢厚生年金の受給権を取得した当時、当該受給権者と生計維持関係にある（ ② ）未満の配偶者が所定の要件を満たしている場合、当該受給権者が受給する老齢厚生年金に加給年金額が加算される。

1) ①10年 ②60歳
2) ①20年 ②65歳
3) ①25年 ②70歳

39 ☑☑☑ 重要度 A [2021年1月]

老齢厚生年金の繰上げ支給の請求は、老齢基礎年金の繰上げ支給の請求と同時に行わなければならない。

40 ☑☑☑ 重要度 A [2020年1月]

本年度以降に60歳に到達する者が老齢基礎年金を繰り上げて受給する場合、老齢基礎年金の年金額は、繰上げ1カ月当たり（　　）が減額される。

1) 0.4％
2) 0.5％
3) 0.7％

◯ テキスト1章 P57

付加年金は老齢基礎年金と**同じ増額率、減額率で増額、減額**されます。

---

2 が正しい テキスト1章 P60

①「10年」は**老齢基礎年金**の受給資格期間、25年は「**遺族基礎（厚生）年金**の受給要件の1つ」です。

②配偶者加給年金は、配偶者が一定の老齢給付を受けられるまでの「つなぎ」として支給されるため、原則、老齢基礎年金の受給開始年齢である65歳に達するまで支給されます。

◯ テキスト1章 P61

繰上げ支給は**同時**に行わなければなりません。これに対して、**繰下げ**支給は**一方のみ**、または**別々**の時期から繰下げという選択もできます。

---

1 が正しい テキスト1章 P61

2022年4月1日以降に60歳に到達する者の減額率は**0.4%**、最大の減額率は24%（0.4%×60月）となります。

41 　　　　　　　　　　　　　　　[2018年5月]

65歳到達時に老齢基礎年金の受給資格期間を満たしている者が、68歳到達日に老齢基礎年金の繰下げ支給の申出をした場合の老齢基礎年金の増額率は、(　　) となる。

1) 18.0％
2) 25.2％
3) 33.6％

42 　　　　　　　　　　　　　　　[2019年9月]

障害基礎年金の保険料納付要件は、原則として、初診日の前日において、初診日の属する月の前々月までの国民年金の被保険者期間のうち、保険料納付済期間（保険料免除期間を含む）が (　　) 以上あることである。

1) 3分の1
2) 2分の1
3) 3分の2

43 　　　　　　　　　　　　　　　[2021年5月]

子のいない障害等級1級に該当する者に支給される障害基礎年金の額は、子のいない障害等級2級に該当する者に支給される障害基礎年金の額の1.25倍に相当する額である。

2 が正しい テキスト1章 P61

1カ月支給開始を遅らせるごとに**0.7％増額**されます。68歳到達日に繰下げ支給の申出をすると、0.7％×36カ月＝25.2％増加します。
2022年4月1日以降に70歳に到達する者は75歳までの繰下げ（10年分、120カ月×0.7％の84％）が限度となります。

老齢年金と繰上げ支給・繰下げ支給

繰上げ	60歳0カ月～	2022年4月1日以降に60歳に到達する者は、1月あたり0.4％減額（最大24％） 老齢基礎年金と老齢厚生年金は同時に繰上げ支給しなければならない
繰下げ	66歳0カ月～	2022年4月1日以降に70歳に到達する者は、最長75歳まで繰下げ可能（最大84％増額） 老齢基礎年金と老齢厚生年金は別々に繰下げて受給開始することができる

3 が正しい テキスト1章 P63

なお、現在は特例として前々月までの**1年間**に保険料の滞納がなければ、保険料納付要件を満たしたものとされます。

○ テキスト1章 P63

障害厚生年金（加算部分を除く）も、障害等級1級は2級の**1.25倍**です。

44 [2019年1月]

遺族基礎年金を受給することができる遺族は、国民年金の被保険者等の死亡の当時、その者によって生計を維持され、かつ、所定の要件を満たす「子のある配偶者」または「子」である。

45 [2019年5月]

遺族厚生年金の額（中高齢寡婦加算額および経過的寡婦加算額を除く）は、原則として、死亡した者の厚生年金保険の被保険者記録を基礎として計算した老齢厚生年金の報酬比例部分の額の（　）に相当する額である。

　　1）2分の1
　　2）3分の2
　　3）4分の3

46 [2018年9月]

遺族厚生年金の中高齢寡婦加算の支給に係る妻の年齢要件は、夫の死亡の当時、子のない妻の場合、（　）である。

　　1）40歳以上65歳未満
　　2）40歳以上70歳未満
　　3）45歳以上65歳未満

テキスト1章 P65

遺族基礎年金は原則、高校卒業までの学費を手当てする年金と理解しましょう。
原則、**18歳到達年度末**まで（障害等級1級、2級は20歳未満）の未婚の子がいる場合に支給されます。
「子のある配偶者」ではなく、「子のある妻」と出題されたら「×」です。気をつけましょう。

3 が正しい テキスト1章 P68

遺族厚生年金は報酬比例部分の年金額の**4分の3**相当額です。
なお、在職中に死亡した場合で、厚生年金保険の被保険者期間が300月未満の場合は**300月分**が最低保障されます。
「4分の3」「300月」をしっかり押さえましょう。

レック先生のワンポイント

遺族厚生年金

支給額	死亡時点で計算した報酬比例部分の4分の3相当額 短期要件（在職中に死亡した場合等）に該当し、 厚生年金加入期間が300月未満の場合は300月分を保障

1 が正しい テキスト1章 P68

なお、夫の死亡当時、40歳未満の場合、子がいなければ支給されず、子がいる場合は遺族基礎年金支給終了までは中高齢寡婦加算は支給されず、要件を満たせば遺族基礎年金支給終了後**65歳に達するまで**、遺族厚生年金に加算して支給されます。

企業・個人事業主の年金

47 [2021年9月]

国民年金基金は、加入員自身で掛金を運用するため、その運用実績により将来受け取ることができる年金額が増減する。

48 [2022年9月]

国民年金基金の掛金の額は、加入員の選択した給付の型や加入口数によって決まり、加入時の年齢や性別によって異なることはない。

49 [2019年9月]

国民年金の第3号被保険者は、確定拠出年金の個人型年金の加入者となることはできない。

50 [2021年1月]

確定拠出年金の個人型年金の老齢給付金を一時金で受け取った場合、当該老齢給付金は、一時所得として所得税の課税対象となる。

51 [2022年1月]

確定拠出年金の個人型年金の加入者が国民年金の第1号被保険者である場合、原則として、掛金の拠出限度額は年額816,000円である。

テキスト1章　P70

運用実績で受け取ることができる年金額が増減するのは**確定拠出年金**です。国民年金基金は加入時に将来受け取ることができる年金額があらかじめ決まっています。

テキスト1章　P74

国民年金の保険料は、**年齢や性別にかかわらず一律**ですが、**国民年金基金の掛金**は**給付の型、加入口数、加入時の年齢や性別によって異なり**ます。

テキスト1章　P72

以前は公務員、国民年金第3号被保険者は確定拠出年金に加入できませんでしたが、現在は加入できます。

テキスト1章　P72

確定拠出年金の老齢給付金を一時金で受け取ると**退職所得**となります。契約者が受け取る養老保険の満期保険金、解約返戻金が一時所得になる点と混同しないように気をつけましょう。

テキスト1章　P72

なお、納税者が支払った**全額が小規模企業共済等掛金控除**の対象となります。

52 [2022年9月]

確定拠出年金の個人型年金の老齢給付金を60歳から受給するためには、60歳到達時の通算加入者等期間が（　）以上なければならない。

1）10年
2）15年
3）20年

クレジットカード等

53 [2020年9月]

貸金業法の総量規制により、個人が貸金業者による個人向け貸付を利用する場合の借入合計額は、原則として、年収の（　）以内でなければならない。

1）4分の1
2）3分の1
3）2分の1

1 が正しい

テキスト 1 章　P71

なお、遅くとも**75歳**時には**受給開始**しなければなりません。

2 が正しい

テキスト 1 章　P77

貸金業者による貸付は年収の**3分の1**が限度とされています。
住宅ローン等は総量規制の対象外となっています。

実技試験[日本FP協会] 資産設計提案業務

第1問　☑☑☑　重要度 A　　　　　　　　　　　　　　　　　［2021年1月］

ファイナンシャル・プランニング業務を行うに当たっては、関連業法を順守することが重要である。ファイナンシャル・プランナー(以下「FP」という)の行為に関する次の記述のうち、最も不適切なものはどれか。

1. 生命保険募集人・生命保険仲立人の登録をしていないFPが、生命保険契約を検討している顧客から相談を受け、顧客が死亡した場合における遺族の必要保障額の計算を有償で行った。
2. 社会保険労務士資格を有していないFPが、顧客の「ねんきん定期便」等の資料を参考に、公的年金の受給見込み額を試算した。
3. 弁護士資格を有していないFPが、相続が発生した顧客の相談を受け、報酬を得る目的でその顧客の代理人として遺産分割に係る法律事務を取り扱った。

正解 **3** が不適切　　　　　　　　　　　　　　　　　テキスト1章　P5-6

1. **適切**　生命保険募集人でなくても、**必要保障額を計算**したり、**生命保険の活用例**を説明することはできます(**募集・勧誘はできません**)。
2. **適切**　社会保険労務士の資格がなくても、**年金額の試算**をすることはできます(労働社会保険諸法令に基づく申請書等の作成や提出の代行はできません)。
3. **不適切**　弁護士資格を有しない者が**報酬を得る目的で法律事務を取り扱う**と**弁護士法に抵触**します。法律の一般的な説明であれば問題ありません。

 レック先生のワンポイント

FPができること、できないことは毎回出題されますので、多くの過去問題にあたっておきましょう。

第2問　　[2020年9月]

ファイナンシャル・プランニング業務を行うに当たっては、関連業法を順守することが重要である。ファイナンシャル・プランナー（以下「FP」という）の行為に関する次の記述のうち、最も不適切なものはどれか。

1. 生命保険募集人・保険仲立人の登録を受けていないFPが、変額年金保険の一般的な商品内容について説明を行った。
2. 投資助言・代理業の登録をしていないFPが、顧客と投資顧問契約を締結し、当該契約に基づいて特定の上場株式の投資判断について助言をした。
3. 税理士資格を有していないFPが、顧客から相続財産に係る相続税額の計算を依頼されたため、業務提携をしている税理士を紹介し、業務を委ねた。

正解　**2**　が不適切　　　　　　　　　　　　　　　テキスト1章　P5-6

1. 適切　生命保険募集人・保険仲介人の登録がなくても、**保険商品の一般的な説明はできます**。

2. **不適切**　投資助言・代理業の登録を受けていない人は、お客様と**投資顧問契約を締結することはできず**、特定銘柄について、投資判断を提供することはできません。

3. 適切　税理士資格を有しない者は、**無償であっても税理士業務はできません**が、税理士を紹介することは問題ありません。

第3問  [2019年9月]

ファイナンシャル・プランニング業務を行うに当たっては、関連業法を順守することが重要である。ファイナンシャル・プランナー（以下「FP」という）の行為に関する次の記述のうち、最も適切なものはどれか。

1. 生命保険募集人・生命保険仲立人の登録をしていないFPが、生命保険契約を検討している顧客から相談を受け、顧客が死亡した場合における遺族の必要保障額の計算を有償で行った。
2. 弁護士資格を有していないFPが、離婚に伴う財産分与について係争中の顧客から相談を受け、報酬を得る目的でその顧客の代理人として離婚協議書の作成に係る法律事務を取り扱った。
3. 税理士資格を有していないFPが、参加費無料の相談会において、相談者の持参した資料に基づき、相談者が納付すべき相続税の具体的な税額計算を行った。

正解 1 が適切　　　　　　　　　　　　　　　　　　テキスト1章　P5-6

1. **適切**　生命保険募集人・保険仲介人の登録がなくても、有償で**必要保障額を計算すること**はできます。
2. **不適切**　弁護士資格を有しない者が**報酬を得る目的で法律事務を取り扱う**と弁護士法に**抵触**します。法律の一般的な説明であれば問題ありません。
3. **不適切**　税理士資格を有しない者は**無償であっても、個別具体的な税務相談**はできません。

第4問   [2019年1月]

ファイナンシャル・プランニング業務を行うに当たっては、関連業法を順守することが重要である。ファイナンシャル・プランナー（以下「FP」という）の行為に関する次の記述のうち、**最も不適切なもの**はどれか。

1. 宅地建物取引業の免許を受けていないFPが、顧客から依頼され、業務の一環としてマンションの貸借の媒介を行い、仲介手数料を受け取った。
2. 税理士資格を有していないFPが、参加費有料のセミナーにおいて、仮定の事例に基づき、税額計算の手順を解説した。
3. 生命保険募集人登録をしていないFPが、顧客から相談を受け、顧客が死亡した場合における遺族の必要保障額を計算した。

正解 **1** が不適切 テキスト1章 P5-6

1. **不適切** 宅地建物の売買、交換、貸借の**媒介**を業として行うには、**宅建業の免許が必要**となります。
2. 適切 税理士資格を有していない場合、**個別具体的な税務相談、税額計算はできません**が、**仮定の事例に基づき**、税額計算の手順を**解説することは問題ありません**。
3. 適切 生命保険募集人でなくても、**必要保障額を計算することはできます**（募集・勧誘はできません）。

第5問　☑☑☑　重要度 A　　　　　　　　　[2021年1月]

下記は、安西家のキャッシュフロー表（一部抜粋）である。このキャッシュフロー表の空欄（ア）～（ウ）にあてはまる数値の組み合わせとして、正しいものはどれか。なお、計算過程においては端数処理をせず計算し、計算結果については万円未満を四捨五入すること。

<安西家のキャッシュフロー表>　　　　　　　　　　　　　　　　　（単位：万円）

経過年数			基準年	1年	2年	3年	4年
家族・年齢	安西　秀夫	本人	50歳	51歳	52歳	53歳	54歳
	由美	妻	48歳	49歳	50歳	51歳	52歳
	佑	長男	14歳	15歳	16歳	17歳	18歳
	奈々	長女	12歳	13歳	14歳	15歳	16歳
ライフイベント		変動率		奈々中学校入学	佑高校入学	住宅ローン完済	奈々高校入学
収入	給与収入（夫）	－		572	572	572	572	572
	給与収入（妻）	－		100	100	100	100	100
	収入合計	－		672	672	672	672	672
支出	基本生活費	2%	316				（ア）
	住宅関連費	－		157	157	157	157	40
	教育費							
	保険料	－		32	32	32	32	47
	一時的支出	－						
	その他支出	－		15	15	15	15	15
	支出合計	－				693		
年間収支				46	（イ）	33	48
金融資産残高		1%	726	（ウ）			

※年齢および金融資産残高は各年12月31日現在のものとする。

※給与収入は可処分所得で記載している。
※記載されている数値は正しいものとする。
※問題作成の都合上、一部を空欄にしてある。

1. (ア) 3 4 1　　(イ)　　2 1　　(ウ) 7 7 9
2. (ア) 3 4 2　　(イ) ▲2 1　　(ウ) 7 7 9
3. (ア) 3 4 2　　(イ) ▲2 1　　(ウ) 7 8 0

正解 **2** が正しい　　　　　　　　　　　　テキスト1章　P9

(ア) 4年後の基本生活費は「現在の金額×(1＋変動率)^{経過年数}」で求めます。
　　 316万円×1.02^4≒342万円（万円未満四捨五入）。

(イ) 年間収支は「収入合計－支出合計」で求めます。
　　 672万円－693万円＝▲21万円。

(ウ) 金融資産残高は「前年の金融資産残高×(1＋変動率)±今年の年間収支」で求めます。
　　 726万円×(1＋0.01)＋46万円≒779万円（万円未満四捨五入）。

以上より、正解は2.となります。

レック先生のワンポイント

このパターンは毎回出題されますので、確実に得点しましょう。

第6問 ☑☑☑ 重要度 A

[2019年9月]

下記は、広尾家のキャッシュフロー表（一部抜粋）である。このキャッシュフロー表の空欄（ア）～（ウ）に入る数値とその求め方として、最も適切なものはどれか。なお、計算に当たっては、キャッシュフロー表中に記載の整数を使用し、計算結果は万円未満を四捨五入すること。

<広尾家のキャッシュフロー表>

(単位：万円)

経過年数			基準年	1年	2年	3年
家族・年齢	広尾　優介	本人	38歳	39歳	40歳	41歳
	奈々子	妻	37歳	38歳	39歳	40歳
	凛太朗	長男	6歳	7歳	8歳	9歳
	友美	長女	3歳	4歳	5歳	6歳
ライフイベント		変動率		凛太朗小学校入学	住宅購入	
収入	給与収入（夫）	1%	370			381
	給与収入（妻）	－	80	80	80	
	収入合計	－	450			
支出	基本生活費	1%	176		（ア）	
	住宅関連費	－	117	117		135
	教育費	－	42	45		
	保険料	－	32	32	32	32
	一時的支出	－			1,300	
	その他支出	－	10	10	10	10
	支出合計	－	377	382		410
年間収支			（イ）		▲1,237	51
金融資産残高		1%	1,462		327	（ウ）

※年齢および金融資産残高は各年12月31日現在のものとする。

※給与収入は可処分所得で記載している。

※記載されている数値は正しいものとする。

※問題作成の都合上、一部空欄としてある。

1. 空欄（ア）：「１７６×（１＋０.０１）^{2}≒１８０」
2. 空欄（イ）：「３７７－４５０＝▲７３」
3. 空欄（ウ）：「（３２７＋５１）×（１＋０.０１）≒３８２」

正解　**1**　が適切　　　　　　　　　　　　　テキスト 1 章　P9

1. **適切**　（ア）2 年後の基本生活費は「**現在の金額×（1＋変動率）^{経過年数}**」で求めます。

　　　　176 万円×1.01^2≒180 万円（万円未満四捨五入）。

2. 不適切　（イ）年間収支は「**収入合計－支出合計**」で求めます。

　　　　450 万円－377 万円＝73 万円。

　　　　選択肢は「支出－収入」になっています。

3. 不適切　（ウ）金融資産残高は「**前年の金融資産残高×（1＋変動率）±今年の年間収支**」で求めます。

　　　　327 万円×（1＋0.01）＋51 万円≒381 万円（万円未満四捨五入）。

　　　　選択肢は「（前年の金融資産残高±今年の年間収支）×（1＋変動率）」になっています。

実技試験[金財] 個人資産相談業務・保険顧客資産相談業務

第1問　　　　　　　　　　　　　　　　　　　　　　　　　　　[2022年9月　保険]

次の設例に基づいて、下記の各問（《問1》〜《問3》）に答えなさい。

―――《設 例》―――

　個人事業主であるAさん（47歳）は、公的年金制度からの老齢給付について理解を深めるとともに、老後の収入を増やす各種制度を活用したいと考えている。

　そこで、Aさんは、ファイナンシャル・プランナーのMさんに相談することにした。

＜Aさんに関する資料＞
・19XX年10月22日生まれ
　公的年金の加入歴は下記のとおりである（60歳までの見込みを含む）。

20歳		47歳	60歳
国 民 年 金			
保険料 未納期間	保険料納付済期間	保険料納付 予定期間	
30月	305月	145月	

※Aさんは、現在および将来においても、公的年金制度における障害等級に該当する障害の状態にないものとする。

※上記以外の条件は考慮せず、各問に従うこと。

64

問1 ☑☑☑ 重要度 A

はじめに、Mさんは、老齢基礎年金について説明した。Mさんが、Aさんに対して説明した以下の文章の空欄①〜③に入る語句または数値の組合せとして、次のうち最も適切なものはどれか。

> 「老齢基礎年金を受給するためには、原則として、国民年金の保険料納付済期間と保険料免除期間を合算した期間が（①）年必要です。Aさんは、（①）年の受給資格期間を満たしていますので、原則として65歳から老齢基礎年金を受給することができます。
>
> Aさんが希望すれば、60歳以上65歳未満の間に老齢基礎年金の繰上げ支給を請求することができます。ただし、老齢基礎年金の繰上げ支給を請求した場合は、（②）減額された年金が支給されることになります。仮に、Aさんが60歳0カ月で老齢基礎年金の繰上げ支給を請求した場合の減額率は（③）％となります」

1) ① 10　② 生涯　③ 24
2) ① 10　② 75歳まで　③ 30
3) ① 25　② 生涯　③ 30

正解 **1** が適切　　テキスト1章 P54-56

①老齢基礎年金は何らかの公的年金に**10年以上**加入している者に対して支給されます。

②**繰上げ**支給は**減額**された年金、**繰下げ**支給は**増額**された年金が**生涯**にわたり**支給**されます。

③2022年4月1日以降に60歳に到達する者の減額率は1カ月につき**0.4％**ですので、60歳0カ月で繰上げ支給した場合の減額率は**0.4％×60カ月＝24％**となります。

以上より、正解は1.となります。

問2 重要度

次に、Mさんは、国民年金の付加保険料について説明した。MさんのAさんに対する説明として、次のうち最も不適切なものはどれか。

1)「仮に、Aさんが付加保険料を145月納付し、65歳から老齢基礎年金を受け取る場合、老齢基礎年金の額に付加年金として年額29,000円が上乗せされます」
2)「老齢基礎年金の繰上げ支給を請求した場合でも、付加年金の年金額は減額されません」
3)「国民年金の第1号被保険者は、国民年金基金に加入することができますが、国民年金基金に加入した場合は、付加保険料を納付することができません」

正解 2 が不適切　　　　　　　　　　　　　　　テキスト1章　P57

1) 適切　65歳から受け取る付加年金は「**200円×保険料納付月数**」により求めます。200円×145月＝29,000円。

2) 不適切　老齢基礎年金の繰上げ支給、繰下げ支給を選択すると、**付加年金も同率で、減額または増額**されます。

3) 適切　なお、**確定拠出年金と付加年金、確定拠出年金と国民年金基金**という**組み合わせはできます**（合わせて**月額掛金68,000円**まで）。

66

問3 ☑☑☑ 重要度 **B**

最後に、Mさんは、小規模企業共済制度について説明した。Mさんが、Aさんに対して説明した以下の文章の空欄①～③に入る語句または数値の組合せとして、次のうち最も適切なものはどれか。

> 「小規模企業共済制度は、個人事業主が廃業等した場合に必要となる資金を準備しておくための制度です。毎月の掛金は、1,000円から（ ① ）円までの範囲内（500円単位）で選択でき、支払った掛金は（ ② ）の対象となります。共済金（死亡事由以外）の受取方法には『一括受取り』『分割受取り』『一括受取りと分割受取りの併用』がありますが、このうち、『一括受取り』の共済金（死亡事由以外）は、（ ③ ）として所得税の課税対象となります」

1) ① 70,000   ② 税額控除   ③ 一時所得
2) ① 68,000   ② 税額控除   ③ 退職所得
3) ① 70,000   ② 所得控除   ③ 退職所得

正解　**3**　が適切　　　　　　　　　　　テキスト1章　P74

①**小規模企業共済**の掛金は月額**7万円**が限度です。**68,000円**が限度となるのは国民年金第1号被保険者等の**国民年金基金**および**確定拠出年金**を合わせた金額（月額換算）です。

②小規模企業共済等掛金控除は**全額所得控除**の対象となります。

③死亡事由以外の共済金は**一時金は退職所得、年金は雑所得**となります。

以上より、正解は3.となります。

第2問

[2019年1月　個人]

次の設例に基づいて、下記の各問（《問1》～《問3》）に答えなさい。

《設 例》

　X株式会社（以下、「X社」という）に勤務するAさん（57歳）は、長男Cさん（19歳）との2人暮らしである。長男Cさんの父親Bさんとは、長男Cさんが5歳のときに離婚している。

　Aさんは、現在、定年退職後の資金計画を検討しており、公的年金制度から支給される老齢給付について理解を深めたいと思っている。また、今年20歳になる大学生の長男Cさんの国民年金の保険料の納付について、学生納付特例制度の利用を検討している。そこで、Aさんは、懇意にしているファイナンシャル・プランナーのMさんに相談することにした。

　Aさんとその家族に関する資料は、以下のとおりである。

＜Aさんとその家族に関する資料＞
（1）Aさん（1965年10月17日生まれ・57歳・会社員）
　　・公的年金加入歴：下図のとおり（60歳定年時までの見込みを含む）
　　　　　　　　　　　20歳から大学生であった期間（30月）は国民年金に任意加入していない。大学卒業後、X社に入社し、現在に至るまで同社に勤務している。
　　・健康保険（保険者：健康保険組合）、雇用保険に加入中

20歳　　　　　　　　　22歳	60歳
国民年金 未加入期間 （30月）	厚　生　年　金　保　険 （450月）

（2）長男Cさん（20XX年5月20日生まれ・19歳・大学1年生）

※長男Cさんは、現在および将来においても、Aさんと同居し、Aさんと生計維持関係にあるものとする。
※家族全員、現在および将来においても、公的年金制度における障害等級に該当する障害の状態にないものとする。
※上記以外の条件は考慮せず、各問に従うこと。

はじめに、Mさんは、Aさんが老齢基礎年金の受給を65歳から開始した場合の年金額を試算した。Mさんが試算した老齢基礎年金の年金額の計算式として、次のうち最も適切なものはどれか。なお、老齢基礎年金の年金額は、本年度価額に基づいて計算するものとする。

1) $795,000円 \times \dfrac{450月}{480月}$

2) $795,000円 \times \dfrac{450月 + 30月 \times \dfrac{1}{2}}{480月}$

3) $795,000円 \times \dfrac{450月 + 30月 \times \dfrac{1}{3}}{480月}$

正解 **1** が適切 テキスト1章 P54-55

老齢基礎年金は何らかの公的年金に10年以上加入している者に対して支給されます。

Aさんの場合、20歳以上60歳未満のうち、30月の**未加入期間は年金額に反映されません**。厚生年金被保険者期間（450月）は年金額に反映されます。

したがって、老齢基礎年金の年金額は「795,000円×450月／480月」によって求めます。

問題では、「795,000円」と「480月（分母）」は与えられますので、分子部分がどうなるかを考えましょう。

なお、2）のように1／2が年金額に反映されるのは2009年4月以降の全額免除期間、3）のように1／3が年金額に反映されるのは2009年3月以前の全額免除期間です。

問2 ☑☑☑ 重要度

次に、Mさんは、老齢厚生年金について説明した。MさんのAさんに対する説明として、次のうち最も適切なものはどれか。

1) 「Aさんのような1961年4月2日以後に生まれた女性の場合、報酬比例部分のみの特別支給の老齢厚生年金の支給はありません。Aさんは、原則として、65歳から老齢厚生年金を受給することになります。」
2) 「Aさんの厚生年金保険の被保険者期間は20年以上ありますので、Aさんが65歳から受給することができる老齢厚生年金の年金額には加給年金額が加算されます。」
3) 「Aさんが老齢厚生年金の繰上げ支給の請求をする場合、同時に老齢基礎年金の繰上げ支給の請求を行わなければなりません。」

正解 **3** が適切　　　　　　　　　　　　　テキスト 1 章 P58-61

1) 不適切　設例の場合、**男性は1961年4月2日以後、女性は1966年4月2日以後**に生まれた者は、原則として**65歳に達するまでの年金は支給されません。**

「長男のCさんの父親Bさんとは離婚している」と問題文に記述されているため、女性であることが分かります。Aさんは1965年10月生まれであるため、65歳前（64歳）から報酬比例部分のみの特別支給の老齢厚生年金が支給されます。

2) 不適切　厚生年金保険の被保険者期間が20年以上ある者に、老齢厚生年金の支給開始時に65歳未満の配偶者または18歳到達年度末（障害等級1級または2級の場合は20歳に達する）までの未婚の子がいる場合には、配偶者が65歳に達するまで、または子が18歳到達年度末に達するまで加給年金が支給されます。

設問の場合は、配偶者とは離婚しており、子も既に19歳（障害者ではない）であるため、加給年金は支給されません。

3) 適切　**繰上げ支給**では、老齢基礎年金と老齢厚生年金は**同時に支給開始**となります。**繰下げ支給は別々の時期**からの支給開始を選択できます。

問3 重要度

最後に、Mさんは、国民年金の学生納付特例制度（以下、「本制度」という）について説明した。Mさんが、Aさんに対して説明した以下の文章の空欄①～③に入る語句または数値の組合せとして、次のうち最も適切なものはどれか。

> 「本制度は、国民年金の第1号被保険者で大学等の所定の学校に在籍する学生について、（ ① ）の前年所得が一定額以下の場合、被保険者等からの申請に基づき、国民年金保険料の納付を猶予する制度です。なお、本制度の適用を受けた期間は、老齢基礎年金の受給資格期間に算入（ ② ）。
> 　本制度の適用を受けた期間の保険料は、（ ③ ）年以内であれば、追納することができます。ただし、本制度の承認を受けた期間の翌年度から起算して、3年度目以降に保険料を追納する場合には、承認を受けた当時の保険料額に経過期間に応じた加算額が上乗せされます。」

1) ① 世帯主　　② されません　　③ 10
2) ① 学生本人　② されません　　③ 5
3) ① 学生本人　② されます　　　③ 10

正解 **3** が適切　　　　　　　　　　　　テキスト1章　P52-53

① 学生納付特例は**学生本人**の所得要件を満たせば適用できます。

② 学生納付特例の期間は**受給資格期間には算入されます**が、**年金額には反映されません**。

③ 免除・猶予を受けた保険料は**10年前**までの分は追納することができます。なお、滞納・未加入期間の分は**2年前**の分まで納付できます。

以上より、正解は3.となります。

第3問

[2020年9月 保険]

次の設例に基づいて、下記の各問（《問1》～《問3》）に答えなさい。

───────────《設 例》───────────

Aさん（47歳）は、小売店を営んでいる個人事業主である。Aさんは、大学卒業後に入社した電機メーカーを退職した後、現在の小売店を開業し、売上は堅調に推移している。

最近、Aさんは老後の年金収入を増やしたいと考えており、その前提として、自分の公的年金がどのくらい支給されるのか、知りたいと思っている。

そこで、Aさんは、ファイナンシャル・プランナーのMさんに相談することにした。

＜Aさんに関する資料＞
（1）生年月日：19XX年7月11日
（2）公的年金の加入歴：下図のとおり（60歳までの見込みを含む）。

　　　　　　　　大学卒業後から15年間、厚生年金保険に加入。小売店の開業後は国民年金の保険料を納付している。

20歳　　　　　　　　　　　　　　　　　　　　　　　　　　　　　　60歳

国民年金 保険料未納期間 33月	厚生年金保険 被保険者期間 180月	国民年金 保険料納付済期間 113月	国民年金 保険料納付予定 154月

※上記以外の条件は考慮せず、各問に従うこと。

問 1 重要度

はじめに、Mさんは、《設例》の＜Aさんに関する資料＞に基づき、Aさんが老齢基礎年金の受給を65歳から開始した場合の年金額（本年度価額）を試算した。Mさんが試算した老齢基礎年金の年金額の計算式として、次のうち最も適切なものはどれか。

1) $795,000円 \times \dfrac{447月}{480月}$

2) $795,000円 \times \dfrac{447月 + 33月 \times \dfrac{1}{2}}{480月}$

3) $795,000円 \times \dfrac{447月 + 33月 \times \dfrac{1}{3}}{480月}$

正解　1　が適切　　　　　　　　　　　　　テキスト1章　P54-55

老齢基礎年金は何らかの公的年金に **10年** 以上加入している者に対して支給されます。

設問の場合、20歳以上60歳未満のうち、**保険料未納期間** 33月は受給資格期間に含まれず、**年金額にも反映されません**が、その他の期間は受給資格期間に含まれ、年金額にも反映されます。

したがって、老齢基礎年金の年金額は「795,000円×447月÷480月」によって求めます。

問題では、「795,000円」と「480月（分母）」は与えられますので、分子部分がどうなるかを考えましょう。

なお、2）のように1／2が年金額に反映されるのは、2009年4月以降の全額免除期間、3）のように1／3が年金額に反映されるのは2009年3月以前の全額免除期間です。

問2 ☑☑☑   重要度 **B**

次に、Mさんは、老後の年金収入を増やすための各種方法について説明した。Mさんが、Aさんに対して説明した以下の文章の空欄①〜③に入る語句の組合せとして、次のうち最も適切なものはどれか。

ⅰ）『小規模企業共済制度』
　「小規模企業共済制度は、個人事業主が廃業等をした場合に必要となる資金を準備しておくための制度です。共済金（死亡事由以外）の受取方法には『一括受取り』『分割受取り』『一括受取り・分割受取りの併用』がありますが、このうち、『一括受取り』の共済金（死亡事由以外）は、税法上、（ ① ）として課税の対象となります。」

ⅱ）『付加保険料』
　「Aさんは、所定の手続により、国民年金の定額保険料に加えて、月額400円の付加保険料を納付することができます。仮に、Aさんが付加保険料を120月納付し、65歳から老齢基礎年金を受け取る場合、老齢基礎年金の額に付加年金として（ ② ）が上乗せされます。」

ⅲ）『国民年金基金』
　「国民年金基金は、老齢基礎年金に上乗せする年金を支給する任意加入の年金制度です。国民年金基金に拠出することができる掛金の限度額は、原則として、月額（ ③ ）となります。なお、国民年金基金の加入員は、国民年金の付加保険料を納付することができません。」

1）① 一時所得　② 48,000円　③ 68,000円

2）① 退職所得　② 24,000円　③ 68,000円

3）① 退職所得　② 48,000円　③ 70,000円

正解　**2**　が適切　　　　　　　　　　　　　　　　　　　　　　テキスト 1 章　P74

①小規模企業共済の共済金（死亡事由以外）を**一括**で受け取ると**退職**所得、**分割**で受け取ると**雑**所得となります。

②月額**400円**の付加保険料を支払うと、65歳以降、**200円**×付加保険料納付月数の年金が支給されます。設問の場合、200円×120月＝24,000円となります。

③**国民年金基金**の掛金の限度額は**月額68,000円**となります。**月額70,000円**は**小規模企業共済**の掛金の限度額です。

以上より、正解は2.となります

問3 重要度

最後に、MさんはAさんに、確定拠出年金の個人型年金（以下、「個人型年金」という）について説明した。MさんのAさんに対する説明として、次のうち最も不適切なものはどれか。

1) 「個人型年金のメリットとして、税制の優遇措置が挙げられます。加入者が拠出する掛金は、その全額が小規模企業共済等掛金控除として所得控除の対象となります。」

2) 「個人型年金の留意点として、加入時や運用期間中に各種の手数料がかかることや、年金資産の運用リスクは加入者が負うことなどが挙げられます。」

3) 「個人型年金では、加入時に決めた掛金の拠出額を途中で減額することや掛金の拠出を停止することができない点に留意する必要があります。」

正解 **3** が不適切　　　　　　　　　　　テキスト1章　P70-72

1) 適切　　加入者が支払った確定拠出年金の掛金は、支払った全額が**小規模企業共済等掛金控除**の対象となります。

2) 適切　　確定拠出年金の年金資産は**運用実績に応じて増減**します。また、加入時、運用期間中の各種手数料も発生します。

3) 不適切　**掛金を減額**したり、**掛金の拠出を停止**することは**できます**。なお、掛金の拠出を停止しても所定の手数料は毎月発生します。

第4問

[2021年9月 保険]

次の設例に基づいて、下記の各問（《問1》〜《問3》）に答えなさい。

《設 例》

　個人事業主のAさん（56歳）は、妻Bさん（56歳）との2人暮らしである。Aさんは、大学卒業後に入社した広告代理店を退職後、40歳のときに個人事業主として独立した。Aさんは、最近、老後の資金計画を検討するにあたり、公的年金制度から支給される老齢給付について知りたいと思っている。また、Aさんは、70歳までは働きたいと考えており、老齢基礎年金の繰下げ支給についても理解を深めたいと考えている。

　そこで、Aさんは、ファイナンシャル・プランナーのMさんに相談することにした。

＜Aさん夫妻に関する資料＞

（1）Aさん（19XX年11月13日生まれ）
- ・公的年金加入歴：下図のとおり（60歳までの見込みを含む）
  20歳から大学生であった期間（29月）は国民年金に任意加入していない。
- ・国民健康保険に加入中

20歳	22歳		60歳
国民年金 未加入期間 29月	厚生年金保険 被保険者期間 224月	国民年金 保険料納付済期間 227月	

（2）妻Bさん（1966年8月22日生まれ）
- ・公的年金加入歴：下図のとおり（60歳までの見込みを含む）
  高校卒業後の18歳からAさんと結婚するまでの10年間（120月）、会社員として厚生年金保険に加入。結婚後は、国民年金に第3号被保険者として加入し、Aさんの独立後は、国民年金に第1号被保険者として加入している。

18歳	Aさんと結婚		60歳
厚生年金保険 被保険者期間 120月	国民年金 第3号被保険者期間 140月	国民年金 保険料納付済期間 236月	

※妻Bさんは、現在および将来においても、Aさんと同居し、Aさんと生計維持関係にあるものとする。

※Aさんおよび妻Bさんは、現在および将来においても、公的年金制度における障害等級に該当する障害の状態にないものとする。

※上記以外の条件は考慮せず、各問に従うこと。

問1 重要度

はじめに、Mさんは、《設例》の＜Aさん夫妻に関する資料＞に基づき、Aさんおよび妻Bさんが老齢基礎年金の受給を65歳から開始した場合の年金額（本年度価額）を試算した。Mさんが試算した老齢基礎年金の年金額の計算式の組合せとして、次のうち最も適切なものはどれか。

1) Aさん：795,000円 × $\dfrac{239月}{480月}$　妻Bさん：795,000円 × $\dfrac{376月}{480月}$

2) Aさん：795,000円 × $\dfrac{451月}{480月}$　妻Bさん：795,000円 × $\dfrac{480月}{480月}$

3) Aさん：795,000円 × $\dfrac{451月}{480月}$　妻Bさん：795,000円 × $\dfrac{496月}{480月}$

正解 **2** が適切　　　　　　　　　　　　テキスト1章　P54-55

老齢基礎年金は何らかの公的年金に**10年**以上加入している者に対して支給されます。

Aさん分：20歳以上60歳未満のうち、**29月の未加入期間は反映されません**。その後の60歳に達するまでの厚生年金被保険者期間（224月）と国民年金保険料納付済期間（227月）、合計451月は年金額に反映されます。
したがって、老齢基礎年金の年金額は「795,000円×451月／480月」によって求めます。

Bさん分：厚生年金保険の被保険者期間（国民年金第2号被保険者期間）のうち、20歳未満、60歳以降の期間は老齢基礎年金に反映されません。設問の場合、20歳以上60歳未満の期間は厚生年金保険被保険者期間、国民年金第3号被保険者期間、国民年金保険料納付済期間であるため、老齢基礎年金の年金額は「795,000円×480月／480月」によって求めます。

以上より、正解は2.となります。

問2 ☑☑☑

次に、Mさんは、老齢基礎年金の繰上げ支給および繰下げ支給について説明した。Mさんが、Aさんに対して説明した以下の文章の空欄①～③に入る語句または数値の組合せとして、次のうち最も適切なものはどれか。

> 「Aさんが（ ① ）歳に達する前に老齢基礎年金の請求をしなかった場合、Aさんは（ ① ）歳に達した日以後の希望するときから、老齢基礎年金の繰下げ支給の申出をすることができます。支給開始を繰り下げた場合は、繰り下げた月数に応じて年金額が増額されます。仮に、Aさんが70歳0カ月で老齢基礎年金の繰下げ支給の申出をした場合、年金の増額率は（ ② ）％となります。
> また、老齢基礎年金の繰上げ支給の請求をすることもできますが、繰り上げた月数に応じて年金額は減額されます。仮に、Aさんが老齢基礎年金の繰上げ支給の請求をする場合、その請求と同時に老齢厚生年金の繰上げ支給の請求を（ ③ ）。」

1) ① 65　② 24　③ しなければなりません
2) ① 66　② 24　③ するかどうか選択することができます
3) ① 66　② 42　③ しなければなりません

正解 3 が適切　　テキスト1章　P56

① 繰下げ支給は66歳以降に申し出ることができます。なお、2022年4月1日以降に70歳に達する者は**75歳まで**繰り下げることができます。

② 繰下げ1月につき**0.7％増額**されるため、70歳0カ月（70歳－65歳＝5年＝60カ月の繰下げ）で繰下げ支給の申出をする場合、0.7％×60カ月＝42％の増額となります。

③ **繰上げ**支給では、老齢基礎年金と老齢厚生年金は**同時に支給開始**となります。なお、**繰下げ**支給は**別々の時期からの支給開始を選択**できます。

以上より、正解は3.となります。

問3 重要度

最後に、MさんはAさんおよび妻Bさんが受給することができる公的年金制度からの老齢給付について説明した。MさんのAさんに対する説明として、次のうち最も適切なものはどれか。

1) 「Aさんには国民年金の未加入期間がありますが、60歳から65歳になるまでの間、その未加入期間に相当する月数について、国民年金に任意加入して保険料を納付した場合、老齢基礎年金の年金額を増額することができます。」
2) 「Aさんが65歳から受給することができる老齢厚生年金の額には、配偶者の加給年金額が加算されます。」
3) 「妻Bさんは、原則として64歳から報酬比例部分のみの特別支給の老齢厚生年金を受給することができます。」

正解 **1** が適切 テキスト1章 P54-60

1) **適切**　なお、60歳以降65歳に達するまで任意加入すると、**付加保険料を納付できる、国民年金基金に加入できる**、確定拠出年金個人型に加入できる、というメリットもあります。

2) 不適切　Aさんの厚生年金保険の被保険者期間が**20年未満**（240月未満）であるため、**加給年金は支給されません。**

3) 不適切　Bさんは**1966年4月2日以降生まれの女性**であるため、65歳に達するまでの**特別支給の老齢厚生年金は支給されません。**

第5問

[2021年1月 保険]

次の設例に基づいて、下記の各問（《問1》～《問3》）に答えなさい。

――――――――《設例》――――――――

　会社員のAさん（40歳）は、妻Bさん（40歳）、長女Cさん（9歳）、二女Dさん（6歳）および三女Eさん（4歳）との5人暮らしである。Aさんは、最近、公的年金制度の遺族給付について確認し、教育資金の準備や生命保険の見直しなど、今後の資金計画を検討したいと思っている。また、Aさんは、40歳となり、公的介護保険の保険料負担が生じたことから、当該制度についても理解を深めたいと考えている。

　そこで、Aさんは、ファイナンシャル・プランナーのMさんに相談することにした。

＜Aさんの家族構成＞
Aさん　　　：19XX年4月11日生まれ
　　　　　　　会社員（厚生年金保険・全国健康保険協会管掌健康保険に加入中）
妻Bさん　　：19XX年4月22日生まれ
　　　　　　　専業主婦（国民年金に第3号被保険者として加入している）
長女Cさん　：20XX年7月6日生まれ
二女Dさん　：20XX年10月10日生まれ
三女Eさん　：20XX年9月12日生まれ

＜公的年金加入歴（本年12月まで）＞

20歳	22歳		40歳
Aさん	国民年金 第1号被保険者期間 （36月）	厚　生　年　金　保　険 （213月）	

18歳	28歳（Aさんと結婚）		40歳
妻Bさん	厚　生　年　金　保　険 （120月）	国民年金 第3号被保険者期間 （141月）	

※妻Bさん、長女Cさん、二女Dさんおよび三女Eさんは、現在および将来においても、Aさんと同居し、Aさんと生計維持関係にあるものとする。また、妻Bさんの就業の予定はないものとする。
※Aさんとその家族は、現在および将来においても、公的年金制度における障害等級に該当する障害の状態にないものとする。

※上記以外の条件は考慮せず、各問に従うこと。

問1 重要度

はじめに、Mさんは、Aさんが本年度の現時点において死亡した場合に妻Bさんが受給することができる遺族基礎年金の年金額（本年度価額）を試算した。Mさんが試算した遺族基礎年金の年金額の計算式として、次のうち最も適切なものはどれか。

1）795,000円 + 228,700円 + 76,200円 + 76,200円 = 1,176,100円
2）795,000円 + 228,700円 + 228,700円 + 76,200円 = 1,328,600円
3）795,000円 + 228,700円 + 228,700円 + 228,700円 = 1,481,100円

正解 **2** が適切　　　　　　　　　　　　　　　　　テキスト1章　P66

遺族基礎年金は**18歳**到達年度末までの未婚の子または20歳未満の1級・2級の障害等級の未婚の**子がいる配偶者または子**に支給されます。

本問の配偶者に支給される遺族基礎年金の金額は、基本額795,000円に**子2人目までは228,700円、3人目以降は76,200円**を加えた額となります。

Aさんには、18歳到達年度末までの子が3人いますので、基本額に228,700円 + 228,700円 + 76,200円を加えた額が遺族基礎年金として支給されます。

問2 重要度

次に、Mさんは、Aさんが本年度の現時点において死亡した場合に妻Bさんが受給することができる遺族厚生年金について説明した。Mさんが、Aさんに対して説明した以下の文章の空欄①〜③に入る語句または数値の組合せとして、次のうち最も適切なものはどれか。

> 「遺族厚生年金の額は、原則として、Aさんの厚生年金保険の被保険者記録を基礎として計算した老齢厚生年金の報酬比例部分の額の（ ① ）相当額となります。ただし、Aさんの場合、その計算の基礎となる被保険者期間の月数が（ ② ）月に満たないため、（ ② ）月とみなして年金額が計算されます。
> また、三女Eさんの18歳到達年度の末日が終了し、妻Bさんの有する遺族基礎年金の受給権が消滅したときは、妻Bさんが65歳に達するまでの間、妻Bさんに支給される遺族厚生年金に（ ③ ）が加算されます。」

1) ① 4分の3　② 300　③ 中高齢寡婦加算
2) ① 3分の2　② 300　③ 加給年金額
3) ① 3分の2　② 360　③ 中高齢寡婦加算

正解 が適切　　　テキスト1章 P65-68

遺族厚生年金は、死亡した者に支給されるはずであった老齢厚生年金の（報酬比例部分）相当額の**4分の3**（①）となります。

ただし、在職中に死亡した場合で、被保険者期間が短い（300月未満）場合は、**300月分**（②）が最低保障されます。

中高齢寡婦加算（③）は、遺族厚生年金を受給できる**40歳**以上**65歳**未満の妻に支給されますが、遺族基礎年金を受給している期間は支給停止となります。

つまり、遺族基礎年金と中高齢寡婦加算は絶対に同時にもらうことはできません。

以上より、正解は1.となります。

| 問3 | ☑☑☑ | 重要度 **B** |

最後に、Mさんは、公的介護保険（以下、「介護保険」という）について説明した。Mさんが、Aさんに対して説明した以下の文章の空欄①～③に入る語句または数値の組合せとして、次のうち最も適切なものはどれか。

「介護保険の被保険者が保険給付を受けるためには（　①　）から要介護認定または要支援認定を受ける必要があります。また、Aさんのような介護保険の第2号被保険者は、（　②　）要介護状態または要支援状態となった場合に保険給付を受けることができます。

介護保険の第2号被保険者が保険給付を受けた場合、原則として実際にかかった費用（食費、居住費等を除く）の（　③　）割を自己負担する必要があります。」

---

1) ① 市町村（特別区を含む）　② 特定疾病が原因で　③ 1

2) ① 都道府県　② 原因を問わず　③ 1

3) ① 市町村（特別区を含む）　② 原因を問わず　③ 3

| 正解 | **1** | が適切 | テキスト1章　P41 |

①介護保険は**市町村**、東京23区は**特別区**が保険者です。

②**第1号被保険者**は**原因を問わず**要介護・要支援となると介護保険の給付を受けられますが、**第2号被保険者**は**特定疾病**によって要介護・要支援となった場合に限り、介護保険の給付を受けられます。

③**第2号被保険者**の自己負担割合（保険給付限度額の範囲内）は**一律1割**です。一方、第1号被保険者は原則1割ですが、**高所得者は2割または3割**となります。

以上より、正解は1.となります。

第2章 傾向と対策

リスク管理の出題範囲は、生命保険、損害保険のしくみや保険商品の特徴、約款、保険料や保険金等の税務がよく出題されます。
※金財の実技試験の個人資産相談業務での出題はありません。

頻出される問題

＜学科試験＞　学科試験の主なキーワード
保険契約者保護機構、ソルベンシー・マージン比率、純保険料、付加保険料、解約返戻金、払済保険、延長保険、ガン保険、先進医療特約、生命保険料控除、死亡保険金、給付金とその税金、地震保険、自賠責保険、自動車保険、各種傷害保険、個人賠償責任保険、法人向け賠償責任保険、地震保険料控除

＜実技試験＞
【日本FP協会】保険証券の読み取り問題は必ず出題されます。生命保険の税務、損害保険の商品・特徴が頻出論点です。

【金財】保険顧客資産相談業務では試験の性格上、最重要項目で、全5問中2問がリスク管理から出題されます。「個人の生命保険」は、保険料や保険金等の税務、保険商品の特徴、証券分析、保険の見直しや契約時のルール、「法人の生命保険」は、保険料支払時や保険金受取時の経理処理、保険商品の特徴と活用法等が出題されます。

第2章 リスク管理

学科試験問題&解答
保険の基本
生命保険のしくみと保険の契約
生命保険の種類と契約〜税金
損害保険の種類と契約〜税金
第三分野の保険

実技試験問題&解答
［日本FP協会］　資産設計提案業務

［金財］　保険顧客資産相談業務（個人向け保険）

［金財］　保険顧客資産相談業務（法人向け保険）

学科試験［日本FP協会・金財］共通

保険の基本

1 ☑☑☑ 重要度 C [2019年1月]

生命保険契約を申し込んだ者がその撤回を希望する場合、保険業法上、原則として、契約の申込日または契約の申込みの撤回等に関する事項を記載した書面の交付日のいずれか遅い日を含めて（①）以内であれば、（②）により申込みの撤回ができる。

1) ①8日 ②書面
2) ①14日 ②書面
3) ①14日 ②書面または口頭

2 ☑☑☑ 重要度 B [2018年5月]

国内銀行の窓口で加入した生命保険契約については、生命保険契約者保護機構による補償の対象とならない。

3 ☑☑☑ 重要度 B [2021年1月]

国内で事業を行う少額短期保険業者と締結した保険契約は、生命保険契約者保護機構および損害保険契約者保護機構による補償の対象とならない。

1 が正しい　　　　　　　　　　　　　　　　　　　　テキスト2章　P91

なお、保険期間**1年**以下、自賠責保険等の**法令上の加入義務**がある保険、法人契約や事業のための契約、医師による**診査**が終了したときは、クーリング・オフ（申込みの撤回）はできません。

×　　　　　　　　　　　　　　　　　　　　　　　　テキスト2章　P92

保険会社と**直接契約をしても**、銀行等を含む保険**代理店で契約しても補償対象**となります。

　レック先生のワンポイント

保険契約者保護機構	
国内で営業する保険会社	外資系も含めて加入 直接契約も代理店契約も保護対象
共済、少額短期保険業者	加入対象外

〇　　　　　　　　　　　　　　　　　　　　　　　　テキスト2章　P92

少額短期保険業者、共済は保険契約者保護機構による補償の対象外です。
なお、**保険契約者保護機構**は**外資系も含めて国内で事業を行う保険会社**が加入します。

4 [2019年9月]

少額短期保険業者による取扱商品は「少額・短期・掛捨て」に限定され、1人の被保険者から引き受ける保険金額の総額は、原則として（　　）が上限となっている。

1）1,000万円
2）1,200万円
3）1,500万円

5 [2022年9月]

国内で事業を行う生命保険会社が破綻した場合、生命保険契約者保護機構による補償の対象となる保険契約については、高予定利率契約を除き、（①）の（②）まで補償される。

1）①既払込保険料相当額　　②70％
2）①死亡保険金額　　　　　②80％
3）①責任準備金等　　　　　②90％

6 [2018年9月]

保険業法で定められた保険会社の健全性を示す（①）は、保険金等の支払余力をどの程度有するかを示す指標であり、この値が（②）を下回った場合、監督当局による早期是正措置の対象となる。

1）①自己資本比率　　　　　　②100％
2）①ソルベンシー・マージン比率　②200％
3）①ソルベンシー・マージン比率　②300％

1 が正しい　　　　　　　　　　　　　　　　　　　テキスト 2 章　P92

少額短期保険業者が取り扱う保険の保険金額は保険種類（死亡保険、医療保険、損害保険等）ごとに限度額が定められています（例えば、傷害死亡は600万円まで）。また、1人の被保険者から引き受ける保険金額の総額は**1,000万円**が上限となっています。

3 が正しい　　　　　　　　　　　　　　　　　　　テキスト 2 章　P92

なお、**国内で営業する生命保険会社**は、外資系も含めて**加入**します。

2 が正しい　　　　　　　　　　　　　　　　　　　テキスト 2 章　P92

ソルベンシー・マージン比率が**200％**を下回ると早期是正措置の対象、0％を下回ると業務停止命令となります。
過去の出題は「200％」です。生命保険契約者保護機構による保護（責任準備金等の**90％**）と合わせて重要な数値です。

レック先生のワンポイント

生命保険会社の健全性

ソルベンシー・マージン比率	200％を下回ると、早期是正措置 0％を下回ると、業務停止命令
生命保険契約者保護機構	原則、破綻時の責任準備金等の90％を補償

生命保険のしくみと保険の契約

7 ☑☑☑ 重要度 A　　　　　　　　　　　　　　　　　　[2019年5月]

生命保険の保険料のうち、保険会社が保険契約を維持・管理するための費用に充当される付加保険料は、予定死亡率および予定利率に基づいて計算される。

8 ☑☑☑ 重要度 C　　　　　　　　　　　　　　　　　　[2019年5月]

保険法の規定によれば、保険契約者や被保険者に告知義務違反があった場合、保険者は原則として保険契約を解除することができるが、この解除権は、保険者が解除の原因があることを知った時から1カ月間行使しないとき、または契約締結の時から5年を経過したときは消滅する。

生命保険の種類と契約～税金

9 ☑☑☑ 重要度 C　　　　　　　　　　　　　　　　　　[2018年5月]

定期保険特約付終身保険（更新型）は、定期保険特約の更新の都度、告知が必要であり、健康状態によっては定期保険特約を更新できない。

テキスト2章　P97

純保険料は**予定死亡率**と**予定利率**、**付加保険料**は**予定事業費率**に基づいて計算されます。

生命保険料

純保険料	予定死亡率	高く見込むと、 死亡保険料は高くなり、年金保険料は安くなる 終身保険　　男性の方の保険料が高い 終身年金保険　女性の方の保険料が高い
	予定利率	高く見込むと保険料は安くなる
付加保険料	予定事業費率	高く見込むと保険料は高くなる

テキスト2章　P100

保険会社の約款では、「契約締結の日から2年を経過すると解除権が消滅する。」と記載されているケースが多い（お客様に有利）ですが、保険法上では「**5年**」です。

テキスト2章　P109

更新後の保険料は**更新時点**の年齢・保険料率で計算されますので、通常、保険料は**アップ**します。
ただし、**健康状態を問わず更新できる**点で、新規加入と異なります。

10 ☑☑☑ 重要度 C　　　　　　　　　　　　　　　　　　[2018年9月]

定期保険特約付終身保険では、定期保険特約の保険金額を同額で自動更新すると、更新後の保険料は、通常、更新前（　　）。

1）よりも安くなる
2）と変わらない
3）よりも高くなる

11 ☑☑☑ 重要度 C　　　　　　　　　　　　　　　　　　[2022年1月]

収入保障保険の死亡保険金を年金形式で受け取る場合の受取総額は、一般に、一時金で受け取る場合の受取額よりも少なくなる。

12 ☑☑☑ 重要度 B　　　　　　　　　　　　　　　　　　[2019年9月]

学資（こども）保険は、保険期間中に契約者が死亡した場合、死亡時点における解約返戻金相当額が支払われて保険契約が消滅する。

13 ☑☑☑ 重要度 C　　　　　　　　　　　　　　　　　　[2021年5月]

個人年金保険において、確定年金は、年金支払期間中に被保険者が生存している場合に限り、契約で定めた一定期間、年金が支払われる。

3 が正しい

テキスト2章 P109

定期保険特約の更新後の保険料は**更新時点**の年齢・保険料率で計算されますので、保険料は**アップ**します。
なお、終身保険部分（主契約部分）の保険料は変わりません。

> **レック先生のワンポイント**

定期保険特約の更新

保険料	更新時点の年齢・保険料率で計算（通常、アップする）
健康状態が悪い場合	同額・減額更新の場合、健康状態を問わず、更新できる

テキスト2章 P105

年金で受け取る方が、一時金よりも多くなります。一時金で受け取る場合は年金で受け取る場合の金額を前倒しで受け取るため、年金で受け取るよりも少なくなります。

テキスト2章 P110

保険期間中に**契約者**が**死亡**すると、その後、**保険料を支払わなくても**、契約で定めた時期にお祝い金、保険期間**満了時**に**満期保険金**が支払われる点が学資（こども）保険の特徴です。

テキスト2章 P112

問題は**有期年金**の説明です。確定年金は、受取期間中に被保険者が死亡しても、あらかじめ定めた年金受取期間にわたり、年金が支払われます。

14 ☑☑☑ 重要度 B [2018年5月]

一時払変額個人年金保険は、（ ① ）の運用実績に基づいて保険金額等が変動するが、一般に、（ ② ）については最低保証がある。

1）①一般勘定　　②解約返戻金
2）①特別勘定　　②解約返戻金
3）①特別勘定　　②死亡給付金

15 ☑☑☑ 重要度 B [2021年9月]

リビング・ニーズ特約は、被保険者の余命が6カ月以内と判断された場合に、所定の範囲内で死亡保険金の一部または全部を生前に受け取ることができる特約である。

16 ☑☑☑ 重要度 C [2021年1月]

生命保険契約の契約者は、契約者貸付制度を利用することにより、契約している生命保険の（　　）の一定の範囲内で保険会社から貸付を受けることができる。

1）既払込保険料総額
2）解約返戻金額
3）死亡保険金額

| 3 | が正しい | テキスト2章　P111、P113 |

①定額保険は一般勘定、変額保険は**特別勘定**で運用されます。
②年金開始前の**死亡給付金**には最低保証があります。運用実績に基づき、保険金額等が変動するという特徴から、解約返戻金に最低保証はないのでは…と連想することができれば大丈夫です。

| | | テキスト2章　P116 |

なお、特約保険料は無料であり、リビング・ニーズ特約保険金を被保険者が受け取った場合は**非課税**となります。

| 2 | が正しい | テキスト2章　P117 |

契約者貸付では**解約返戻金の一定範囲内**で貸付を受けられます。
なお、自動振替貸付は**解約返戻金の範囲内**で保険料の貸付を受ける制度、
払済保険、延長保険は保険料の払込みを中止して、**解約返戻金**をもとに保険を継続する制度です。
解約返戻金は保険の見直しでカギとなるキーワードです。

　レック先生のワンポイント

契約者貸付と自動振替貸付

	担保	利息	制度概要
契約者貸付	解約返戻金の一定範囲内	あり	一時的に不足する資金の貸付を受ける制度
自動振替貸付	解約返戻金の（一定）範囲内	あり	払込猶予期間内（月払い：翌月1日～末日、半年払い・年払い：翌月1日～翌々月の月単位の契約応当日まで）に保険料を払えなかった場合に保険会社が保険料を立て替える制度

[2020年9月]

定期保険特約付終身保険の保険料の払込みを中止して、払済終身保険に変更した場合、元契約に付加していた入院特約はそのまま継続する。

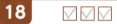 [2018年5月]

生命保険の保険料の払込みが困難になった場合等で契約を有効に継続するための方法のうち、（　　）は、保険料の払込みを中止して、その時点での解約返戻金相当額をもとに、保険金額を変えないで、一時払いの定期保険に切り換えるものをいう。

1）払済保険
2）継続保険
3）延長保険

  [2019年5月]

現在加入している生命保険契約を、契約転換制度を利用して新たな契約に転換する場合、転換後の保険料は（ ① ）の保険料率が適用され、一般に、転換する際には（ ② ）である。

1）①転換時　　　　②告知および診査は不要
2）①転換時　　　　②告知または診査が必要
3）①転換前の契約時　②告知および診査は不要

✗　　　　　　　　　　　　　　　　　　　　テキスト2章　P118

払済保険に変更した場合、リビング・ニーズ特約等を除き、**特約は消滅**します。延長保険に変更した場合も、**特約は消滅**します。

レック先生のワンポイント

払済保険、延長（定期）保険

	保険期間	保険金額	保険種類
払済保険	変わらない	小さくなる	終身保険 または養老保険等
延長（定期）保険	最長でも元の保険期間	変わらない	一時払定期保険

3　が正しい　　　　　　　　　　　　　　　テキスト2章　P119

保険料の払込みを中止して、**解約返戻金**をもとに、保障性を重視して、**保険金額を変えずに**定期保険として継続する方法を**延長保険**といいます。
保険料の払込みを中止して、**解約返戻金**をもとに、貯蓄性を重視して、**保険期間を変えずに**終身保険や養老保険等として継続する方法を**払済保険**といいます。
双方とも、特約は**消滅**します（払済保険のリビング・ニーズ特約等を除きます）。

2　が正しい　　　　　　　　　　　　　　　テキスト2章　P120

転換とは、旧契約をその時点の解約返戻金で算出した価値で下取りして、新たな契約をすることをいい、転換後の保険料は**転換時**の年齢・保険料率で計算されます。なお、転換は特約途中付加・増額と同様に告知または診査が**必要**です。
払済保険、**延長保険**、**減額**では告知または診査が**不要**です。違いに注意しましょう。

20   [2019年1月]

本年中に契約した生命保険に付加されている傷害特約に係る保険料は、介護医療保険料控除の対象となる。

21   [2021年5月]

所得税において、個人が本年中に締結した生命保険契約に基づく支払保険料のうち、（　）に係る保険料は、介護医療保険料控除の対象となる。

1）先進医療特約
2）傷害特約
3）定期保険特約

テキスト2章 P121-122

新制度の生命保険料控除では、**傷害**特約、**災害割増**特約、**災害入院**特約等、事故を主な保障とする部分の保険料は**生命保険料控除の対象となりません**（旧制度では、一般の生命保険料控除です）。

レック先生のワンポイント

生命保険料控除の種類

	旧制度	新制度
終身保険、定期保険等	一般	
要件を満たす個人年金保険	個人年金	
変額個人年金保険等、一定要件を満たさない個人年金保険	一般	
傷害特約、災害割増特約、災害入院特約	一般	対象外
医療保険、がん保険、疾病入院特約、先進医療特約、所得補償保険、就業不能保障保険	一般	介護医療

1 が正しい　　　　　　　　　　　　　テキスト2章 P122

1）**適切**　　**介護医療**保険料控除の対象となります。
2）不適切　**生命保険料控除の対象外**です。
3）不適切　**一般**生命保険料控除の対象となります。

99

22  [2019年9月]

2012年1月1日以後に締結した所定の生命保険契約等により、本年中に一般生命保険料、個人年金保険料および介護医療保険料をそれぞれ10万円支払った場合、所得税における生命保険料控除の控除額は（　　）となる。

1）8万円
2）10万円
3）12万円

23  [2019年5月]

生命保険契約において、契約者（＝保険料負担者）が夫、被保険者が妻、死亡保険金受取人が子である場合、子が受け取る死亡保険金は、（　　）の課税対象となる。

1）相続税
2）贈与税
3）所得税

3 が正しい

テキスト2章 P121

2012年以降に締結した生命保険契約（新制度）について、年間**8万円以上**支払った場合、所得税の生命保険料控除は、「一般」「個人年金」「介護医療」それぞれ**4万円**が限度となります。設問の場合は3タイプの保険料それぞれ10万円支払っていますので、4万円×3＝12万円が限度となります。

レック先生のワンポイント

所得税の所得（保険料、掛金）控除の限度額

社会保険料控除、小規模企業共済等掛金控除	全額
生命保険料控除	新契約は各4万円、旧契約は各5万円、各保険料控除合算で12万円が限度
地震保険料控除	5万円

2 が正しい

テキスト2章 P124-125

契約者（保険料負担者）、被保険者、死亡保険金受取人のすべてが異なる場合、死亡保険金は**贈与税**の対象となります。
なお、**契約者（保険料負担者）と被保険者が同じ**である場合、死亡保険金は**相続税**、**契約者（保険料負担者）と死亡保険金受取人が同じ**である場合、死亡保険金は**所得税**の対象となります。

レック先生のワンポイント

死亡保険金の課税

契約者	被保険者	受取人	課税
A	A	相続人	相続税（非課税あり）
A	A	相続人以外	相続税（非課税なし）
A	B	A	所得税
A	B	C	贈与税

24 ☑☑☑ 重要度 **B** [2022年1月]

生命保険契約において、契約者（＝保険料負担者）および死亡保険金受取人がＡさん、被保険者がＡさんの父親である場合、被保険者の死亡によりＡさんが受け取る死亡保険金は、（　　）の課税対象となる。

1）贈与税

2）相続税

3）所得税

25 ☑☑☑ 重要度 **C** [2020年9月]

生命保険の入院特約に基づき、被保険者が病気で入院したことにより被保険者が受け取った入院給付金は、非課税である。

26 ☑☑☑ 重要度 **C** [2018年9月]

契約者（＝保険料負担者）を法人、被保険者を役員および従業員全員、死亡保険金受取人を従業員の遺族、満期保険金受取人を法人とする養老保険に加入することにより、法人は、その支払った保険料の全額を福利厚生費として損金の額に算入することができる。

損害保険の種類と契約～税金

27 ☑☑☑ 重要度 **C** [2019年9月]

損害保険において、保険契約者が負担する保険料と事故発生の際に支払われる保険金は、それぞれの事故発生リスクの大きさや発生確率に見合ったものでなければならないとする考え方を、（　　）という。

1）大数の法則

2）給付・反対給付均等の原則（公平の原則）

3）収支相等の原則

3 が正しい

テキスト 2 章　P125

契約者（保険料負担者）が死亡保険金、満期保険金、解約返戻金、年金を受け取る場合は**所得税**の課税対象となります。

○

テキスト 2 章　P127

被保険者が受け取る**入院**給付金、**手術**給付金、**通院**給付金、**特定疾病**保険金、**リビング・ニーズ**特約保険金、高度障害保険金等は**非課税**となります。
生命保険から受け取る保険金等のうち、「**死亡**保険金」「**満期**保険金」「**解約**返戻金」「**老後の年金**」は**課税**されますが、**その他**は基本的に**非課税**となります（例外あり）。

×

テキスト 2 章　P128-130

被保険者が従業員全員、満期保険金受取人が法人、死亡保険金受取人が被保険者の遺族である養老保険の保険料は、**2分の1**を**資産計上**、**2分の1**を**福利厚生費**として損金に算入します。
なお、被保険者が役員のみである場合は、「福利厚生費」の部分が「**給与**」となります。

2 が正しい

テキスト 2 章　P135

リスクの大きさ、発生確率に応じた保険料を負担する原則をいいます。
1）大数の法則とは「多くの数から見ると一定の法則があること」をいいます。
3）収支相等の原則は「保険会社が受け取る保険料（と運用益）と保険会社が支払う保険金（と事務経費）が等しくなる原則」をいいます。

28　☑☑☑　重要度 Ⓐ　[2021年1月]

居住用建物および家財を対象とした火災保険では、地震もしくは噴火またはこれらによる津波を原因とする損害は、補償の対象とならない。

29　☑☑☑　重要度 Ⓑ　[2019年1月]

借家人が失火により借家と隣家を焼失させてしまった場合、借家人に重大な過失が認められないときは、民法および失火の責任に関する法律の規定上、借家の家主に対する損害賠償責任を（ ① ）、隣家の所有者に対する損害賠償責任（ ② ）。

1) ①負うが　　　　②は負わない
2) ①負い　　　　　②も負う
3) ①負わないが　　②は負う

30　☑☑☑　重要度 Ⓐ　[2022年9月]

地震保険の保険金額は、火災保険の保険金額の（ ① ）の範囲内で設定することになるが、居住用建物については（ ② ）、生活用動産（家財）については1,000万円が上限となる。

1) ①30％から50％まで　　②3,000万円
2) ①30％から50％まで　　②5,000万円
3) ①50％から80％まで　　②5,000万円

○

テキスト2章　P137

地震、**噴火**、**津波**による損害（火災、損壊、埋没、流失）は、**火災保険では補償されず**、地震保険で補償されます。

1　が正しい

テキスト2章　P139

「**軽過失**」の「**失火**」の場合、「**隣家**」に与えた損害については、損害賠償責任を負いません。
「故意または重過失」「ガス爆発」「借家」のいずれかの要素が入ると、損害賠償責任を負います。

2　が正しい

テキスト2章　P140

なお、地震保険は**火災保険に付帯して契約**します。

レック先生のワンポイント

地震保険

補償対象物件	住宅建物および家財
申込み	火災保険に付帯。中途付帯はできる
補償	地震・噴火・津波を原因とする火災、埋没、損壊、流失
保険金額	主契約の30％～50％ 建物5,000万円、家財1,000万円
保険料の割引	4つあり、重複適用できない
保険金	全損（100％）、大半損（60％）、小半損（30％）、一部損（5％）

31 [2019年1月]

地震保険の保険料の割引制度には、「建築年割引」「耐震等級割引」「免震建築物割引」「耐震診断割引」があり、割引率は「耐震等級割引（耐震等級3）」および「免震建築物割引」の（ ① ）が最大となる。なお、それぞれの割引制度の重複適用は（ ② ）。

1) ①30%　②できない
2) ①50%　②できない
3) ①50%　②できる

32   [2020年9月]

自動車損害賠償責任保険（自賠責保険）では、対人賠償および対物賠償が補償の対象となる。

33   [2019年9月]

自動車損害賠償責任保険において、被害者1人当たりの保険金の支払限度額は、傷害の場合で（ ① ）、死亡の場合で（ ② ）である。

1) ①120万円　②2,000万円
2) ①120万円　②3,000万円
3) ①150万円　②3,000万円

2 が正しい テキスト2章 P141

地震保険の料率には保険会社による差はなく、**建物構造**と**都道府県**によって異なります。割引制度は**いずれか1つのみ**適用できます。

✕ テキスト2章 P142

自賠責保険は**対人賠償事故のみ**補償します。対物賠償事故は任意保険で補償されます。

自賠責保険

補償対象	対人賠償事故
補償限度額	被害者1名あたり死亡3,000万円、後遺障害4,000万円、傷害120万円

2 が正しい テキスト2章 P142

自賠責保険の支払限度額は、被害者1名当たり、**死亡3,000万円**、**後遺障害4,000万円**、**傷害**は死亡・後遺障害と別枠で**120万円**となります。
「3×4＝12」とまとめて覚えましょう。

107

34 ☑☑☑ 重要度 B [2019年5月]

自動車保険の人身傷害補償保険では、被保険者が自動車事故により負傷した場合、自己の過失割合にかかわらず、保険金額の範囲内で治療費や休業損害などの実際の損害額が補償される。

35 ☑☑☑ 重要度 B [2022年1月]

自動車保険の車両保険では、一般に、洪水により自動車が水没したことによって被る損害は補償の対象とならない。

36 ☑☑☑ 重要度 B [2021年5月]

普通傷害保険（特約付帯なし）において、一般に、（　　）は補償の対象とならない。

1) 国内旅行中の飲食による細菌性食中毒
2) 海外旅行中の転倒による骨折
3) 料理中に油がはねたことによる火傷

37 ☑☑☑ 重要度 C [2020年1月]

家族傷害保険の被保険者の範囲には、被保険者本人と生計を共にする別居の未婚の子も含まれる。

○ テキスト2章　P143

相手がある事故の場合、自動車保険の補償は、通常であれば自己の過失割合に応じて保険金が減額されますが、人身傷害補償保険は**自己の過失があっても**、保険金額の範囲内であれば、**損害額の全額が補償**されます。

× テキスト2章　P143

水害の被害は補償**対象**となります。

　が正しい　テキスト2章　P144

1）補償の対象とならない。**国内旅行傷害保険に加入すれば、補償の対象**となります。
2）補償の対象となります。
3）補償の対象となります。

○ テキスト2章　P144

家族傷害保険は、家族の人数が多くなっても保険料が変わらないのが特徴です。被保険者は、**保険事故発生時**の本人、配偶者、**生計を一**にする同居親族・**別居の未婚の子**です。

レック先生のワンポイント

普通傷害保険と家族傷害保険

普通傷害保険	細菌性食中毒、地震による傷害は対象外
家族傷害保険	本人、配偶者、生計を一にする同居親族・別居の未婚の子（傷害発生時に判定）が対象。被保険者数にかかわらず保険料は同じ

38  [2019年5月]

海外旅行保険では、海外旅行中に発生した地震によるケガは（ ① ）、海外旅行から帰宅途中の日本国内で起きた事故によるケガ（ ② ）。

1) ①補償の対象となり　　②も補償の対象となる
2) ①補償の対象となるが　②は補償の対象とならない
3) ①補償の対象とならないが　②は補償の対象となる

39  [2018年5月]

家族傷害保険に付帯された個人賠償責任補償特約では、（　　）により損害賠償責任を負った場合は補償の対象とならない。

1) 別居の未婚の子が自転車で走行中に起こした事故
2) 本人が業務中、自転車で配達中に起こした事故
3) 飼い犬が他人を噛んでけがを負わせた事故

1 が正しい　　　　　　　　　　　　　　　　　テキスト2章　P144

①海外旅行保険は、**海外旅行中に発生した地震による傷害も補償されます**。なお、**普通傷害保険**、**国内旅行傷害保険**は特約がない限り、**補償されません**。

日本は地震が多い国であり、保険事業への影響が甚大であるため、普通傷害保険や国内旅行傷害保険では補償対象外ですが、海外旅行中のケガのみであれば、保険事業への影響が小さいため補償対象とすることができる、と理解しましょう。

②海外旅行保険、国内旅行保険は、**自宅**を**出発**してから**自宅**に**帰宅**するまでが保険期間となります。

レック先生のワンポイント

旅行傷害保険

保険期間	自宅を出発してから自宅に帰るまで
国内旅行傷害保険	細菌性食中毒は補償 地震・噴火・津波による傷害は対象外
海外旅行保険	細菌性食中毒を補償 海外における地震・噴火・津波による傷害も補償

2 が正しい　　　　　　　　　　　　　　　　　テキスト2章　P145

1）被保険者は本人、配偶者、生計を一にする同居親族・別居の未婚の子です。**自転車運転中**の賠償事故は補償されます。なお、自動車、原動機付自転車による賠償事故は自動車保険で補償され、個人賠償責任補償特約では補償されません。

2）**業務中の事故**は、個人賠償責任補償特約では補償されません。

3）飼い犬が通行人に噛みついてケガをさせた場合は補償されます。

本問は、日本FP協会実技試験でもよく出題されます。

40 ☑☑☑ 重要度 B　　　　　　　　　　　　　　　　　　　[2020年9月]

個人賠償責任保険（特約）では、被保険者が、（　　）、法律上の損害賠償責任を負うことによって被る損害は、補償の対象となる。

1) 自動車の運転中、歩行者に接触し、ケガを負わせ
2) 散歩中、首輪の紐を放してしまい、飼い犬が他人を噛んでケガを負わせ
3) 業務中、自転車で歩行者に衝突し、ケガを負わせ

41 ☑☑☑ 重要度 B　　　　　　　　　　　　　　　　　　　[2020年9月]

スーパーマーケットを経営する企業が、店舗内で調理・販売した食品が原因で食中毒を発生させ、顧客に対して法律上の損害賠償責任を負うことによって被る損害を補償する保険として、施設所有（管理）者賠償責任保険がある。

42 ☑☑☑ 重要度 C　　　　　　　　　　　　　　　　　　　[2019年1月]

ホテルが、クロークで顧客から預かった衣類や荷物の紛失や盗難により、法律上の損害賠償責任を負担した場合に被る損害に備える保険は、施設所有（管理）者賠償責任保険である。

2 が正しい　　　　　　　　　　　　　　　　　　　テキスト2章　P145

1）**自動車、原動機付自転車**による賠償事故は自動車保険で補償され、個人賠償責任保険では補償されません。
2）飼い犬が通行人に噛みついてケガをさせた場合は補償されます。
3）**自転車運転中**の賠償事故は通常、補償されますが、**業務中**の賠償事故は補償されません。

本問は、日本FP協会実技試験でもよく出題されます。

レック先生のワンポイント

個人賠償責任保険の免責事由の例

・業務中の賠償事故
・同居親族に対する賠償事故
・自動車（原動機付自転車を含む）の賠償事故

✗　　　　　　　　　　　　　　　　　　　　　　　テキスト2章　P146

販売・製造したものが原因で顧客に損害を与えた（販売した**お弁当**や提供した**食事が原因で食中毒**を起こした、製造・販売した家電が発火して火傷した、火事になった）場合に補償するのは、**生産物賠償責任保険**です。
施設所有（管理）者賠償責任保険は、施設の所有・使用・管理、その施設における仕事の遂行に伴って生じた偶然な事故により、他人の身体、財産に損害を与えた場合の損害賠償責任に備える保険です。

✗　　　　　　　　　　　　　　　　　　　　　　　テキスト2章　P146

事業者が事業として顧客から預かったものの紛失や盗難による損害賠償責任に備えるには、**受託者賠償責任保険**が適しています。

43 [2020年1月]

飲食店において、店舗の床が清掃時の水で濡れていたことにより、来店客が足を滑らせて転倒して骨折し、入院をした。このような場合の損害賠償責任に備える損害保険としては、（　　　）が適している。

1）生産物賠償責任保険
2）施設所有（管理）者賠償責任保険
3）受託者賠償責任保険

44 [2018年5月]

小売業を営む企業が、火災・爆発等によって営業が休止または阻害されたことによる利益の減少等に備える保険は、（　　　）である。

1）労働災害総合保険
2）施設所有（管理）者賠償責任保険
3）企業費用・利益総合保険

45 [2021年1月]

所得税において、個人が支払う地震保険の保険料は、5万円を限度として年間支払保険料の2分の1相当額が地震保険料控除の対象となる。

46 [2020年1月]

自動車事故でケガを負い、相手方が加入していた自動車保険の対人賠償保険金を受け取った場合、当該保険金は（　　　）とされる。

1）非課税
2）雑所得
3）一時所得

2 が正しい　　　　　　　　　　　　　　　　　　テキスト2章　P146

施設所有（管理）者賠償責任保険は、**施設の所有・使用・管理**、その施設における**仕事の遂行**に伴って生じた偶然な事故により、他人の身体、財産に損害を与えた場合の損害賠償責任に備える保険です。

1）生産物賠償責任保険は、**販売・製造**したものが原因で顧客に損害を与えた場合の損害賠償責任に備える保険です。

3）受託者賠償責任保険は、顧客から**預かったもの**を紛失・盗難等により損害を与えた場合の損害賠償責任に備える保険です。

3 が正しい　　　　　　　　　　　　　　　　　テキスト2章　P146-147

1）労働災害総合保険は、政府労災保険の対象となる業務上の災害による労働者の傷害等に対して、**使用者**としての**損害賠償責任**に備える保険です。

2）施設所有（管理）者賠償責任保険は、施設の**所有・使用・管理**、その施設における**仕事の遂行**に伴って生じた偶然な事故により、他人の身体、財産に損害を与えた場合の損害賠償責任に備える保険です。

✕　　　　　　　　　　　　　　　　　　　　　　テキスト2章　P148

自宅建物および家財を対象として支払った地震保険料のうち、所得税では支払った**全額**（**5万円**が限度）、住民税では支払った金額の2分の1（2万5千円が限度）が地震保険料控除として控除できます。

1 が正しい　　　　　　　　　　　　　　　　　　テキスト2章　P148

対人賠償保険金は**損害賠償金**として被害者に支払われるお金ですので、税金が課税されると、被害者に支払われる金額も少なくなってしまいます。だから非課税なのです。

2 章 ● リスク管理

学科試験

第三分野の保険

47 ☑☑☑ 重要度 **C** [2018年5月]

医療保険では、退院後に入院給付金を受け取り、その退院日の翌日から1年経過後に前回と同一の疾病により再入院した場合、入院給付金支払日数は前回の入院日数と合算され、1入院当たりの給付日数制限の適用を受ける。

48 ☑☑☑ 重要度 **C** [2020年9月]

医療保険等に付加される先進医療特約では、（　　）時点において厚生労働大臣により定められている先進医療が対象となる。

1）申込日
2）責任開始日
3）療養を受けた日

49 ☑☑☑ 重要度 **B** [2020年1月]

がん保険では、一般に、責任開始日前に180日程度の免責期間が設けられており、その期間中にがんと診断されたとしてもがん診断給付金は支払われない。

50 ☑☑☑ 重要度 **B** [2018年9月]

がん保険の入院給付金は、通常、1回の入院および通算の支払限度日数が定められている。

テキスト2章　P151

退院日の翌日から**180日**以内に同一の疾病等により再入院した場合は、前回の入院日数と合算されます。
なお、180日以内の再入院でも、異なる原因による入院は、合算しません。

3　が正しい　　　　　　　　　　　　　　テキスト2章　P116、P151

公的医療保険の対象外（全額自己負担）である治療費用を手当てするための特約ですので、**療養を受ける時点**で適用できないと困ります。
○×問題では「契約時点」で出題されやすい問題です。

テキスト2章　P152

がん保険の免責期間は一般に契約後**3カ月**または**90日**です。がんを対象に厚い保障をするため、モラルハザードの観点から免責期間が設けられています。

テキスト2章　P152

がん保険はがんを対象に厚い保障をします。入院給付金の**支払限度日数はありません**。なお、**医療保険**は一般に、1回の入院、通算の**支払限度日数**が定められています。

レック先生のワンポイント

一般的な医療保険とがん保険

医療保険	入院給付金は1回の入院および通算の限度日数がある
がん保険	がんと診断されると診断給付金、がんで入院すると入院給付金、入院給付金には限度日数がない 契約後、3カ月程度の免責期間がある

実技試験[日本FP協会] 資産設計提案業務

第1問

[2021年1月]

小山幹久さんが加入している生命保険（下記＜資料＞参照）の保障内容に関する次の記述の空欄（ア）にあてはまる金額として、正しいものはどれか。なお、保険契約は有効に継続しているものとし、特約は自動更新されているものとする。また、幹久さんはこれまでに＜資料＞の保険から保険金および給付金を一度も受け取っていないものとする。

＜資料＞

保険証券記号番号 ○○△△××□□	定期保険特約付終身保険	
保険契約者	小山　幹久　様	保険契約者印
被保険者	小山幹久 様 契約年齢 25 歳 19××年8月3日生まれ　男性	小山
受取人	（死亡保険金） 小山　美穂 様（妻）	受取割合 10割

◇契約日（保険期間の始期）
　20××年3月1日

◇主契約の保険期間
　終身

◇主契約の保険料払込期間
　60歳払込満了

◆ご契約内容

終身保険金額（主契約保険金額）	500万円
定期保険特約保険金額	1,000万円
特定疾病保障定期保険特約保険金額	1,000万円
傷害特約保険金額	500万円
災害入院特約［本人・妻型］入院5日目から	日額5,000円
疾病入院特約［本人・妻型］入院5日目から	日額5,000円

不慮の事故や疾病により所定の手術を受けた場合、手術の種類に応じて手術給付金（入院給付金日額の10倍・20倍・40倍）を支払います。
※妻の場合は、本人の給付金の6割の日額となります。
生活習慣病入院特約　　　入院5日目から 日額5,000円
リビング・ニーズ特約

◆お払い込みいただく合計保険料

毎回	××,×××円
［保険料払込方法（回数）］ 団体月払い	

◇社員配当金支払方法
　利息をつけて積立て

◇特約の払込期間および保険期間
　10年

小山幹久さんが、本年中に急性心筋梗塞により急死（入院、手術なし）した場合に支払われる死亡保険金は、合計（ア）である。

1．1,500万円
2．2,500万円
3．3,000万円

正解 **2** が正しい　　　　　　　　　　　テキスト2章　P115-116

終身保険500万円＋定期保険特約1,000万円＋特定疾病保障定期保険特約1,000万円＝2,500万円となります。

ポイント1：特定疾病保障保険の死亡保険金は**3大疾病に限らず**、支払われます。

ポイント2：傷害特約は「**事故**や所定の感染症」で**死亡**すると保険金が支払われますが、**それ以外の「病気」で死亡**しても保険金は支払われません。

 レック先生のワンポイント

「誰が」「何で」「どうした」をしっかり読み取りましょう。

第2問 重要度

[2020年9月]

近藤康孝さんが加入している生命保険（下記＜資料＞参照）の保障内容に関する次の記述の空欄（ア）にあてはまる金額として、正しいものはどれか。なお、保険契約は有効に継続しているものとし、康孝さんはこれまでに＜資料＞の保険から保険金および給付金を一度も受け取っていないものとする。

＜資料＞

保険証券記号番号 ○○△△×× □□	定期保険特約付終身保険		
保険契約者	近藤　康孝　様	保険契約者印	◇契約日（保険期間の始期） 　20××年10月1日 ◇主契約の保険期間 　終身 ◇主契約の保険料払込期間 　60歳払込満了
被保険者	近藤　康孝　様　契約年齢49歳 19××年10月12日生まれ　男性	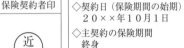	
受取人	（死亡保険金） 近藤　律子　様（妻）	受取割合 10割	

◆ご契約内容		◆お払い込みいただく合計保険料	
終身保険金額（主契約保険金額）　　　　500万円 定期保険特約保険金額　　　　　　　3,500万円 特定疾病保障定期保険特約保険金額　　500万円 傷害特約保険金額　　　　　　　　　　500万円 災害入院特約［本人・妻型］入院5日目から　日額5,000円 疾病入院特約［本人・妻型］入院5日目から　日額5,000円 不慮の事故や疾病により所定の手術を受けた場合、手術の種類に応じて手術給付金（入院給付金日額の10倍・20倍・40倍）を支払います。 ※妻の場合は、本人の給付金の6割の日額となります。 生活習慣病入院特約　　　　　入院5日目から日額5,000円 リビング・ニーズ特約		毎回　　××,×××円 ［保険料払込方法（回数）］ 団体月払い ◇社員配当金支払方法 　利息をつけて積立て ◇特約の払込期間および保険期間 　10年	

近藤康孝さんが、本年中に結核により連続して42日間入院（手術は受けていない）した場合に支払われる給付金は、合計（ア）である。

1．190,000円
2．210,000円
3．380,000円

正解 が正しい　　　　　　　　　　　　　　テキスト2章　P115

結核は**病気**ですので、疾病入院特約から給付金が支払われます。「入院5日目から」ということは当初4日分は支払われないため、支払日数は42－4＝38日となり、5,000円×38日＝19万円が支払われます。

第3問  [2019年9月]

唐沢敏和さんが加入している生命保険（下記＜資料＞参照）の保障内容に関する次の記述の空欄（ア）にあてはまる金額として、正しいものはどれか。なお、保険契約は有効に継続しているものとし、敏和さんはこれまでに＜資料＞の保険から保険金および給付金を一度も受け取っていないものとする。

＜資料＞

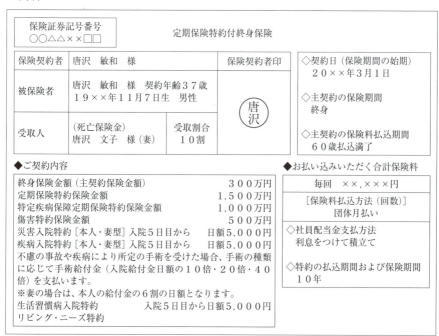

唐沢敏和さんが、本年中に交通事故で大ケガを負い、給付倍率10倍の手術を受け、継続して10日間入院した場合、支払われる給付金は、合計（ ア ）である。

1. 3万円
2. 8万円
3. 10万円

| 正解 | **2** | が正しい | テキスト 2 章　P115 |

入院給付金：交通事故による入院の場合、**災害入院特約**から支払われます。「入院5日目から」ということは当初4日分は支払われないため、支払日数は10－4＝6日となり、5,000円×6日＝3万円が支払われます。

手術給付金：給付倍率10倍であるため、5,000円×10＝5万円が支払われます。

合計3万円＋5万円＝8万円が支払われます。

第4問 [2022年5月]

井上隆文さんが加入している医療保険（下記＜資料＞参照）の保障内容に関する次の記述の空欄（ア）にあてはまる金額として、正しいものはどれか。なお、保険契約は有効に継続しているものとする。また、隆文さんはこれまでに＜資料＞の保険から保険金および給付金を一度も受け取っていないものとする。

＜資料＞

保険種類	医療保険（無配当）		保険証券記号番号△△△-××××
保険契約者	井上　隆文　様	ご印鑑 井上	◆契約日 　20××年11月1日 ◆主契約の保険期間 　終身 ◆主契約の保険料払込期間 　終身
被保険者	井上　隆文　様 契約年齢　50歳　男性		
受取人	〔給付金受取人〕被保険者　様 〔死亡保険金受取人〕井上　里佳子　様 ＊保険契約者との続柄：妻		

◆ご契約内容

給付金・保険金の内容	給付金額・保険金額	保険期間
入院給付金	日額　10,000円 ＊病気やケガで2日以上継続入院のとき、入院開始日を含めて1日目から支払います。 ＊同一事由の1回の入院給付金支払い限度は60日、通算して1,000日となります。	終身
手術給付金	給付金額　入院給付金日額×10・20・40倍 ＊所定の手術を受けた場合、手術の種類に応じて、手術給付金（入院給付金日額の10倍・20倍・40倍）を支払います。	
死亡・高度障害保険金	保険金　1,000,000円 ＊死亡または所定の高度障害状態となった場合に支払います。	

■保険料の内容

払込保険料合計	×,×××円／月
払込方法（回数）：年12回 払込期月　　：毎月	

■その他付加されている特約・特則等

保険料口座振替特約
＊以下余白

井上隆文さんは、本年中に初めて大腸がんと診断され、がんの治療のために8日間入院し、その間に開腹手術（給付倍率20倍）を1回受け、退院後に交通事故による骨折で5日間入院した場合に支払われる保険金および給付金は、合計（　ア　）である。

1. 130,000円
2. 280,000円
3. 330,000円

正解	**3**	が正しい		テキスト 2 章　P151

入院給付金：**大腸がん**による入院　10,000円×8日＝8万円

　　　　　　　交通事故による入院　10,000円×5日＝5万円

手術給付金：給付倍率**20倍**　10,000円×20＝20万円

以上より、8万円＋5万円＋20万円＝33万円が支払われます。

第5問

[2019年5月]

大津道夫さんが加入しているガン保険（下記＜資料＞参照）の保障内容に関する次の記述の空欄（ア）にあてはまる金額として、正しいものはどれか。なお、保険契約は有効に継続しているものとし、道夫さんはこれまでに＜資料＞の保険から保険金および給付金を一度も受け取っていないものとする。

＜資料＞

保険証券記号番号（○○○）△△△△△		保険種類　ガン保険（愛称＊＊＊＊＊）
保険契約者	大津　道夫　様	◇契約日（保険期間の始期） 　20××年12月1日
被保険者	大津　道夫　様 契約年齢30歳　男性	◇主契約の保険期間 　終身
受取人	（給付金） 　被保険者　様 （死亡給付金） 　大津　明子　様（妻）	受取割合 10割	◇主契約の保険料払込期間 　終身払込

◆ご契約内容

主契約 [本人型]	ガン診断給付金	初めてガンと診断されたとき　50万円
	ガン入院給付金	1日目から　　　　　　　日額10,000円
	ガン通院給付金	日額5,000円
	手術給付金	1回につき　手術の種類に応じてガン入院給付金日額の10倍・20倍・40倍
	死亡給付金	ガン入院給付金日額の100倍（ガン以外の死亡の場合は、ガン入院給付金日額の10倍）

◆お払い込みいただく合計保険料

毎回　×,×××円

［保険料払込方法］
月払い

大津道夫さんが、本年中に初めてガン（胃ガン・悪性新生物）と診断され、その後45日間入院し、給付倍率20倍の手術（1回）を受けた場合、支払われる給付金は、合計（ア）である。

1. 115万円
2. 95万円
3. 50万円

正解 **1** が正しい　　　　　　　　　　　　　テキスト2章　P151

診断給付金：初めてガンと診断されたため、50万円
入院給付金：45日間入院したため、1万円×45日＝45万円
手術給付金：給付倍率20倍の手術を受けたため、1万円×20倍＝20万円
合計115万円が支払われます。

レック先生のワンポイント

この問題では出題されていませんが、通院給付金が出題される場合もあります。「何（原因）でどうした（結果）」かを読み取りましょう。

第6問

[2021年5月]

浅田和久さんが本年中に支払った生命保険の保険料は下記＜資料＞のとおりである。この場合の和久さんの本年分の所得税の計算における生命保険料控除の金額として、正しいものはどれか。なお、下記＜資料＞の保険について、これまでに契約内容の変更はないものとする。また、本年分の生命保険料控除額が最も多くなるように計算すること。

＜資料＞

［定期保険（無配当、新生命保険料）］	［がん保険（無配当、介護医療保険料）］
契約日：２０１２年９月１日	契約日：２０１５年３月１日
保険契約者：浅田　和久	保険契約者：浅田　和久
被保険者：浅田　和久	被保険者：浅田　和久
死亡保険金受取人：浅田　令子（妻）	死亡保険金受取人：浅田　令子（妻）
本年の年間支払保険料：５８，３２０円	本年の年間支払保険料：３１，２００円

＜所得税の生命保険料控除額の速算表＞
［２０１２年１月１日以降に締結した保険契約（新契約）等に係る控除額］
○新生命保険料控除、新個人年金保険料控除、介護医療保険料控除

年間の支払保険料の合計	控除額
２０，０００円以下	支払金額
２０，０００円超　　４０，０００円以下	支払金額×１／２＋１０，０００円
４０，０００円超　　８０，０００円以下	支払金額×１／４＋２０，０００円
８０，０００円超	４０，０００円

（注）支払保険料とは、その年に支払った金額から、その年に受けた剰余金や割戻金を差し引いた残りの金額をいう。

1. ３４，５８０円
2. ４０，０００円
3. ６０，１８０円

| 正解 | **3** | が正しい | テキスト2章　P121-122 |

生命保険料控除は、2011年までに締結した契約と2012年以降に締結した契約で、控除の種類や控除額が異なります。

設問の生命保険契約は、いずれも**2012年以降の契約**であり、定期保険は**新生命保険料**控除、がん保険は**介護医療保険料控除**の対象となります。

定期保険：58,320円×1／4＋20,000円＝34,580円

がん保険：31,200円×1／2＋10,000円＝25,600円

34,580円＋25,600円＝60,180円となり、3.が正解となります。

第7問   [2021年9月]

損害保険の用語に関する次の記述のうち、最も不適切なものはどれか。

1. 保険金とは、保険事故により損害が生じたとき、保険会社が被保険者または保険金受取人に支払う金銭のことである。
2. 超過保険とは、保険金額が保険の対象の価額（保険価額）を超えている保険のことである。
3. 再調達価額とは、保険の対象と同等のものを新たに建築または購入するのに必要な金額から、使用による消耗分を差し引いた金額のことである。

| 正解 | 3 | が不適切 | | テキスト2章　P134-137 |

1. 適切　なお、契約者が保険会社に支払う金銭のことを**保険料**といいます。

2. 適切　なお、保険金額が保険価額よりも低く設定されている保険を「**一部**保険」、保険金額と保険価額が同じである保険を「**全部**保険」といいます。

3. **不適切**　選択肢は**時価**の説明です。**再調達価額**とは「**使用による損耗分**」**を差し引く前**の金額をいいます。

第8問  [2019年9月]

柴田さんは、地震保険についてＦＰの横川さんに質問をした。地震保険に関する次の記述のうち、最も適切なものはどれか。

1. 地震保険は、住宅総合保険などの火災保険契約に付帯して契約する必要はなく、単独で契約することができる。
2. 地震により、居住用の建物に収容されている家財のうち、1個または1組の価額が３０万円を超える骨とう品が損害を受けた場合、地震保険の補償の対象となる。
3. 噴火により、居住用の建物が大半損となった場合、地震保険の補償の対象となる。

正解 **3** が適切　　　　　　　　　　　　　　テキスト2章　P140-141

1. **不適切**　地震保険は単独で申し込むことはできず、**火災保険に付帯**して申し込みます。
2. **不適切**　**火災保険**では1個または1組の価額が30万円（一部100万円）を超える骨とう品も**補償対象とすることができます**が、**地震保険**では**補償対象とすることができません**。
3. **適切**　地震保険は、地震・噴火・津波により補償対象である建物、家財が全損、大半損、小半損、一部損のいずれかに該当した場合に補償します。

第9問　重要度 C　[2022年1月]

自動車損害賠償責任保険（以下「自賠責保険」という）の補償内容は下記＜資料（一部抜粋）＞のとおりである。この自賠責保険に関する次の記述のうち、最も適切なものはどれか。なお、加害車両が複数の場合については考慮しないものとする。

＜資料（一部抜粋）＞

	損害の範囲	支払限度額（被害者1名当たり）
傷害による損害	治療関係費、文書料、休業損害、慰謝料	最高120万円まで
後遺障害による損害	逸失利益、慰謝料等	神経系統・精神・胸腹部臓器に著しい障害を残して介護が必要な場合 常時介護のとき：最高4,000万円 随時介護のとき：最高3,000万円 後遺障害の程度により 第1級：最高3,000万円～第14級：最高75万円まで
死亡による損害	葬儀費、逸失利益、慰謝料（本人および遺族）	最高3,000万円まで
死亡するまでの傷害による損害	（傷害による損害の場合と同じ）	最高120万円まで

1．原動機付自転車は、自賠責保険の加入が義務付けられていない。
2．自賠責保険の支払い対象となる被害者1名の事故で治療費と休業損害が合計150万円であった場合、傷害による損害として150万円が支払われる。
3．自賠責保険は単独事故による運転者自身のケガについては補償していない。

正解　**3**　が適切　　　テキスト2章　P142-143

1．不適切　自動車、自動二輪のほか、原動機付自転車も**自賠責保険への加入が義務**づけられています。
2．不適切　傷害による損害の支払限度額は**120万円**です。
3．適切　自賠責保険は**対人賠償事故を補償対象**としており、自分の傷害の補償はありません。

第10問

[2021年1月]

西山聡さんが契約している自動車保険の主な内容は、下記＜資料＞のとおりである。＜資料＞に基づく次の記述のうち、自動車保険による補償の対象とならないものはどれか。なお、いずれも保険期間中に発生したものであり、運転者は聡さんである。また、記載のない事項については一切考慮しないこととする。

＜資料＞

保険種類	自動車保険
保険期間	１年
保険契約者	西山　聡
記名被保険者	西山　聡
対人賠償	無制限
対物賠償	無制限（免責金額なし）
車両保険	一般条件１８０万円

1. 被保険自動車を運転中に、横断歩道の歩行者に接触し、ケガを負わせた場合の損害賠償。
2. 被保険自動車を運転中に、単独事故を起こし、車体が損傷した場合の修理費用。
3. 被保険自動車を駐車場に駐車する際に、誘導中の妻に誤って車が接触し、ケガを負わせた場合の治療費用。

正解 **3** が対象とならない　　　　　　　　　　テキスト２章　P143

1. 対象となる　　対人賠償保険から保険金が支払われます。
2. 対象となる　　車両保険について、単独事故の損害は「車対車（エコノミー）」では補償されませんが、一般条件では補償されます。
3. **対象とならない**　対人賠償保険、対物賠償保険は、**本人、配偶者、子、父母**に対する**損害は補償しません**。誰が被害を受けたかを読み取りましょう。

第11問 　　　　　　　　　　　　　　　　　　　　　　　［2020年1月］

吉田徹さんが契約している普通傷害保険の内容は下記＜資料＞のとおりである。次の記述のうち、保険金の支払い対象とならないものはどれか。なお、いずれも保険期間中に発生したものであり、該当者は徹さんである。また、＜資料＞に記載のない事項については一切考慮しないこととする。

＜資料＞

保険種類	普通傷害保険
保険期間	１年間
保険契約者	吉田徹
被保険者	吉田徹
死亡・後遺障害保険金額	３，０００万円
入院保険金日額	５，０００円
通院保険金日額	２，０００円

※特約は付帯されていない。

1．外出先で食べた弁当が原因で細菌性食中毒にかかり、入院した場合。
2．休日にスキーで滑降中に転倒し、足を骨折して入院した場合。
3．業務中に指をドアに挟み、ケガをして通院した場合。

正解　**1**　が対象とならない　　　　　　　　　　テキスト２章　P144

1. **対象とならない**

2. 対象となる

3. 対象となる

普通傷害保険は、国内外、日常生活・業務中・旅行中を問わず、傷害を補償します。なお、特約がない場合、**細菌性食中毒**（選択肢１）、**地震・噴火・津波**による**傷害**は補償しません。
選択肢２は休日のケガ、選択肢３は業務中のケガですので、補償されます。

133

第12問  [2019年5月]

香川さんが自身を被保険者として契約している個人賠償責任保険に関する次の記述のうち、香川さんが法律上の損害賠償責任を負った場合に保険金の支払い対象とならないものはどれか。

1. 香川さんが休日にデパートで買い物中に、陳列されている商品を誤って落とし、壊してしまった。
2. 香川さんが飼い犬の散歩中に、飼い犬が突然他人に噛みついて、ケガをさせてしまった。
3. 香川さんが会社の業務で、得意先へ自転車で訪問する途中に誤って歩行者と接触し、ケガをさせてしまった。

正解 **3** が対象とならない　　　　　　　　　テキスト2章　P145

1. 対象となる　　買い物中に商品を破損した場合は補償対象となります。
2. 対象となる　　飼い犬が通行人に噛みついてケガをさせた場合は補償されます。定番の出題です。
3. **対象とならない**　**業務中の賠償責任は補償対象外**です。なお、**プライベートの自転車事故であれば補償対象**となります。

第13問

[2020年1月]

次の（ア）〜（ウ）の事例のうち、損害保険の保険金の支払い対象となるものとして、正しいものはどれか。なお、いずれの保険も特約などは付帯していないものとする。

	事例	対象となる保険の種類
（ア）	飼い犬が突然他人に噛みついてケガを負わせてしまった。	個人賠償責任保険
（イ）	地震により保険の対象である建物が倒壊して全損となった。	住宅総合保険
（ウ）	自動車を運転中、誤ってガードレールにぶつかり、ガードレールを壊してしまった。	自動車損害賠償責任保険（自賠責保険）

1．（ア）
2．（イ）
3．（ウ）

正解　**1**　が正しい　　テキスト2章　1) P145、2) P137、3) P142

1. **正しい**　飼い主に噛みついた場合の損害は対象外です。
2. 誤り　**地震・噴火・津波**による損害は、**火災保険**（住宅総合保険等）**では補償されず**地震保険を付帯すると補償されます。
3. 誤り　自賠責保険は、**対人賠償事故のみ**を補償します。ガードレールを壊した場合の損害賠償責任は、任意保険（対物賠償保険）で補償されます。

実技試験[金財] 保険顧客資産相談業務 (個人向け保険)

第1問

[2021年9月 保険]

次の設例に基づいて、下記の各問 (《問1》~《問3》) に答えなさい。

《設 例》

　会社員であるAさん (40歳・独身) は、これまで生命保険に加入したことがない。Aさんは、医療保険の必要性を感じているものの、病歴があり、加入は難しいと思っていたが、先日、職場で生命保険会社の営業担当者から下記の生命保険の提案を受け、加入を検討している。

　また、Aさんは、自分が病気やケガで就業できない状態になった場合に健康保険 (Aさんは全国健康保険協会管掌健康保険に加入中) からどのような保険給付を受けることができるのかについて知りたいと思っている。

　そこで、Aさんは、ファイナンシャル・プランナーのMさんに相談することにした。

＜Aさんが提案を受けた生命保険に関する資料＞

保険の種類　　　：無配当引受基準緩和型医療保険
月払保険料　　　：16,800円
保険料払込期間　：65歳満了
契約者 (＝保険料負担者)・被保険者：Aさん
死亡給付金受取人：母Bさん
指定代理請求人　：母Bさん

保障内容	保障金額	保険期間
入院給付金	日額10,000円	終身
手術給付金	一時金　5万円または10万円	終身
放射線治療給付金	一時金　10万円	終身
死亡給付金	一時金　10万円	終身
三大疾病一時金特約 (注)	一時金　100万円	終身
先進医療特約	先進医療の技術費用と同額	10年
指定代理請求特約	－	－

(注) がん (悪性新生物)、急性心筋梗塞、脳卒中により所定の状態に該当した場合に一時金が支払われる (当該特約において、死亡保険金の支払はない)。

※上記以外の条件は考慮せず、各問に従うこと。

136

| 問1 | | 重要度 |

はじめに、Mさんは、生命保険の加入等について説明した。MさんのAさんに対する説明として、次のうち最も適切なものはどれか。

1) 「生命保険に加入する際には、過去の傷病歴や現在の健康状態などについて事実をありのままに正しく告知する必要があります。」
2) 「生命保険は、保険業法に定める保険契約の申込みの撤回等（クーリング・オフ）の対象となり、契約の申込後、所定の期間内であれば、口頭により申込みの撤回等をすることができます。」
3) 「生命保険の保障開始の時期（責任開始日）は、一般に、告知日からとなりますが、がんの保障については、通常、契約後に6カ月間の免責期間があります。」

正解 **1** が適切　　　　　テキスト2章　1) P100、2) P91、3) P152

1) **適切**　なお、**告知義務違反**があった場合、保険会社は一定要件のもと、**契約を解除**することができます。

2) 不適切　申込みの撤回（クーリング・オフ）は**書面**を発することによって効果が生じます。

3) 不適切　**がん保険の免責期間**は一般に契約後**3カ月または90日**です。

問2 重要度 A

次に、Mさんは、Aさんが提案を受けた生命保険の保障内容等について説明した。Mさんの A さんに対する説明として、次のうち最も適切なものはどれか。

1)「引受基準緩和型の医療保険は、一般に、他の契約条件が同一で、引受基準緩和型ではない通常の医療保険と比べて、保険料が高く設定されています。」
2)「先進医療特約では、契約日時点において厚生労働大臣により先進医療として定められたものであれば、療養を受けた時点において先進医療としての承認を取り消されたものであっても給付の対象となります。」
3)「Aさんが、がんに罹患し、三大疾病一時金特約から一時金を受け取った場合、当該一時金は一時所得として総合課税の対象となります。」

正解 **1** が適切　　　テキスト2章　1) P151、2) P116、3) P127

1) **適切**　　**引受基準緩和型**の医療保険は、通常の医療保険と比べて、保険会社の引き受けるリスクが高くなるため、**保険料が高く**設定されます。
2) 不適切　　先進医療特約は、**療養時点**において先進医療として定められているものが給付対象となります。
3) 不適切　　被保険者が受け取る三大疾病一時金は**非課税**となります。

問3   重要度

最後に、Mさんは、健康保険の傷病手当金について説明した。Mさんが、Aさんに対して説明した以下の文章の空欄①～③に入る語句または数値の組合せとして、次のうち最も適切なものはどれか。

> 「仮に、Aさんが業務外の事由による負傷または疾病の療養のために労務に服することができず、連続して一定期間休業し、かつ、（ ① ）日目以降の休業した日について事業主から賃金の支払がない場合、所定の手続により、（ ① ）日目以降の休業した日について、傷病手当金が支給されます。
> 　傷病手当金の支給額は、休業1日につき、原則として、傷病手当金の支給を始める日の属する月以前の直近の継続した12カ月間の各月の標準報酬月額を平均した額の30分の1に相当する額の（ ② ）に相当する額となり、その支給を開始した日から通算（ ③ ）を限度として支給されます。」

1) ① 3   ② 3分の1   ③ 1年6カ月
2) ① 4   ② 3分の2   ③ 1年6カ月
3) ① 4   ② 3分の1   ③ 2年

正解 **2** が適切　　　　　　　　　　　テキスト1章　P36

傷病手当金は、私傷病のため働くことができず、勤務先から給与を受けられない場合、**連続した3日間**の欠勤の後**4**（①）日目から通算**1年6カ月**（③）を限度として以下の金額が支給されます。
休業1日あたりの支給額：支給開始日の属する月以前12カ月間の各月の標準報酬月額の平均額÷30×**2/3**（②）
以上より、正解は2.となります。

第2問
[2019年9月 保険]

次の設例に基づいて、下記の各問（《問1》～《問3》）に答えなさい。

《設 例》

　会社員のAさん（40歳）は、妻Bさん（39歳）との2人暮らしである。Aさんは、先日、職場で生命保険会社の営業担当者から生命保険の提案を受けた。Aさんは、子どもがいないため、死亡保障の必要性をあまり感じていないが、公的介護保険の保険料負担が始まったことを機に、病気や要介護状態になった場合の保障については知りたいと思っている。そこで、Aさんは、その提案内容について、ファイナンシャル・プランナーのMさんに相談することにした。

＜Aさんが提案を受けている生命保険に関する資料＞

保険の種類	：5年ごと配当付終身保険（60歳払込満了）
契約者（＝保険料負担者）・被保険者	：Aさん
死亡保険金受取人	：妻Bさん
指定代理請求人	：妻Bさん
月払保険料（集団扱い）	：12,560円

主契約および特約の内容	保障金額	保険期間
終身保険	100万円	終身
定期保険特約	500万円	10年
収入保障特約（注1）	年額50万円×60歳まで	10年
重度疾病保障特約（注2）	一時金　200万円	10年
介護一時金特約（注3）	一時金　300万円	10年
総合医療特約（180日型）	1日目から日額10,000円	10年
先進医療特約	先進医療の技術費用と同額	10年
リビング・ニーズ特約	－	－
指定代理請求特約	－	－

(注1) 最低支払保証期間は5年（最低5回保証）
(注2) 所定のがん（悪性新生物）、急性心筋梗塞、脳卒中、重度の糖尿病、重度の高血圧性疾患、肝硬変、慢性腎不全、重度の慢性すい炎のいずれかを保障する（死亡保険金の支払はない）。
(注3) 公的介護保険制度の要介護2以上と認定された場合、または保険会社所定の要介護状態になった場合に支払われる（死亡保険金の支払はない）。

※上記以外の条件は考慮せず、各問に従うこと。

問 1 重要度 A

はじめに、MさんはAさんに、公的介護保険（以下、「介護保険」という）の保険給付について説明した。MさんのAさんに対する説明として、次のうち最も不適切なものはどれか。

1）「介護保険の第2号被保険者は、要介護状態または要支援状態となった原因が特定疾病によって生じたものでなければ、介護保険の保険給付は受けられません。」
2）「介護保険の第2号被保険者が、介護サービスの提供を受けた場合、原則として、実際にかかった費用の3割を自己負担する必要があります。」
3）「介護保険の居宅サービスを利用する場合、要介護度に応じて利用できる限度額が決められており、限度額を超えて利用したサービスの費用は、全額自己負担となります。」

正解 **2** が不適切　　　　　　　　　　　　　テキスト1章　P41

1）適切　　介護保険の給付は、**第1号**被保険者は**原因を問いません**が、**第2号**被保険者は**特定疾病**による要介護・要支援に該当する場合に限られます。

2）**不適切**　第2号被保険者の自己負担割合（保険給付限度額の範囲内）は**一律1割**です。なお、**第1号**被保険者は**原則1割**ですが、高所得者は2割または3割となります。

3）適切　　公的介護保険は、要介護・要支援の程度に応じて定められた範囲内であれば一部負担で利用できますが、それを超える部分は全額自己負担となります。

レック先生のワンポイント

公的医療保険は現役世代の負担が重く、高齢者が軽減され、介護保険とは異なりますので、気をつけましょう。

問2　☑☑☑　重要度 A

次に、Mさんは、Aさんが提案を受けている生命保険の保障内容について説明した。MさんのAさんに対する説明として、次のうち最も適切なものはどれか。

1) 「Aさんが60歳までに死亡した場合、最低でも850万円（一時金600万円＋年金50万円×5年）の死亡保障があります。加入される前に、Aさんの必要保障額を計算し、過不足のない適正額の死亡保障を準備することをお勧めします。」

2) 「Aさんが厚生労働大臣が定めた先進医療による療養を受けたとき、その先進医療の技術に係る費用と同額を先進医療給付金として受け取れます。なお、先進医療特約の対象は入院を伴った治療のみであり、外来での治療は対象外となります。」

3) 「Aさんが所定の重度疾病に罹患した場合、重度疾病保障特約により、200万円を受け取ることができます。ただし、通常、がんの保障については30日間の免責期間があります。」

正解 **1** が適切　　テキスト2章　1) P102-103、2) P116、3) P152

1) **適切**　死亡保障は「終身保険：100万円、定期保険特約：500万円、収入保障特約：年額50万円×60歳まで（**最低支払保証期間5年**）」であるため、最低でも100万円＋500万円＋250万円＝850万円の死亡保障があります。

2) 不適切　先進医療特約は、入院・通院を問わず**療養時**の先進医療に該当する療養を指定医療機関で受けたときに支払われます。

3) 不適切　**ガン保険**では、**3カ月または90日の免責期間**がありますが、重度疾病保障特約には免責期間がありません。

| 問3 | | 重要度 |

最後に、MさんはAさんが提案を受けている生命保険の課税関係について説明した。MさんのAさんに対する説明として、次のうち最も適切なものはどれか。

1) 「支払保険料のうち、収入保障特約に係る保険料については生命保険料控除の対象となりません。」
2) 「Aさんが介護一時金特約から一時金を受け取った場合、当該一時金は、一時所得の収入金額として総合課税の対象となります。」
3) 「Aさんが死亡した場合、妻Bさんが収入保障特約から受け取る年金は、課税部分と非課税部分に振り分けたうえで、課税部分については、雑所得として総合課税の対象となります。」

正解 **3** が適切   テキスト2章 1) P122、2) P127、3) P125

1) 不適切 収入保障特約は死亡保障をする特約であるため、死亡保険金受取人が保険料負担者、配偶者、その他親族であれば、一般の生命保険料控除の対象となります。

2) 不適切 被保険者が受け取る介護一時金は非課税となります。

3) 適切 契約者(保険料負担者)と被保険者が同一である場合、その配偶者が受け取る収入保障保険の年金受給権は相続税の課税対象となり、500万円×法定相続人の数が非課税となります。なお、収入保障保険の保険金を年金形式(分割)で受け取る場合、課税部分と非課税部分に振り分け、2年目以降は課税部分について雑所得の課税対象となります。

 レック先生のワンポイント

3)の選択肢は難しいですが、1)、2)が不適切であることから、正解を導き出すことができます。

第3問

[2022年5月 保険]

次の設例に基づいて、下記の各問（《問1》～《問3》）に答えなさい。

《設 例》

X株式会社（以下、「X社」という）に勤務するAさん（55歳）は、専業主婦である妻Bさん（53歳）との2人暮らしである。Aさん夫妻には2人の子がいるが、いずれも結婚して独立している。

Aさんは、X社が実施する早期退職制度を利用して本年9月末日付でX社を退職し、飲食店を開業する予定である。Aさんは、退職後の健康保険や公的年金がどのように変わるのか、個人事業主としてどのようなリスクに備える必要があるのかなど、理解を深めたいと思っている。なお、Aさんは、現在、全国健康保険協会管掌健康保険および厚生年金保険の被保険者である。

そこで、Aさんは、ファイナンシャル・プランナーのMさんに相談することにした。

＜Aさんが現在加入している生命保険の内容＞

保険の種類　　　　：　定期保険特約付終身保険
契約年月日　　　　：　20XX年6月1日
月払保険料　　　　：　26,300円（保険料払込期間：70歳満了）
契約者（＝保険料負担者）・被保険者：Aさん
死亡保険金受取人　：　妻Bさん

主契約および特約の内容	保障金額	保険期間
終身保険	200万円	終身
定期保険特約	2,000万円	10年
特定疾病保障定期保険特約	300万円	10年
傷害特約	500万円	10年
入院特約	1日目から日額10,000円	10年
生活習慣病特約	1日目から日額 5,000円	10年
リビング・ニーズ特約	—	—

※上記以外の条件は考慮せず、各問に従うこと。

問1 ✓✓✓ 重要度

はじめに、MさんはAさんが個人事業主となった場合の社会保険の取扱いについて説明した。MさんのAさんに対する説明として、次のうち最も適切なものはどれか。

1) 「Aさんは、退職日の翌日から60歳になるまでの間、健康保険に任意継続被保険者として加入することができます。」
2) 「Aさんが国民健康保険に加入した場合、妻Bさんを国民健康保険の被扶養者とすることができます。」
3) 「AさんがX社を退職し、厚生年金保険の被保険者でなくなった場合、妻Bさんは、国民年金の第3号被保険者から第1号被保険者への種別変更の届出を行い、国民年金の保険料を納付することになります。」

正解 **3** が適切 テキスト1章 1) P38、2) P39、3) P51

1) **不適切** 任意継続被保険者となることができるのは、最長**2年**間（かつ75歳に達するまで）です。

2) **不適切** 国民健康保険に被扶養者制度はなく、**全員が被保険者**（保険料がかかる対象）として加入します。

3) **適切** 国民年金の**第3号**被保険者は、**第2号被保険者の被扶養配偶者**で**20歳以上60歳未満**の者、**第1号**被保険者は、国内に住所を有する20歳以上60歳未満の者で、**第2号被保険者、第3号被保険者以外**の者をいいます。

問2　☑☑☑　　　　　　　　　　　　　　　　　　　　重要度

次に、Mさんは、Aさんに想定されるリスクについて説明した。MさんのAさんに対する説明として、次のうち最も不適切なものはどれか。

1)「Aさんのような公的介護保険の第2号被保険者は、要介護状態または要支援状態となった原因が特定疾病によって生じたものでなければ、公的介護保険からの保険給付は受けられません。」

2)「個人事業主が加入する国民健康保険には、高額療養費制度が設けられていないため、会社員に比べて医療費の自己負担額が多くなる傾向があります。そのため、ケガや病気の場合の治療費の準備を充実させることをご検討ください。」

3)「個人事業主となったAさんが生活習慣病等で働けなくなった場合、会社員のときよりも収入が減少するリスクが高くなると思われます。そのため、治療費の準備に加えて、働けなくなった場合の所得補償の準備もご検討ください。」

正解 **2** が不適切　　テキスト1章　1) P41、2) P34、テキスト2章　3) P116

1) 適切　介護保険の給付は、**第1号被保険者は原因を問いませんが**、**第2号被保険者は特定疾病**により要介護・要支援に該当する場合に限られます。

2) **不適切**　**国民健康保険にも高額療養費制度**はあります。なお、都道府県および市町村（特別区）が保険者となる国民健康保険では、**傷病手当金および出産手当金は任意給付**となっています。

3) 適切　**会社員には有給休暇や健康保険の傷病手当金制度がありますが、個人事業主に**はないため、収入減少リスクが大きいといえます。

問 3 重要度

最後に、Mさんは、生命保険の見直しについてアドバイスした。MさんのAさんに対するアドバイスとして、次のうち最も不適切なものはどれか。

1) 「会社員と個人事業主とでは、妻Bさんが受け取る公的年金等の総額や、死亡退職金の有無など、必要保障額を計算する際の条件が異なります。Aさんが個人事業主となった場合の必要保障額を計算することをお勧めします。」

2) 「最近では、入院1日目から相応の一時金が支払われるタイプや、退院後の通院治療のために給付金が支払われるタイプの保険（特約）が販売されています。保険会社各社の保障内容をよく比較して、見直しを検討しましょう。」

3) 「現在加入している生命保険を払済終身保険に変更した場合、死亡保険金額は減少しますが、現在付加されている入院特約は残り、月々の保険料負担は軽減されます。」

正解 **3** が不適切　　テキスト1章　1) P51、テキスト2章　2) P116、3) P118

1) 適切　　通常、**会社員は国民年金および厚生年金保険、個人事業主は国民年金のみ**の加入であること、会社員には死亡退職金が支給される可能性があることなど、必要保障額を計算する際の条件が異なります。

2) 適切　　給付金の支給条件や支給額、給付金の種類など、保険商品によって異なります。

3) **不適切**　　払済保険に変更すると、**入院特約は消滅**します。

第4問

[2018年9月 保険]

次の設例に基づいて、下記の各問（《問1》～《問3》）に答えなさい。

《設 例》

X社に勤務するAさん（61歳）は、専業主婦である妻Bさん（60歳）との2人暮らしである。Aさんは、40年間勤務したX社を退職する予定である。

Aさんは、退職にあたり、現在加入している定期保険特約付終身保険を見直して、医療保障を充実させた保険に加入したいと考えている。また、公的医療保険制度（現在、Aさんは全国健康保険協会管掌健康保険に加入）についても理解しておきたいと思っている。

そこで、Aさんは、懇意にしているファイナンシャル・プランナーのMさんに相談することにした。

＜Aさんが加入している生命保険に関する資料＞

保険の種類：定期保険特約付終身保険（65歳払込満了）

月払保険料（集団扱い）：19,240円

契約者（＝保険料負担者）・被保険者：Aさん／死亡保険金受取人：妻Bさん

主契約および特約の内容	保障金額	保険期間
終身保険	100万円	終身
定期保険特約	1,100万円	10年
特定疾病保障定期保険特約	300万円	10年
入院特約	1日目から5,000円	10年
傷害特約	500万円	10年
災害割増特約	500万円	10年
リビング・ニーズ特約	—	—
指定代理請求特約	—	—

※上記以外の条件は考慮せず、各問に従うこと。

問 1 重要度

はじめに、Mさんは、生命保険の見直しを検討する前に、現時点の必要保障額を試算することにした。下記の＜算式＞および＜条件＞に基づき、Aさんが現時点で死亡した場合の必要保障額は、次のうちどれか。なお、金額の前の「▲」は、マイナスであることを示している。

1) ▲1,580万円
2) ▲2,080万円
3) ▲3,140万円

＜算式＞

必要保障額＝遺族に必要な生活資金等の総額－遺族の収入見込金額

＜条件＞

1．現在の毎月の日常生活費は30万円であり、Aさん死亡後の妻Bさんの生活費は、現在の日常生活費の50％とする。
2．現時点の妻Bさんの平均余命は、29年とする。
3．Aさんの死亡整理資金（葬儀費用等）は、200万円とする。
4．緊急予備資金は、300万円とする。
5．住宅ローン（団体信用生命保険加入）の残高は、500万円とする。
6．金融資産（預貯金等）の金額は、2,000万円とする。
7．Aさん死亡後に妻Bさんが受け取る公的年金等の総額は、5,800万円とする。
8．現在加入している生命保険の死亡保険金額は考慮しなくてよい。

正解 **2** が正しい　　　　テキスト2章　P102-103

遺族に必要な生活資金等
生活費　30万円×0.5×12カ月×29年＝5,220万円
死亡整理資金　200万円
緊急予備資金　300万円
合計　5,220万円＋200万円＋300万円＝5,720万円
（**団体信用生命保険**を付保している住宅ローン500万円は被保険者が死亡すると保険金で返済されるため、**遺族の支出として考慮しません**）
遺族の収入見込額
金融資産（2,000万円）＋公的年金等の総額（5,800万円）＝7,800万円
必要保障額＝5,720万円－7,800万円＝▲2,080万円

問2 ☑☑☑ 重要度

次に、Mさんは、健康保険の概要について説明した。MさんのAさんに対する説明として、次のうち最も適切なものはどれか。

1)「X社を退職すると、Aさんは健康保険の被保険者資格を失うことになりますが、原則として、資格喪失日から20日以内に任意継続被保険者の資格取得の申出をすることにより、65歳になるまでの間、引き続き健康保険に加入することができます。」

2)「Aさんが病気などで医師の診察を受けた場合、外来・入院を問わず、医療費の一部負担金の割合は、原則3割となります。ただし、高額療養費制度により、一医療機関の窓口で支払う同一月内の一部負担金を、所得区分に応じた自己負担限度額までとすることができます。」

3)「X社を退職し、Aさんが国民健康保険に加入した場合、高額療養費の支給はありません。退職後は、現在と同様の保険給付を受けることができる健康保険の任意継続被保険者になることをお勧めします。」

正解 2 が適切　　テキスト1章 1) P38、2) P34、3) P34-35、P39

1) 不適切	会社を退職後、資格喪失日から**20日**以内に手続きをすると、最長**2年間**（かつ75歳に達するまで）勤めていた会社が加入する健康保険に任意加入することができます。
2) 適切	70歳未満の被保険者の医療費の一部負担金の割合は原則**3割**となります。なお、同一月内に一医療機関で支払う一部負担金の額が、所得区分ごとに設けられた自己負担限度額を超える場合は、超える部分が高額療養費として支給されます。
3) 不適切	国民健康保険にも高額療養費制度はあります。**国民健康保険で任意給付**となっているのは、**出産手当金**や**傷病手当金**です。

150

問 3 重要度

最後に、MさんはA、生命保険の見直しについてアドバイスした。MさんのAさんに対するアドバイスとして、次のうち最も不適切なものはどれか。

1) 「必要保障額の計算結果からすると、現時点において死亡保障は必要ありません。ただし、Aさんが要介護状態になった場合などには、預貯金等を大きく取り崩すことも想定されます。要介護状態等になった場合に介護一時金や介護年金が受け取れる生前給付タイプの保障を充実させることも検討事項の1つだと思います。」

2) 「保険会社各社は、入院給付金や手術給付金が定額で受け取れるタイプの医療保険や通院保障が手厚いものなど、最近の医療事情に合わせて、さまざまなタイプの医療保険を取り扱っています。保障内容や保障範囲をしっかりと確認したうえで、加入を検討されることをお勧めします。」

3) 「現在加入している生命保険を払済保険に変更した場合、変更時点の解約返戻金をもとに、終身保険に変更されます。死亡保険金額は減少しますが、現在付加されている入院特約は残り、月々の保険料負担は軽減されます。」

正解 **3** が不適切　　テキスト2章　1) P102-103、2) P104-110、3) P118-119

1) 適切　　問1で計算したとおり、死亡保障は必要ありません。
2) 適切　　保険商品は各社異なり、多様化しています。
3) 不適切　払済保険に変更した場合、リビング・ニーズ特約等を除き、特約は**消滅**します。延長保険に変更した場合も、特約は**消滅**します。

 レック先生のワンポイント

払済保険、延長保険は保険料の払込を中止して、その時点の解約返戻金をもとに保険契約を継続できるメリットがある代わりに、基本的に特約が消滅するというデメリットがあります。

第5問

[2018年5月　保険]

次の設例に基づいて、下記の各問（《問1》～《問3》）に答えなさい。

《設 例》

会社員のAさん（41歳）は、専業主婦の妻Bさん（36歳）および長男Cさん（6歳）の3人家族である。Aさんは、先日、生命保険会社の営業担当者であるファイナンシャル・プランナーのMさんから生命保険の見直しを勧められた。

Mさんが提案した生命保険に関する資料等は、以下のとおりである。

＜Mさんが提案した生命保険に関する資料＞
保険の種類：5年ごと配当付終身保険（65歳払込満了）
月払保険料（集団扱い）：20,450円
契約者（＝保険料負担者）・被保険者：Aさん／死亡保険金受取人：妻Bさん

主契約および特約の内容	保障金額	保険期間
終身保険	100万円	終身
定期保険特約	800万円	10年
収入保障特約（注）	年額60万円×65歳まで	10年
特定疾病保障定期保険特約	200万円	10年
介護保障定期保険特約	200万円	10年
総合医療特約（180日型）	1日目から日額10,000円	10年
先進医療特約	先進医療の技術費用と同額	10年

※そのほかに、リビング・ニーズ特約、指定代理請求特約を付加している。
（注）最低支払保証期間は5年（最低5回保証）

＜現在加入している生命保険に関する資料＞
保険の種類：定期保険特約付終身保険（60歳払込満了）
契約年月日：20XX年6月1日／月払保険料（集団扱い）：21,200円
契約者（＝保険料負担者）・被保険者：Aさん／死亡保険金受取人：妻Bさん

主契約および特約の内容	保障金額	保険期間
終身保険	200万円	終身
定期保険特約	3,500万円	10年
特定疾病保障定期保険特約	300万円	10年
災害割増特約	500万円	10年
入院特約	1日目から日額5,000円	10年
リビング・ニーズ特約	―	―

※10年ごとに、特約を更新している。

※上記以外の条件は考慮せず、各問に従うこと。

問1 ☑☑☑ 重要度 B

はじめに、Mさんは、公的年金制度からの給付について説明した。MさんのAさんに対する説明として、次のうち最も適切なものはどれか。

1)「現時点において、Aさんが死亡した場合、妻Bさんに対して遺族基礎年金が支給されます。妻Bさんが受け取る遺族基礎年金の額は、子が1人のため、795,000円に228,700円を加えた額(本年度価額)となります。」

2)「現時点において、Aさんが死亡した場合、妻Bさんに対して、遺族厚生年金が支給されます。遺族厚生年金の額は、原則として、Aさんの厚生年金保険の被保険者記録を基礎として計算した老齢厚生年金の報酬比例部分の額の3分の2相当額になります。」

3)「現時点において、Aさんが死亡した場合、妻Bさんに支給される遺族厚生年金の額には、長男Cさんが18歳に達するまでの間、中高齢寡婦加算額が加算されます。」

正解 **1** が適切 テキスト1章 P65-68

1) **適切** 遺族基礎年金は**18歳到達年度末**までの未婚の子または20歳未満の1級・2級の障害等級の未婚の**子がいる配偶者または子**に支給されます。本問では子が1人いる配偶者に支給される遺族基礎年金の金額は基本額795,000円に228,700円を加えた額となります。

2) **不適切** 遺族厚生年金の額は、原則として、厚生年金保険の被保険者記録を基礎として計算した老齢厚生年金の報酬比例部分の額の**4分の3**となります。

3) **不適切** 遺族基礎年金と中高齢寡婦加算は**同時に支給されません**。設問の場合、遺族基礎年金の支給終了時点からBさんが**65歳**に達するまでの期間、遺族厚生年金に中高齢寡婦加算が加算されます。

問2 ☑☑☑　　　　　　　　　　　　　　　　　　　　　　重要度

次に、Mさんは、Aさんに対して、生命保険の見直しについて説明した。MさんのAさんに対する説明として、次のうち最も不適切なものはどれか。

1) 「保障の見直しをする前に、現時点でAさんが死亡した場合の必要保障額を算出しましょう。必要保障額を算出し、過不足のない適正額の死亡保障を準備することをお勧めします。」
2) 「Aさんのような公的介護保険の第2号被保険者が公的介護保険の介護サービスを利用した場合、実際にかかった費用の3割を自己負担する必要があります。また、住宅の増改築費用等の多額の出費に備えるためにも、一時金支払タイプの介護保障を準備することを検討してください。」
3) 「先進医療の治療を受けた場合、診察料、投薬料などは公的医療保険が適用されますが、先進医療の技術料は全額自己負担になります。一部の先進医療については技術料が高額となるケースもありますので、先進医療特約の付加をお勧めします。」

正解 **2** が不適切　　テキスト2章　1) P102-103、テキスト1章　2) P41
　　　　　　　　　　　　　　　　　　　テキスト2章　3) P116

1) **適切**　　必要保障額は遺族の「支出等－収入等」で求めます。

2) **不適切**　　第2号被保険者の自己負担割合（保険給付限度額の範囲内）は**一律1割**です。**第1号被保険者は原則1割**ですが、**高所得者は2割**または3割となります。

3) **適切**　　先進医療の技術料は**全額自己負担**となりますが、先進医療特約で備えることができます。
なお、先進医療部分以外の保険適用対象医療費部分は一部負担となります。

最後に、Mさんは、Aさんに対して、Mさんが提案した生命保険について説明した。Mさんの Aさんに対する説明として、次のうち最も不適切なものはどれか。

1) 「収入保障特約は、被保険者が死亡した場合、所定の期間、死亡保険金が年金形式で支払われるタイプの生命保険です。仮に、Aさんが45歳（支払対象期間20年）で死亡した場合、妻Bさんが受け取る年金受取総額は1,200万円となります。」
2) 「Aさんが死亡した場合、妻Bさんが収入保障特約から毎年受け取る年金は、雑所得として課税の対象となります。具体的には、課税部分と非課税部分に振り分けたうえで、課税部分の所得金額についてのみ課税されます。」
3) 「生命保険料控除の適用については、終身保険、定期保険特約、収入保障特約が一般の生命保険料控除の対象となり、特定疾病保障定期保険特約、介護保障定期保険特約、総合医療特約、先進医療特約は介護医療保険料控除の対象となります。」

正解 3 が不適切　テキスト2章　1) P104-116、2) P125、3) P121-122

1) **適切**　収入保障特約：**年額60万円×65歳まで**（最低支払保証期間5年）とあるため、45歳（支払対象期間20年）で死亡すると、妻Bさんには年額60万円×（65歳－45歳）＝1,200万円の年金が支払われます。

2) **適切**　契約者（保険料負担者）と被保険者が同一、配偶者が受け取る収入保障特約の年金受給権は**相続税**の課税対象となり、**500万円×法定相続人の数が非課税**となります。なお、収入保障特約の保険金を年金形式（分割）で受け取る場合、課税部分と非課税部分に振り分け、**2年目以降**は**課税部分**については**雑所得**の課税対象となります。

3) **不適切**　終身保険、定期保険特約、収入保障特約の保険料はいずれも、保険金受取人が保険料負担者、配偶者、その他親族であれば、一般の生命保険料控除の対象となります。なお、総合医療特約や先進医療特約の保険料は要件を満たせば、介護医療保険料控除の対象となります。なお、特定疾病保障保険や介護保障保険の保険料は保障内容で異なり、例えば、「**死亡保険金＝特定疾病保険金、介護保障保険金**」である場合は**一般生命保険料控除、死亡保険金の支払いがない介護保障保険**の場合には**介護医療保険料控除**の対象となります。

実技試験［金財］ 保険顧客資産相談業務（法人向け保険）

第1問

[2021年1月 保険]

次の設例に基づいて、下記の各問（《問1》～《問3》）に答えなさい。

--- 《設 例》 ---

Aさん（45歳）は、X株式会社（以下、「X社」という）の創業社長である。Aさんは、現在、自身の退職金準備を目的として、下記の＜資料＞の生命保険への加入を検討している。また、従業員の福利厚生の充実を図る目的として、総合福祉団体定期保険への加入も検討している。

そこで、Aさんは、ファイナンシャル・プランナーのMさんに相談することにした。

＜資料＞Aさんが加入を検討している生命保険の内容

保険の種類：無配当低解約返戻金型終身保険（特約付加なし）	
契約者（＝保険料負担者）	：X社
被保険者	：Aさん
死亡保険金受取人	：X社
死亡保険金額	：4,000万円
保険料払込期間	：65歳満了
年払保険料	：170万円
65歳までの払込保険料累計額（①）	：3,400万円
65歳時の解約返戻金額（②）	：3,500万円（低解約返戻金期間満了直後）
受取率（②÷①）	：102.9％（小数点第2位以下切捨て）
※解約返戻金額の80％の範囲内で、契約者貸付制度を利用することができる。	

※上記以外の条件は考慮せず、各問に従うこと。

156

| 問1 | | 重要度 |

仮に、将来Ｘ社がＡさんに役員退職金4,000万円を支給した場合、Ａさんが受け取る役員退職金に係る退職所得の金額として、次のうち最も適切なものはどれか。なお、Ａさんの役員在任期間（勤続年数）を40年とし、これ以外に退職手当等の収入はなく、障害者になったことが退職の直接の原因ではないものとする。

1) 900万円
2) 1,800万円
3) 2,200万円

正解 **1** が適切　　　　　　　　　　　テキスト4章　P272

在任5年超である役員の退職所得は「**（収入金額－退職所得控除額）×1／2**」により求めます。

退職所得控除額は、勤続年数により異なり、**20年以下**の部分は1年あたり**40万円**、**20年超**の部分は1年あたり**70万円**です。設問の場合、勤続年数は40年ですので、800万円（40万円×20年）＋70万円×（40年－20年）＝2,200万円となります。

以上より、退職所得は、（4,000万円－2,200万円）×1／2＝900万円となります。

　レック先生のワンポイント

> 高頻度で出題される問題で、パターンも同じですから、確実に得点をとりましょう。

問2 重要度

Mさんは、《設例》の終身保険について説明した。MさんのAさんに対する説明として、次のうち最も不適切なものはどれか。

1）「Aさんの退任時に、役員退職金の一部または全部として当該終身保険の契約者をAさん、死亡保険金受取人をAさんの相続人に名義変更することで、当該終身保険をAさんの個人の保険として継続することが可能です。」
2）「X社が保険期間中に資金が必要となった場合に、契約者貸付制度を利用することにより、当該保険契約を解約することなく、資金を調達することができます。」
3）「保険料払込期間満了時に当該終身保険を解約し、解約返戻金3,500万円を受け取った場合、X社はそれまで資産計上していた保険料積立金を取り崩し、解約返戻金額との差額を雑損失として経理処理します。」

正解 **3** が不適切　　テキスト2章　1）P129、2）P117、3）P131-133

1）適切　　選択肢の場合、**解約返戻金相当額**を退職所得の収入金額として扱います。

2）適切　　契約者貸付制度は**解約返戻金の一定の範囲内**で利用することができます。

3）**不適切**　死亡保険金受取人が法人である終身保険の保険料は、**資産計上**しますので、解約時点での資産計上額は3,400万円となります。

解約返戻金3,500万円の方が100万円多いため、差額100万円は**雑収入**となります。

死亡保険金・満期保険金・解約返戻金から資産計上額を差し引いた差額が**プラスの場合は雑収入**、**マイナスの場合は雑損失**となります。

問 3 重要度 C

Mさんは、総合福祉団体定期保険の一般的な商品性について説明した。Mさんが、Aさんに対して説明した以下の文章の空欄①～③に入る語句の組合せとして、次のうち最も適切なものはどれか。

> 「総合福祉団体定期保険は、一般に、従業員の遺族の生活保障を主たる目的として、法人が契約者となる保険です。従業員に加えて法人の役員を被保険者とすること（ ① ）。総合福祉団体定期保険の加入の申込みに際しては、被保険者になることについての加入予定者の同意および保険約款に基づく告知が必要となります。なお、法人が支払った保険料は、所定の条件を満たすことにより、その（ ② ）を損金の額に算入することができます。
> また、従業員の死亡等による法人の経済的損失に備えるためのヒューマン・ヴァリュー特約を付加することができます。当該特約の死亡保険金等の受取人は、（ ③ ）に限定されています。」

1) ①はできません　②2分の1　③契約者である法人
2) ①ができます　　②全額　　③契約者である法人
3) ①ができます　　②2分の1　③被保険者である従業員またはその遺族

正解 **2** が適切　　　テキスト2章 P110

総合福祉団体定期保険は福利厚生目的の**1年**更新の定期保険であり、従業員**全員**、または役員・従業員の**全員**（ ① ）を被保険者として加入するなどの要件を満たせば支払った**全額**（ ② ）を**損金に算入**することができます。

死亡保険金受取人は通常、被保険者の遺族となりますが、法人とすることもできます。なお、ヒューマン・ヴァリュー特約の保険金は死亡した従業員に代わる人員を確保するための費用を手当てするためのものであるため、受取人は**必ず契約者である法人**（ ③ ）となります。

第2問

[2020年1月 保険]

次の設例に基づいて、下記の各問（《問1》～《問3》）に答えなさい。

《設 例》

Aさん（45歳）は、X株式会社（以下、「X社」という）の創業社長である。Aさんは、先日、生命保険会社の営業担当者から、自身の退職金の準備および事業保障資金の確保を目的とした下記の生命保険の提案を受けた。

そこで、Aさんは、ファイナンシャル・プランナーのMさんに相談することにした。

＜資料＞Aさんが提案を受けた生命保険の内容

保険の種類	：低解約返戻金型終身保険（特約付加なし）
契約者（＝保険料負担者）	：X社
被保険者	：Aさん
死亡保険金受取人	：X社
保険料払込期間	：65歳満了
死亡・高度障害保険金額	：5,000万円
年払保険料	：220万円

※解約返戻金額の80％の範囲内で、契約者貸付制度を利用することができる。

※保険料払込期間を「低解約返戻金期間」とし、その期間は解約返戻金額を低解約返戻金型ではない終身保険の70％程度に抑えている。

※上記以外の条件は考慮せず、各問に従うこと。

問1 重要度

仮に、将来X社がAさんに役員退職金4,000万円を支給した場合、Aさんが受け取る役員退職金に係る退職所得の金額として、次のうち最も適切なものはどれか。なお、Aさんの役員在任期間（勤続年数）を30年とし、これ以外に退職手当等の収入はなく、障害者になったことが退職の直接の原因ではないものとする。

1）1,200万円
2）1,250万円
3）2,500万円

正解 **2** が適切　　　　　　　　　　　　テキスト4章　P272

在任5年超である役員の退職所得は「**（収入金額－退職所得控除額）×1／2**」により求めます。

退職所得控除額は、勤続年数により異なり、**20年以下**の部分は1年あたり**40万円**、**20年超**の部分は1年あたり**70万円**となります。設問の場合、勤続年数は30年ですので、800万円（40万円×20年）＋70万円×（30年－20年）＝1,500万円となります。

以上より、退職所得は、(4,000万円－1,500万円)×1／2＝1,250万円となります。

問2 ☑☑☑　　　　　　　　　　　　　　　　　重要度

Mさんは、《設例》の＜資料＞の終身保険について説明した。MさんのAさんに対する説明として、次のうち最も不適切なものはどれか。

1)「当該終身保険は、保険料払込期間における解約返戻金額を抑えることで、低解約返戻金型ではない終身保険と比較して保険料が割安となっています。」

2)「Aさんの退任時に、役員退職金の一部として当該終身保険の契約者をAさん、死亡保険金受取人をAさんの相続人に名義変更することで、当該終身保険を個人の保険として継続することが可能です。」

3)「保険期間中に急な資金需要が発生した際、契約者貸付制度を利用することにより、当該終身保険契約を解約することなく、資金を調達することができます。なお、契約者貸付金は、雑収入として益金の額に算入します。」

正解 **3** が不適切　　　テキスト2章　1) P107、2) P129、3) P117

1) **適切**　低解約返戻金型終身保険は、**保険料払込期間中**の解約返戻金を低く抑える分、保険料も**割安**となっています。保険料払込満了後の解約返戻金は、通常の終身保険と同じ水準となります。

2) **適切**　選択肢の場合、**解約返戻金相当額**を退職所得の収入金額として扱います。

3) **不適切**　契約者貸付金は、**借入金**として負債に計上します。**雑収入**は**利益**に該当する場合に用いる勘定科目です。

問3 重要度

《設例》の＜資料＞の終身保険を下記＜条件＞で解約した場合の経理処理（仕訳）として、次のうち最も適切なものはどれか。

＜条件＞
・低解約返戻金期間経過後に解約し、受け取った解約返戻金額は4,600万円である。
・X社が解約時までに支払った保険料の総額は4,400万円である。
・上記以外の条件は考慮しないものとする。

1）

借　方	貸　方
現金・預金　　4,600万円	保険料積立金　　4,400万円 雑　収　入　　　200万円

2）

借　方	貸　方
現金・預金　　4,600万円	前払保険料　　2,200万円 雑　収　入　　2,400万円

3）

借　方	貸　方
現金・預金　　4,600万円	前払保険料　　2,200万円 定期保険料　　2,200万円 雑　収　入　　　200万円

正解 **1** が適切　　　　　　　　　　　　　　　　　　　テキスト2章　P132

死亡保険金受取人が法人である**終身保険**の保険料は、**全額を資産計上**しますので、解約時点での資産計上額は4,400万円となります。この資産（積立金）がなくなるので、貸方へ仕訳します。
解約返戻金（現金として資産に計上）は4,600万円であり、資産計上額よりも200万円多いため、差額200万円は**雑収入**となります。
以上より、正解は1.となります。
死亡保険金・満期保険金・解約返戻金から資産計上額を差し引いた差額が**プラス**の場合は差額を**雑収入**、**マイナス**の場合は差額を**雑損失**として計上します。

第3問 [2022年5月 保険]

次の設例に基づいて、下記の各問（《問1》～《問3》）に答えなさい。

《設例》

Aさん（45歳）は、X株式会社（以下、「X社」という）の創業社長である。Aさんは、先日、生命保険会社の営業担当者から、下記の＜資料1＞および＜資料2＞の生命保険の提案を受けた。

そこで、Aさんは、ファイナンシャル・プランナーのMさんに相談することにした。

＜資料1＞

保険の種類	：無配当総合医療保険（無解約返戻金型）
契約者（＝保険料負担者）	：X社
被保険者	：Aさん
給付金受取人	：X社
入院給付金（日額）	：15,000円
保険期間・保険料払込期間	：10年（自動更新タイプ）
年払保険料	：12万円

※入院中に公的医療保険制度の手術料の算定対象となる所定の手術を受けた場合は入院日額の20倍、所定の外来手術を受けた場合は入院日額の5倍が手術給付金として支払われる。
※所定の放射線治療を受けた場合は入院日額の10倍が放射線治療給付金として支払われる。

＜資料2＞

保険の種類	：無配当定期保険（特約付加なし）
契約者（＝保険料負担者）	：X社
被保険者	：Aさん
死亡保険金受取人	：X社
死亡保険金額	：1億円
保険期間・保険料払込期間	：70歳満了
年払保険料	：100万円
最高解約返戻率	：48％

※保険料の払込みを中止し、払済終身保険に変更することができる。
※所定の範囲内で、契約者貸付制度を利用することができる。

※上記以外の条件は考慮せず、各問に従うこと。

| 問1 | | 重要度 |

仮に、将来Ｘ社がＡさんに役員退職金4,000万円を支給した場合、Ａさんが受け取る役員退職金に係る退職所得の金額として、次のうち最も適切なものはどれか。なお、Ａさんの役員在任期間（勤続年数）を35年とし、これ以外に退職手当等の収入はなく、障害者になったことが退職の直接の原因ではないものとする。

1）　　775万円
2）1,075万円
3）2,150万円

正解　**2**　が適切　　　　　　　　　　　　　　　　　　テキスト4章　P272

在任5年超である役員の退職所得は「**（収入金額－退職所得控除額）×1／2**」により求めます。

退職所得控除額は、勤続年数により異なり、**20年以下の部分は1年あたり40万円、20年超の部分は1年あたり70万円**となります。設問の場合、勤続年数は35年ですので、800万円（40万円×20年）＋70万円×（35年－20年）＝1,850万円となります。

以上より、退職所得は（4,000万円－1,850万円）×1／2＝1,075万円となります。

以上より、正解は2.となります。

問2 ☑☑☑　　　　　　　　　　　　　　　　　　　　重要度

Mさんは＜資料1＞の医療保険について説明した。MさんのAさんに対する説明として、次のうち最も不適切なものはどれか。

1）「当該生命保険の支払保険料は、その全額を資産に計上します。」
2）「Aさんが入院し、X社が受け取った入院給付金は、その全額を雑収入として益金の額に算入します。」
3）「Aさんが入院中に公的医療保険制度の手術料の算定対象となる所定の手術を受けた場合は30万円、所定の外来手術を受けた場合は7万5,000円が手術給付金として支払われます。」

正解　**1**　が不適切　　　　　　　　　　　　テキスト2章　P128-132

1）**不適切**　**無解約返戻金型**の医療保険で、**受取人**が契約者（保険料負担者）である**法人**であるため、支払保険料は**全額を損金**に算入します。

2）適切　　法人契約において契約者が受け取る**入院給付金は全額を雑収入として益金に算入**します。

3）適切　　＜資料1＞より入院中の手術給付金は15,000円×20＝30万円、所定の外来手術の手術給付金は15,000円×5＝7万5,000円となります。

問3 重要度

Mさんは＜資料2＞の定期保険について説明した。MさんのAさんに対する説明として、次のうち最も適切なものはどれか。

1) 「当該生命保険の単純返戻率（解約返戻金額÷払込保険料累計額）は、保険始期から上昇し、保険期間満了直前にピークを迎えます。」
2) 「当該生命保険の支払保険料は、その全額を損金の額に算入することができます。」
3) 「急な資金需要の発生により、X社が当該生命保険から契約者貸付制度を利用した場合、契約者貸付金の全額を雑収入として益金の額に算入します。」

正解 **2** が適切　　　　　　　　　　　　　　　　　　　テキスト2章　P131

1) 不適切　解約返戻金が相当程度貯まる定期保険も**保険期間後半には徐々に減少し、満了時の解約返戻金はゼロ**となります。つまり、単純返戻率のピークは保険期間満了直前ではありません。

2) **適切**　法人契約において、**最高解約返戻率50％以下の定期保険**の保険料は**全額を損金に算入**します。

3) 不適切　契約者貸付を利用した場合、**借入金を負債に計上**します。

第4問

[2019年9月 保険]

次の設例に基づいて、下記の各問（《問1》〜《問3》）に答えなさい。

《設 例》

X株式会社（以下、「X社」という）は、Aさん（40歳）が設立した会社である。Aさんは、現在、従業員の退職金準備の方法について検討している。そこで、Aさんは生命保険会社の営業担当者であるMさんに相談することにした。

＜Mさんの提案内容＞

従業員の退職金準備を目的として、中小企業退職金共済制度（X社は加入要件を満たしている）および下記＜資料＞の生命保険（福利厚生プラン）を提案した。

＜資料＞

保険の種類	養老保険（特約付加なし）
契約者（＝保険料負担者）	X社
被保険者	全従業員（30名）
死亡保険金受取人	被保険者の遺族
満期保険金受取人	X社
保険期間・保険料払込期間	60歳満期
死亡・高度障害保険金額	500万円（1人当たり）
年払保険料	600万円（30名の合計）

※上記以外の条件は考慮せず、各問に従うこと。

問1 重要度 C

Mさんは、中小企業退職金共済制度（以下、「中退共」という）の特徴について説明した。Mさんが、Aさんに対して説明した以下の文章の空欄①～③に入る語句または数値の組合せとして、次のうち最も適切なものはどれか。

> 「中退共は、中小企業の事業主が退職金を社外に積み立てる退職金準備の共済制度です。毎月の掛金は、被共済者（従業員）1人につき月額5,000円から30,000円までの16種類のなかから任意に選択することができ、その（①）を損金の額に算入することができます。また、新しく中退共に加入する事業主に対して、掛金月額の2分の1（従業員ごと上限5,000円）を加入後4カ月目から（②）年間、国が助成します。被共済者（従業員）が中途（生存）退職したときは、退職金が（③）支給され、一時金で受け取った場合、退職所得として課税の対象となります。」

1) ①全額 　　②1　　③従業員本人に直接
2) ①3分の1　②2　　③従業員本人に直接
3) ①全額 　　②3　　③法人を経由して従業員に

正解 1 が適切

テキスト1章 P73

①中退共は**従業員**のための退職金準備制度です。掛金は**事業主**が負担し、支払った掛金は**全額損金**に算入できます。厚生年金基金、確定給付企業年金、確定拠出年金等、企業が負担する掛金も同様に損金となります。

②加入後4カ月目から**1年間**、国の助成を受けられます。その他、掛金を増額する場合にも、国の助成を受けられます。

③従業員が退職した場合、退職金は会社を経由せずに**直接支給**されます。

以上より、正解は1.となります。

問2

《設例》の＜資料＞の福利厚生プランの保険料払込時の経理処理（仕訳）として、次のうち最も適切なものはどれか。

1）

借　　方	貸　　方
保険料積立金　　600万円	現金・預金　　600万円

2）

借　　方	貸　　方
福利厚生費　　600万円	現金・預金　　600万円

3）

借　　方	貸　　方
福利厚生費　　300万円 保険料積立金　　300万円	現金・預金　　600万円

正解 3 が適切　　　　　　　　　　　　テキスト2章　P130

被保険者が従業員**全員**、満期保険金受取人が法人、死亡保険金受取人が被保険者の遺族である養老保険の保険料は、**2分の1**を**資産計上**、**2分の1**を**福利厚生費**として損金に算入します。

以上より、正解は3.となります。

なお、被保険者が役員のみである場合は、「福利厚生費」の部分が「**給与**」となります。

問3　☑☑☑　重要度 A

Mさんは、《設例》の＜資料＞の福利厚生プランについて説明した。MさんのAさんに対する説明として、次のうち最も不適切なものはどれか。

1）「福利厚生プランは、原則として、従業員全員を被保険者とする等の普遍的加入でなければなりませんので、制度導入後に入社した従業員について加入漏れがないように注意してください。」
2）「福利厚生プランを導入する際は、退職金の支給根拠を明確にするため、退職金規程を整えてください。」
3）「保険期間中に被保険者である従業員が中途（生存）退職した場合、解約返戻金は退職する従業員本人に直接支給されます。」

正解　**3**　が不適切　　　　　　　　　　　テキスト2章　P130-131

1）適切　福利厚生プランは従業員**全員**が**普遍的に加入**することを前提としています。

2）適切　退職金規程がない場合、福利厚生プランが認められない場合があります。

3）**不適切**　被保険者である従業員が退職した場合は、その部分は解約することになります。解約返戻金は**契約者である法人**に支払われます。

第5問

[2020年9月 保険]

次の設例に基づいて、下記の各問（《問1》～《問3》）に答えなさい。

《設 例》

Aさん（65歳）は、X株式会社（以下、「X社」という）の創業社長である。Aさんは今期限りで勇退する予定であり、X社が加入している生命保険の解約返戻金を退職金の原資として活用したいと考えている。

そこで、Aさんは、ファイナンシャル・プランナーのMさんに相談することにした。

＜資料＞X社が加入している生命保険に関する資料

保険の種類	：長期平準定期保険（特約付加なし）
契約年月日	：200X年3月1日
契約者（＝保険料負担者）	：X社
被保険者	：Aさん
死亡保険金受取人	：X社
保険期間・保険料払込期間	：95歳満了
死亡・高度障害保険金額	：1億円
年払保険料	：200万円
現時点の解約返戻金額	：4,000万円
現時点の払込保険料累計額	：4,400万円

※解約返戻金額の80％の範囲内で、契約者貸付制度を利用することができる。

※保険料の払込みを中止し、払済終身保険に変更することができる。

※上記以外の条件は考慮せず、各問に従うこと。

| 問1 | ☑☑☑ | 重要度 A |

仮に、X社がAさんに役員退職金5,000万円を支給した場合、Aさんが受け取る役員退職金に係る退職所得の金額として、次のうち最も適切なものはどれか。なお、Aさんの役員在任期間（勤続年数）を30年とし、これ以外に退職手当等の収入はなく、障害者になったことが退職の直接の原因ではないものとする。

1) 1,500万円
2) 1,750万円
3) 3,500万円

正解 **2** が適切　　　　　　　　　　　　　　　テキスト4章　P272

在任5年超である役員の退職所得は「**（収入金額－退職所得控除額）×1／2**」により求めます。

退職所得控除額は、勤続年数により異なり、**20年以下**の部分は1年あたり**40万円**、**20年超**の部分は1年あたり**70万円**となります。設問の場合、勤続年数は30年ですので、800万円（40万円×20年）＋70万円×（30年－20年）＝1,500万円となります。

以上より、退職所得は（5,000万円－1,500万円）×1／2＝1,750万円となります。

問2　☑☑☑　重要度

Mさんは、《設例》の長期平準定期保険について説明した。MさんのAさんに対する説明として、次のうち最も適切なものはどれか。

1) 「当該生命保険の単純返戻率（解約返戻金額÷払込保険料累計額）は、保険期間の途中でピーク時期を迎え、その後は低下しますが、保険期間満了時には満期保険金が支払われます。」
2) 「当該生命保険を現時点で払済終身保険に変更した場合、変更した事業年度において雑損失が計上されます。」
3) 「当該生命保険を現時点で解約した場合、X社が受け取る解約返戻金は、Aさんに支給する役員退職金の原資として活用することもできますが、借入金の返済や設備投資等の事業資金として活用することもできます。」

正解 3 が適切　　テキスト2章　1) P104-105、2) 3) P131-132

1) 不適切　長期平準定期保険は、保険金額および支払う保険料は保険期間を通じて一定ですが、保険期間が長いため、保険期間の前半は解約返戻金が貯まっていきます。ただし、保険期間後半は解約返戻金は徐々に減少していき、**保険期間満了時**には解約返戻金は**ゼロ**となります。

2) 不適切　払済保険に変更すると、現時点の解約返戻金と資産計上額の差額を雑収入に計上します。次の問題の解説のとおり、解約返戻金（4,000万円）の方が資産計上額（2,200万円）よりも多いため、差額（1,800万円）は**雑収入**に計上します。

3) **適切**　解約返戻金の使途に**制限はありません**。退職金、借入金の返済、設備投資等の事業資金、いずれにも活用できます。

問3   重要度

X社が現在加入している《設例》の長期平準定期保険を下記＜条件＞にて解約した場合の経理処理（仕訳）として、次のうち最も適切なものはどれか。

＜条件＞
・X社が解約時までに支払った保険料の累計額は、4,400万円である。
・解約返戻金の額は、4,000万円である。
・配当等、上記以外の条件は考慮しないものとする。

1)

借方	貸方
現金・預金　4,000万円	前払保険料　2,200万円 雑収入　　　1,800万円

2)

借方	貸方
現金・預金　4,000万円 雑損失　　　　400万円	前払保険料　2,200万円 定期保険料　2,200万円

3)

借方	貸方
前払保険料　2,000万円 定期保険料　2,000万円	現金・預金　4,000万円

正解 **1** が適切　　　　　　　　　　　　　　テキスト2章　P131-132

2019年7月7日までに締結された以下①②の両方を満たす法人契約の長期平準定期保険の保険料は、保険期間の**前半6割**は支払った保険料のうち**2分の1**を**前払保険料**として資産に計上、2分の1を支払保険料として損金に算入します。

① 「保険期間満了時の被保険者の年齢＞70歳」→設問は95歳＞70歳
② 「加入時の被保険者の年齢＋保険期間×2＞105」
　→設問は43歳※＋（95－43）×2＝147＞105

※4,400万円÷200万円＝22年　65歳－22年＝43歳

設問の場合、保険期間52年のうち、現時点までの22年は前半6割の期間のため、払込保険料4,400万円の2分の1である2,200万円が資産計上されています。

解約返戻金は4,000万円であるため、**帳簿上**は4,000万円－2,200万円＝**1,800万円の利益**が発生するため、1,800万円は**雑収入**となります。

以上より、正解は1.となります。

第3章 傾向と対策

金融資産運用では、株式や債券、投資信託などの様々な金融商品が出題されます。とにかく電卓を叩いて数字に慣れていきましょう。計算問題が多いので公式を理解して頭に入れましょう。
※金財の実技試験の保険顧客資産相談業務ではこの分野は出題されません。

頻出される問題

＜学科試験＞　学科試験の主なキーワード
買いオペ、売りオペ、金融緩和、景気動向指数、GDP、債券の利回り、債券の金利と価格の関係、信用リスク、個人向け国債、日経平均株価、PER、PBR、ROE、配当利回り、各種NISA、パッシブ運用、アクティブ運用、バリュー運用、グロース運用、普通（特別）分配金、TTS、TTB、コール・オプション、プット・オプション、相関係数、預金保険、投資者保護基金

＜実技試験＞
【日本FP協会】株式の投資指標やNISAが頻出論点です。投資信託の手数料や商品の特徴も出題されています。

【金財】実技試験は個人資産相談業務のみ。株式投資の売買のルール、投資指標、証券税制が最も出題されます。J-REITや外貨建て商品、投資信託、債券も時々出題されます。

金融資産運用

学科試験問題&解答
- 経済と金融の基本
- 金融機関のセーフティネットと関連法規
- 貯蓄型金融商品
- 債券
- 株式
- 投資信託
- 外貨建て金融商品
- 金融商品と税金
- ポートフォリオ理論とデリバティブ

実技試験問題&解答
- [日本FP協会] 資産設計提案業務
- [金財] 個人資産相談業務

学科試験[日本FP協会・金財] 共通

経済と金融の基本

1 ☑☑☑ 重要度 C　　　　　　　　　　　　　　[2021年1月]

一定期間内に国内で生産された財やサービスの付加価値の合計額から物価変動の影響を取り除いた指標を、（　）という。

1) 実質GDP
2) 名目GDP
3) GDPデフレーター

2 ☑☑☑ 重要度 B　　　　　　　　　　　　　　[2020年1月]

一般に、景気動向指数のコンポジット・インデックス（CI）の一致指数が上昇しているときは、景気の拡張局面といえる。

3 ☑☑☑ 重要度 B　　　　　　　　　　　　　　[2021年5月]

景気動向指数において、（　）は、一致系列に採用されている。

1) 完全失業率
2) 新規求人数（除学卒）
3) 有効求人倍率（除学卒）

4 ☑☑☑ 重要度 C　　　　　　　　　　　　　　[2019年9月]

マネーストック統計は、中央政府や（①）を除く経済主体が保有する通貨量の残高を集計したものであり、（②）が毎月公表している。

1) ① 地方公共団体　② 財務省
2) ① 地方公共団体　② 日本銀行
3) ① 金融機関　　　② 日本銀行

| **1** | が正しい | テキスト3章　P162 |

一定期間内に国内で生産された財やサービスの付加価値の合計をGDP（国内総生産）といいます。

物価変動の影響を考慮する**前**のGDPを**名目**GDP、物価変動の影響を取り除いたGDPを**実質**GDPといいます。

なお、GDPデフレーターは、名目GDPから実質GDPを算出するときに使用する数値をいいます。

| **〇** | | テキスト3章　P163 |

景気動向指数は**内閣府**が**毎月**、調査・公表しており、先行系列（景気よりも早く動く）、一致系列（景気とほぼ同時）、遅行系列（景気よりも遅れて動く）に分けられています。

| **3** | が正しい | テキスト3章　P163 |

1）**遅行**指数に採用されています。
2）**先行**系列に採用されています。
3）**一致**系列に採用されています。

| **3** | が正しい | テキスト3章　P165 |

①マネーストックは市場に出回っている資金量ですので、**中央政府**と**金融機関**を除きます。
②マネーストックのほか、日銀短観や企業物価指数も**日本銀行**が調査・公表しています。

5 [2022年1月]

消費者物価指数は、全国の世帯が購入する家計に係る（ ① ）の価格等を総合した物価の変動を時系列的に測定するものであり、（ ② ）が毎月公表している。

1) ① 財　　　　　　　② 日本銀行
2) ① 財およびサービス　② 総務省
3) ① 財およびサービス　② 日本銀行

6 [2020年9月]

米国の市場金利が上昇し、同時に日本の市場金利が低下することは、米ドルと円の為替相場においては、一般に、米ドル安、円高の要因となる。

7 [2018年5月]

日本銀行が売りオペレーションを行うと、市場の資金量が（ ① ）することから、市場金利は（ ② ）する。

1) ① 減少　② 上昇
2) ① 増加　② 低下
3) ① 減少　② 低下

2 が正しい　　　　　　　　　　　　　　　　　　　　テキスト3章　P165

①なお、企業物価指数は**財**を対象とした指数です。
②企業物価指数は、**日本銀行**が**毎月**公表しています。

経済指標と公表機関

内閣府	GDP、景気動向指数、消費者態度指数
日本銀行	日銀短観、企業物価指数、マネーストック
総務省	消費者物価指数

　　　　　　　　　　　　　　　　　　　　　テキスト3章　P167

アメリカの金利が上昇し、日本の金利が低くなると、**米ドルの魅力が高まり**ますので、一般に**米ドル高・円安**の要因と考えられます。
水は高いところから低いところへ流れやすいですが、お金は金利が低いところから高いところに流れやすいと考えましょう。

1 が正しい　　　　　　　　　　　　　　　　　　　　テキスト3章　P171

日本銀行が債券を**売る**＝日本銀行が市場からお金を**受け取る**＝市場の資金量が**減る**、となります。
資金量が減ると、相対的に資金ニーズが高まるため、金利は**上昇**しやすくなります。
買いオペ、売りオペも私たちの買いものと同じです。買いオペの場合、「日本銀行が買う＝日本銀行が市場にお金を払う＝市場の資金量が増える」と理解しましょう。

8 　　　　　　　　　　　　　　　　　　　［2018年5月］

日本銀行による金融引締め対策は、一般に、日本の株式市場における株価の上昇要因となる。

金融機関のセーフティネットと関連法規

9   　　　　　　　　　　　　　　　　　　　［2021年1月］

預金保険制度により、定期預金や利息の付く普通預金などの一般預金等は、1金融機関ごとに預金者1人当たり元本1,000万円までとその利息等が保護される。

テキスト3章 P171

金融引き締め対策（**資金供給量**（マネタリーベース）**の減少**、債券の売りオペによる資金の市場からの吸収等）を行うと、**金利が上昇**しやすくなり、**株価は下落**しやすくなります。

買いオペ・売りオペと資金供給量・金利

買いオペ	市中の債券等を購入し、市中に資金を供給する	市中の資金量が増加し、金利は下落する
売りオペ	保有する債券等を売却し、市中の資金を引き上げる	市中の資金量が減少し、金利は上昇する

 テキスト3章 P177

なお、**決済用預金**は**全額保護**されます。一方、**外貨預金**は預金保険制度では**保護されません**。

預金保険制度

預金保険の対象	国内に本店がある銀行等の国内店舗に預けた預金	
決済用預金	全額保護	当座預金、決済用普通預金など
その他付保対象預金	1預金者当たり元本1,000万円までと利子を保護	普通預金、定期預金など
付保対象外	外貨預金など	

10 ☑☑☑ 重要度 B [2018年5月]

預金保険制度の対象金融機関に預け入れた決済用預金は、預入金額にかかわらず、その全額が預金保険制度による保護の対象となる。

11 ☑☑☑ 重要度 B [2019年9月]

国内銀行に預け入れられた外貨預金は、預金保険制度の保護の対象となる。

12 ☑☑☑ 重要度 B [2020年9月]

日本投資者保護基金は、会員である金融商品取引業者が破綻し、分別管理の義務に違反したことによって、一般顧客から預託を受けていた有価証券・金銭を返還することができない場合、一定の範囲の取引を対象に一般顧客1人につき（　　）を上限に金銭による補償を行う。

1）　500万円
2）1,000万円
3）2,000万円

○ テキスト3章　P176-177

なお、普通預金や定期預金は1預金者当たり**元本1,000万円**と利息まで保護、**外貨預金は保護の対象となりません**。

✕ テキスト3章　P176

外貨預金は**保護の対象となりません**。なお、**決済用預金**は**全額**保護され、普通預金や定期預金は**1預金者当たり元本1,000万円**と利息まで保護されます。

 が正しい　　　　　　　　　　　　　　　　　　テキスト3章　P177-178

日本投資者保護基金は、国内で営業する**全ての証券会社**が加入します。証券会社に預けている有価証券や金銭は分別管理されていますので、証券会社が破綻しても、通常、影響を受けませんが、分別管理義務違反により返還できない場合には、一般顧客1人につき**1,000万円**を上限に補償されます。

13   [2019年5月]

金融商品の販売にあたって、金利、通貨の価格、金融商品市場における相場その他の指標に係る変動を直接の原因として元本欠損が生ずるおそれがあるときは、その旨および当該指標等について顧客に説明することが、（　　）で義務付けられている。

1）商法
2）消費者契約法
3）金融サービス提供法

14   [2020年9月]

金融商品取引法に定める適合性の原則により、金融商品取引業者等は、金融商品取引行為について、顧客の知識、経験、財産の状況および金融商品取引契約を締結する目的に照らして、不適当な勧誘を行ってはならないとされている。

3 が正しい
テキスト3章 P178-179

金融サービス提供法では元本の欠損が生ずる可能性がある市場リスク、信用リスク等の**重要事項**について**説明**することを義務づけています。

消費者契約法は、事業者の行為により誤認、困惑して契約をしたときは契約を**取り消す**ことができる旨、消費者に一方的に不利な条項を**無効に**する旨などを定めています。

金融サービス提供法・消費者契約法

	金融サービス提供法	消費者契約法
保護対象	個人・法人	個人消費者
法律の定め	重要事項（信用リスク、価格変動リスク等）の説明を義務づけ 断定的判断の提供の禁止	消費者が誤認・困惑により契約した場合に保護 消費者に一方的に不利な契約は無効
事業者の違反行為からの顧客保護	説明義務違反、断定的判断の提供があり、顧客が損失を被った場合、元本欠損額の損害賠償を請求できる（無過失責任）	事業者の違反行為により誤認・困惑して契約した場合は取り消すことができる

○
テキスト3章 P179

よく出題される問題です。一方、**金融サービス提供法**は**重要事項説明義務違反**があった場合の**損害賠償責任**等を定めています。

貯蓄型金融商品

15 ☑☑☑　重要度 **B**　　　　　　　　　　　　[2020年9月]

1,000,000円を年利1％（1年複利）で3年間運用した場合の3年後の元利合計額は、税金や手数料等を考慮しない場合、1,030,301円となる。

債券

16 ☑☑☑　重要度 **B**　　　　　　　　　　　　[2021年1月]

個人向け国債は、適用利率の下限が年（①）％とされ、購入単価は最低（②）から（②）単位である。

　　1）① 0.03　② 1万円
　　2）① 0.05　② 1万円
　　3）① 0.05　② 5万円

17 ☑☑☑　重要度 **A**　　　　　　　　　　　　[2019年5月]

一般に、市場金利が上昇すると、それに伴い債券の利回りは上昇し、債券価格も上昇する。

○ テキスト3章 P187

複利は元本のみでなく利息にも利息がつく仕組みであり、1年複利は1年ごとに利息がつく仕組みをいいます。
1,000,000円×**1.01**³＝1,000,000円×1.01×1.01×1.01＝1,030,301円となります。
同じ条件で半年複利の場合は、半年ごとに利息がつきますので、年利の半分である0.5％の利息が6回（3年＝半年×6回）つくため、1,000,000円×**1.005**⁶＝1,030,377円（円未満切り捨て）となります。

2 が正しい テキスト3章 P197

共通点は「**毎月**発行される」「**半年ごと**の利払」「原則**1年**経過後から中途換金できる」こと、相違点は「期間」「金利」です。

個人向け国債

	10年もの	5年もの	3年もの
発行	毎月		
購入単位	額面1万円単位		
利払い	半年に1回		
金利	変動金利	固定金利	固定金利
最低保証利率	0.05％		
中途換金	原則、発行から1年経過後		

 テキスト3章 P197、P201-202

金利と**債券価格**、**利回り**と**債券価格**は**反対**に動きます。市場金利が上昇すると、債券価格は下落します。
債券価格が下落すると、安く購入できる分、利回りは上昇します。

189

18 ☑☑☑ 重要度 [2021年1月]

債券の発行体である企業の信用度が低下し、格付が引き下げられた場合、一般に、その債券の価格は下落し、利回りも低下する。

19 ☑☑☑ 重要度 [2018年9月]

債券の信用格付がトリプルB格相当以下である場合、一般に、投機的格付けとされる。

20 ☑☑☑ 重要度 [2018年5月]

表面利率（クーポンレート）3％、残存期間6年の固定利付債券を、額面100円当たり103円で購入した場合の単利最終利回りは、（　　）である。なお、答は表示単位の小数点以下第3位を四捨五入している。

1）2.43％
2）2.50％
3）3.40％

テキスト3章 P203

格付が引下げられる（信用度が下がる）と債券価格は下落します。債券価格が下落した分、安く購入できるため、利回りは上昇します。

レック先生のワンポイント

債券の投資リスク

価格変動リスク	市場金利上昇（低下）→債券価格下落（上昇） 債券価格上昇（下落）→利回り低下（上昇）
信用リスク	格付が高いほど、債券価格は高く、利回りは低い 格付が低いほど、債券価格は低く、利回りが高い

価格と金利、利回りと価格は反対の関係

テキスト3章 P203

BBB格以上は**投資適格**、**BB格**以下は投機的格付（**投資不適格格付**）とされます。なお、**信用度が高く**なると、**債券価格**は**上昇**し、**利回り**は**低く**なります。

1 が正しい

テキスト3章 P197-199

最終利回りは、発行後に購入し、償還期限まで保有する場合の利回りです。

$$\frac{表面利率＋(額面金額－買付価格)／残存期間}{買付価格}\times 100 = \frac{3.0＋(100－103)／6年}{103}\times 100 ≒ 2.43\%$$

（小数点以下第3位四捨五入）

公式を覚えられない場合は、利回りは「**購入金額**に対する**1年間の利益**の割合」と考えて、3ステップで解きましょう。

第1ステップ **6年間の利益**＝利子3円×6年－償還損3円（100円－103円）＝15円

第2ステップ **1年当たりの利益**＝15円÷6年＝2.5円

第3ステップ 利回り＝2.5円÷**購入価格**103円×100≒2.43% となります。公式を覚えなくても大丈夫です。

21 ☑☑☑ 重要度 A [2021年1月]

表面利率(クーポンレート)2%、残存期間5年の固定利付債券を、額面100円当たり103円で購入し、2年後に額面100円当たり102円で売却した場合の所有期間利回り(年率・単利)は、(　)である。なお、税金や手数料等は考慮しないものとし、答は表示単位の小数点以下第3位を四捨五入している。

1) 0.97%
2) 1.46%
3) 2.91%

株式

22 ☑☑☑ 重要度 B [2022年5月]

国内の証券取引所に上場している内国株式を普通取引により売買する場合、約定日の翌営業日に決済が行われる。

23 ☑☑☑ 重要度 B [2019年1月]

証券取引所での株式の売買において、ある銘柄の株式に価格の異なる複数の買い指値注文がある場合は、指値の低い注文から優先して売買が成立する。

| **2** | **2** が正しい | テキスト3章 P197-199 |

所有期間利回りは、途中で売却する場合の利回りです。最終利回りは償還期限まで保有するため、額面で償還されますが、所有期間利回りは途中で売却する点が異なります。

残存期間は5年ですが、保有期間は2年ですので気をつけましょう。

$$\frac{表面利率＋（売却価格－買付価格）／保有期間}{買付価格}\times100=\frac{2.0＋（102－103）／2年}{103}\times100\fallingdotseq1.46\%$$

（小数点以下第3位四捨五入）

公式を覚えられない場合は、利回りは「**購入金額**に対する**1年間の利益**の割合」と考えて、3ステップで解きましょう。

第1ステップ　**2年間の利益**＝利子2円×2年－売却損1円（102円－103円）＝3円

第2ステップ　**1年当たりの利益**＝3円÷2年＝1.5円

第3ステップ　利回り＝1.5円÷**購入価格**103円×100≒1.46％ となります。

公式を覚えなくても大丈夫！利回りの定義は理解しておきましょう。

| ✕ | | テキスト3章 P207 |

約定日を含めて**3営業日後（つまり2営業日後）に決済**が行われます。例えば、通常金曜日の約定の場合、翌週火曜日に決済となります。

| ✕ | | テキスト3章 P206-207 |

指値注文は**不利な注文から優先的**に成立します。つまり、買い注文は**高い**注文、売り注文は**安い**注文が優先されます。なお、成行注文は「いくらでもよい」という注文なので、**指値注文より優先**されます。

24   [2019年9月]

（　　）は、東京証券取引所プライム市場に上場している内国普通株式の全銘柄を対象とする株価指数であり、時価総額の大きい銘柄（大型株）の値動きの影響を受けやすいという特徴がある。

1）東証プライム市場指数
2）日経平均株価
3）JPX日経インデックス400

25   [2021年1月]

上場企業Ｘ社の下記の＜資料＞に基づいて計算したＸ社株式の株価収益率（PER）は（①）、株価純資産倍率（PBR）は（②）である。

＜資料＞

株価	1,200円
1株当たり純利益	80円
1株当たり純資産	800円

1）①1.5倍　②15倍
2）①10倍　②1.5倍
3）①15倍　②1.5倍

1 が正しい
テキスト3章 P208-209

東証プライム市場指数は東京証券取引所プライム市場に上場する内国普通株式**全銘柄**を対象とする時価総額加重型の株価指数で、大型株の値動きの影響を受けやすいといえます。

日経平均株価は東京証券取引所プライム市場に上場する**225銘柄**を対象とする修正平均型の株価指数で、値がさ株（株価が高い銘柄）の値動きの影響を受けやすいといえます。

JPX日経インデックス400は、東京証券取引所プライム市場、スタンダード市場、グロース市場に上場する銘柄のうち、ROEや営業利益などに着目して選定した**400銘柄**を対象とする時価総額加重型の株価指数です。

レック先生のワンポイント

株価指数

	日経平均株価	東証プライム市場指数
対象市場・銘柄数	東証プライム市場225銘柄	東証プライム市場の内国普通株式の全銘柄
指数算出（○○平均）	修正平均	時価総額加重平均
特徴	値がさ株の影響を受けやすい	時価総額の大きい銘柄の影響を受けやすい

3 が正しい
テキスト3章 P209-210

①PER（株価収益率）は、**株価÷1株当たり純利益**で求めます。
　1,200円÷80円＝15倍
　ピカ1で覚えます。P_ER（ピ）＝株価（カ）÷1株当たり純利益（Earnings）

②PBR（株価純資産倍率）は、**株価÷1株当たり純資産**で求めます。
　1,200円÷800円＝1.5倍
　ピカ1で覚えます。P_BR（ピ）＝株価（カ）÷1株当たり純資産（Book-Value）

両方とも、同業他社や過去の数値と比較して数値が低いほど割安と判断されます。

26  [2020年1月]

下記の＜Ｘ社のデータ＞に基づいて計算したＸ社株式の株価収益率（PER）は（①）、配当利回りは（②）である。

＜Ｘ社のデータ＞

株価	800円
１株当たり配当金	30円
１株当たり純利益	50円
１株当たり純資産	400円

1) ①16倍　②3.75％
2) ①8倍　②6.25％
3) ①4倍　②10％

27   [2020年9月]

会社が自己資本をいかに効率よく活用して利益を上げているかを判断する指標として用いられる（　　）は、当期純利益を自己資本で除して求められる。

1) PBR
2) ROE
3) PER

1 1 が正しい
テキスト3章 P210、P212

① PER（株価収益率）は「株価÷1株当たり純利益」で求めます。
800円÷50円＝16（倍）。
② 配当利回りは「1株当たり配当金÷株価×100（％）」で求めます。
30円÷800円×100＝3.75％。
PER、PBR、ROE、配当利回り、配当性向の計算方法と捉え方はしっかり整理しておきましょう。

2 1 が正しい
テキスト3章 P210-212

1) PBR（株価純資産倍率）は、株価÷1株当たり純資産で求めます。
2) ROE（自己資本利益率）は、当期純利益÷自己資本×100（％）で求めます。
3) PER（株価収益率）は、株価÷1株当たり純利益で求めます。

レック先生のワンポイント

株式の投資尺度

PER（株価収益率）	株価÷1株当たり純利益	数値が小さい方が割安
PBR（株価純資産倍率）	株価÷1株当たり純資産	数値が小さい方が割安
ROE（自己資本利益率）	純利益÷自己資本×100	数値が高いほど、収益性が高い
配当利回り	1株当たり配当金÷株価×100	―
配当性向	配当金÷純利益×100	数値が高いほど、配当による株主への還元が多い

28  [2021 年 5 月]

配当性向とは、当期純利益に占める配当金総額の割合を示す指標である。

投資信託

29   [2019 年 5 月]

投資信託約款に株式を組み入れることができる旨の記載がある証券投資信託は、株式をいっさい組み入れていなくても株式投資信託に分類される。

30   [2019 年 9 月]

パッシブ運用とは、日経平均株価や東証株価指数などの市場インデックスに連動した運用成果を目指す運用手法である。

テキスト 3 章　P212

配当性向が高いほど、利益に対する配当の割合が高く、株主への還元度合いが高いと判断できます。

テキスト 3 章　P218

株式を投資対象に**組み入れることができる**投資信託は株式投資信託、株式を**組み入れることができない**投資信託は公社債投資信託に分類されます。
NISA等では株式投資信託に投資できますが、公社債投資信託には投資できません。

レック先生のワンポイント

公社債投資信託、株式投資信託

公社債投資信託	株式で運用できない（ＭＲＦ、外貨ＭＭＦなど）
株式投資信託	株式で運用することができる

テキスト 3 章　P219

キーワードはインデックスです。**インデックスに連動**した運用成果（平均）を目指すのが**パッシブ**運用、**インデックスを上回る**運用成果（＋α）を目指すのが**アクティブ**運用です。
パッシブ運用は、アクティブ運用に比べて、運用管理費用（信託報酬）などが**安く**なっています。

31 ☑☑☑ [2019年5月]

投資信託における（　）運用は、企業の成長性が市場平均よりも高いと見込まれる銘柄に投資する運用手法である。

1）グロース
2）パッシブ
3）バリュー

32 ☑☑☑ [2022年9月]

株式投資信託の運用において、個別銘柄の投資指標の分析や企業業績などのリサーチによって投資対象とする銘柄を選定し、その積上げによりポートフォリオを構築する手法を、ボトムアップ・アプローチという。

33 ☑☑☑ [2022年1月]

先物やオプションを利用し、ベンチマークとなる指標の上昇率に対して2倍、3倍等の投資成果を目指すファンドは、（　）ファンドに分類される。

1）ベア型
2）ブル型
3）インバース型

34 ☑☑☑ [2020年1月]

投資信託の運用管理費用（信託報酬）は、投資信託を購入する際に年間分を前払いで支払う必要がある。

35 ☑☑☑ [2018年9月]

東京証券取引所に上場されている上場投資信託（ETF）には、日本株、債券、外国株などの指標に連動する銘柄がある。

1 が正しい　　　　　　　　　　　　　　　　　　　　　　　　テキスト3章　P219

グロース＝**成長**、パッシブ＝**受け身的**、バリュー＝**割安**、と日本語に訳すと正解が見つかりやすい問題です。
他にも「アクティブ＝積極的」、「ボトムアップ＝**下**（個々の銘柄）から**上**（全体が決まる）」「トップダウン＝**上**（全体の割合を決めて）から**下**（個々の銘柄を決める）」等もよく出題されます。

　　　　　　　　　　　　　　　　　　　　　　　　テキスト3章　P219

なお、**トップダウンアプローチはまず、国別・業種別の組み入れ比率を決め**、その中で投資銘柄を選定します。

2 が正しい　　　　　　　　　　　　　　　　　　　　　　　　テキスト3章　P220

1）ベア型は相場下落時にその**下落幅の－１倍**または**マイナス数倍**の投資成果を目指すファンドです。
3）インバース型は指数の前日比変動率の**マイナス○倍**となるように算出された指標に連動するファンドです。

　　　　　　　　　　　　　　　　　　　　　　　　テキスト3章　P217

信託報酬・運用管理費用は**日々**、信託財産から差し引かれます。なお、購入時手数料は**購入時**のみ、信託財産留保額は主に**解約時**にかかります。

　　　　　　　　　　　　　　　　　　　　　　　　テキスト3章　P221

ETFは上場している**インデックスファンド**で、他にもREITや商品等の指数に連動する銘柄もあります。
株式と同様に、指値注文、成行注文もできます。

36 ☑☑☑ 重要度 [2021年9月]

上場投資信託（ETF）は、証券取引所に上場され、上場株式と同様に指値注文や成行注文により売買することができる。

外貨建て金融商品

37 ☑☑☑ 重要度 [2021年1月]

外貨預金の預入時に、預金者が円貨を外貨に換える際に適用される為替レートは、預入金融機関が提示するTTBである。

38 ☑☑☑ 重要度 [2022年9月]

為替予約を締結していない外貨定期預金において、満期時の為替レートが預入時の為替レートに比べて（①）になれば、当該外貨定期預金の円換算の利回りは（②）なる。

1) ① 円高　② 高く
2) ① 円安　② 高く
3) ① 円安　② 低く

テキスト3章 P221

上場株式と同様に信用取引もできます。

テキスト3章 P225

TT●の最後の文字の意味を理解しましょう。**金融機関から見た表現**で、外貨を「S＝Sell（**売る**）」、「B＝Buy（**買う**）」、「M＝Middle（**平均値・真ん中**）」です。預金者が円貨を外貨に換える（外貨を買う）＝銀行が外貨を売る、となりますので、TTSとなります。

為替レート

TTS（ell）	銀行が外貨を売る（Sell）レート	顧客が円を外貨に換えるレート
TTB（uy）	銀行が外貨を買う（Buy）レート	顧客が外貨を円に換えるレート

英語表記は金融機関から見た表現。試験は顧客から見た表現で出題されます。

2 が正しい　　　　　　　　　　　　　　　テキスト3章 P226

外貨高＝保有する**外貨の価値が高くなる**ことであり、利益が発生します。

39　☑☑☑　重要度 C　　　　　　　　　　　　　　　　　[2022年9月]

所得税において、為替予約を締結していない外貨定期預金を満期時に円貨で払い戻した結果生じた為替差益は、（　　　）として総合課税の対象となる。

1）利子所得
2）一時所得
3）雑所得

金融商品と税金

40　☑☑☑　重要度 A　　　　　　　　　　　　　　　　　[2022年1月]

特定口座を開設している金融機関に、NISA口座（少額投資非課税制度における非課税口座）を開設した場合、特定口座内の株式投資信託をNISA口座に移管することができる。

41　☑☑☑　重要度 A　　　　　　　　　　　　　　　　　[2021年5月]

つみたてNISA、2024年以降の新NISAのつみたて投資枠において、国債や社債は投資対象商品ではない。

3 が正しい　　　　　　　　　　　　　　　　　　テキスト3章　P228

なお、預入時に為替予約をしている場合、**20.315％の源泉分離課税**の対象となります。

　　　　　　　　　　　　　　　　　　　　　　　　テキスト3章　P232

NISA口座は基本的に**新たな投資資金を呼び込むことを目的**としていますので、特定口座の株式、株式投資信託をNISAに移管することはできません。

　　　　　　　　　　　　　　　　　　　　　　　　テキスト3章　P237-239

NISA（一般NISA、つみたてNISA）、新NISA（成長投資枠、つみたて投資枠）ともに、リスク資産による資産形成を促す制度ですので、相対的にリスクが低い資産とされる**債券や公社債投資信託は対象外**です。
なお、つみたてNISA、2024年以降の新NISAのつみたて投資枠は、**長期、積立、分散に適した公募株式投資信託、ETFが対象**です。

42 ☑☑☑ [2019年1月]

2024年以降の新NISAのつみたて投資枠に受け入れることができる限度額は年間（　）である。

1）40万円
2）120万円
3）240万円

43 ☑☑☑ [2019年1月]

NISA口座、新NISA口座内で生じた上場株式等の譲渡益や配当金等を非課税とするためには、所得税の確定申告が必要となる。

44 ☑☑☑ [2021年1月]

所得税において、NISA口座、新NISA口座内で生じた上場株式の譲渡損失の金額は、特定口座内の上場株式の譲渡益の金額と損益を通算することができる。

45 ☑☑☑ [2021年1月]

追加型株式投資信託を基準価額1万4,000円で1万口購入した後、最初の決算時に1万口当たり300円の収益分配金が支払われ、分配落ち後の基準価額が1万3,800円となった場合、その収益分配金のうち、普通分配金は（①）であり、元本払戻金（特別分配金）は（②）である。

1）① 0円　　② 300円
2）① 100円　② 200円
3）① 200円　② 100円

2 が正しい　　　　　　　　　　　　　　　　テキスト3章　P239

2024年以降の新NISAの年間投資上限額は、つみたて投資枠は120万円、成長投資枠は240万円です。

　　　　　　　　　　　　　　　　　　　テキスト3章　P237-239

NISA口座、新NISA口座における売却益、配当金、分配金は**確定申告をしなくても非課税**となります。

　　　　　　　　　　　　　　　　　　　テキスト3章　P237-239

NISA口座、新NISA口座で発生した**利益もゼロ**と扱いますが、**損失もゼロ**と扱います。
したがって、NISA口座、新NISA口座で保有する上場株式の譲渡損失が発生しても、他の上場株式等の譲渡益と損益通算できません。

---

2 が正しい　　　　　　　　　　　　　　　　テキスト3章　P235-236

普通分配金とは**収益部分**からの分配金、**元本払戻金**（特別分配金）とは収益部分ではない分配金（文字通り**元本の払戻し**）をいいます。
設問の場合、14,000円で購入した投資信託から300円の分配金を受け取り、その後の基準価額が13,800円になったということは、200円（＝14,000円－13,800円）が元本の払戻しであることが分かります。
したがって、普通分配金が100円（＝300円－200円）、元本払戻金が200円となります。

ポートフォリオ理論とデリバティブ

46 ☑☑☑ 重要度 C [2019年1月]

A資産の期待収益率が2.0%、B資産の期待収益率が4.0%の場合に、A資産を40%、B資産を60%の割合で組み入れたポートフォリオの期待収益率は、（　　）となる。

1）1.6%
2）3.0%
3）3.2%

47 ☑☑☑ 重要度 A [2019年5月]

2資産で構成されるポートフォリオにおいて、2資産間の相関係数が1である場合、ポートフォリオのリスク低減効果は最大となる。

48 ☑☑☑ 重要度 A [2018年9月]

2資産で構成されるポートフォリオにおいて、2資産間の相関係数が（ ① ）である場合、両資産が（ ② ）値動きをするため、理論上、分散投資によるリスク低減効果が得られない。

1）① －1　② 逆の
2）① 0　　② 同じ
3）① ＋1　② 同じ

3 が正しい   テキスト 3 章 P240-241

ポートフォリオ全体の期待収益率は、加重平均（**投資割合×収益率を合計**）で求めます。

40％×2.0％＋60％×4.0％＝3.2％

分からなくなったら、100万円のうち、Aに40万円投資して収益率2％、Bに60万円投資して収益率4％と考えましょう。

Aの収益は40万円×2％＝0.8万円、Bの収益は60万円×4％＝2.4万円、合計0.8万円＋2.4万円＝3.2万円ですので、収益率は3.2％となります。

×   テキスト 3 章 P242

相関係数「1」は**全く同じ値動き**であるため、分散投資によるリスク低減効果はありません。

相関係数「－1」は**全く逆の値動き**であるため、分散投資によるリスク低減効果は最大となります。

---

3 が正しい   テキスト 3 章 P242

相関係数「1」は**全く同じ値動き**であるため、分散投資によるリスク低減効果は**ありません。**

相関係数「－1」は**全く逆の値動き**であるため、分散投資によるリスク低減効果は**最大**となります。

なお、相関係数「0」は値動きに**全く相関性がない**ため、分散投資による一定のリスク低減効果があります。

49 [2021年9月]

オプション取引において、特定の商品を将来の一定期日にあらかじめ決められた価格で買う権利のことを（①）・オプションといい、他の条件が同じであれば、一般に、満期までの残存期間が長いほど、プレミアム（オプション料）は（②）なる。

1) ① コール　② 高く
2) ① コール　② 低く
3) ① プット　② 低く

1 が正しい

テキスト3章　P243

①買う権利を「**コール・オプション**」、「売る権利」を「**プット・オプション**」といいます。

②残存期間が長いほど、**収益機会が多く、価値が高い**ため、プレミアムは**高く**なります。

以上より、正解は1.となります。

実技試験[日本FP協会] 資産設計提案業務

第1問　☑☑☑　重要度 Ｂ　　　　　　　　　[2019年5月]

下記は、経済用語についてまとめた表である。下表の（ア）～（ウ）に入る用語として、最も不適切なものはどれか。

経済用語	主な内容
（ア）	生産、雇用などの経済活動状況を表すさまざまな指標の動きを統合して、景気の現状把握や将来の動向を予測するために内閣府が公表している指標である。
（イ）	消費者が購入するモノやサービスなどの物価の動きを把握するための統計指標で、総務省から毎月公表されている。
（ウ）	企業間で取引される商品の価格変動に焦点を当てた指標であり、日本銀行が公表している。国際商品市況や外国為替相場の影響を受けやすい傾向がある。

1．空欄（ア）：「景気動向指数」
2．空欄（イ）：「消費者態度指数」
3．空欄（ウ）：「企業物価指数」

正解　**2**　が不適切　　　　　　　　　　テキスト3章　P163-165

この問題は、主な内容のキーワードを拾うと正解を連想できます。

1．適切　**「景気」「動向」「指標」**→景気動向指数。内閣府が毎月公表しています。

2．**不適切**　**「消費者」「物価」「指標」**→消費者物価指数。総務省が毎月公表しています。

3．適切　**「企業間」「商品」「価格」**→企業物価指数。日本銀行が毎月公表しています。

第2問   [2021年9月]

大地さんは、老後に備え財形年金貯蓄制度を利用している。そこで財形年金貯蓄制度について理解を深めておこうと思い、FPの唐沢さんに質問をした。財形年金貯蓄制度に関する次の記述のうち、最も不適切なものはどれか。

1. 貯蓄型の財形年金貯蓄（銀行、証券会社などの財形年金貯蓄）は、財形住宅貯蓄と合わせて元本550万円までの利子等が非課税となる。
2. 財形年金貯蓄制度は金融機関を通じて1人2契約まで契約することが可能である。
3. 財形年金貯蓄制度の積立期間は5年以上必要である。

正解 **2** が不適切   テキスト3章　P193

1. 適切　なお、保険型の場合、財形年金貯蓄は払込保険料**385万円**まで、かつ財形住宅貯蓄と合わせて払込保険料**550万円**までの利子等が非課税となります。

2. **不適切**　財形年金貯蓄は**1人1契約**に限られます。

3. 適切　なお、財形住宅貯蓄の積立期間も**5年**以上必要ですが、要件を満たす住宅購入等のためであれば、5年未満でも払出しできます。

第3問 [2019年5月]

下記は、個人向け国債についてまとめた表である。下表の（ア）〜（ウ）に入る語句として、正しいものはどれか。

償還期限	10年	5年	3年
金利	変動金利	固定金利	固定金利
発行月（発行頻度）	毎月（年12回）		
購入単位	（ア）単位		
利払い	（イ）ごと		
金利設定方法	基準金利×0.66	基準金利－0.05％	基準金利－0.03％
金利の下限	0.05％		
中途換金	原則として、発行から（ウ）経過しなければ換金できない。		

1. 空欄（ア）：「1万円」
2. 空欄（イ）：「1年」
3. 空欄（ウ）：「2年」

正解　1　が正しい　　テキスト3章　P197

1. **正しい**　いずれも額面**1万円**単位で購入できます。
2. 誤り　いずれも利払いは**半年ごと**（年2回）行われます。
3. 誤り　いずれも原則として発行から**1年間**は換金できません。

10年もの、5年もの、3年ものの共通点、相違点を整理しておきましょう。

第4問 重要度 A [2020年9月]

下記＜資料＞に基づくMX株式会社の投資指標に関する次の記述のうち、最も不適切なものはどれか。なお、購入時の手数料および税金は考慮しないこととし、計算結果については表示単位の小数点以下第3位を四捨五入すること。

＜資料：MX株式会社に関するデータ＞

株価	1,600円
1株当たり純利益（今期予想）	240円
1株当たり純資産	2,000円
1株当たり年間配当金（今期予想）	25円

1. 株価収益率（PER）は、15％である。
2. 株価純資産倍率（PBR）は、0.8倍である。
3. 配当利回りは、1.56％である。

正解 1 が不適切　テキスト3章 P210-212

1. **不適切**　PER（株価収益率）は「**株価÷1株当たり純利益**」で求めます。1,600円÷240円≒6.67（倍）。「ピカイチ（P＝株÷1）」の「1株当たり当期純利益」を使う方です。

2. 適切　PBR（株価純資産倍率）は「**株価÷1株当たり純資産**」で求めます。1,600円÷2,000円＝0.8（倍）。「ピカイチ（P＝株÷1）」の「1株当たり純資産」を使う方です。

3. 適切　配当利回りは「**1株当たり年間配当金÷株価×100（％）**」で求めます。25円÷1,600円×100≒1.56％。

 レック先生のワンポイント

PER、PBR、配当利回り、配当性向ともに、頭文字が分子です。PER・PBRは「株価（P）÷●●」、配当利回り、配当性向は「(1株)配当金÷●●」となります。

第5問

[2021年1月]

下記＜資料＞に関する次の記述の空欄（ア）、（イ）にあてはまる数値または語句の組み合わせとして、正しいものはどれか。なお、空欄（ア）の解答に当たっては、小数点以下第2位を四捨五入するものとする。

＜資料＞

20XX年12月期　決算短信〔日本基準〕（連結）

20XX年2月3日

上場会社名	TY株式会社	上場取引所　東
コード番号	XXXX	URL https://www.xxx.xx.jp/
代表者	（役職名）代表取締役	（氏名）●●●●
問合せ先責任者	（役職名）●●●●	（氏名）●●●●　TEL XX-XXXX-XXXX

（省略）

1. 20WW年12月期の連結業績（20WW年1月1日～20WW年12月31日）
   (1) 連結経営成績
       （省略）
   (2) 連結財政状態
       （省略）
   (3) 連結キャッシュ・フローの状況
       （省略）

2. 配当の状況

	年間配当金					配当金総額（合計）	配当性向（連結）	純資産配当率（連結）
	第1四半期末	第2四半期末	第3四半期末	期末	合計			
	円 銭	円 銭	円 銭	円 銭	円 銭	百万円	％	％
20VV年12月期	—	0.00	—	85.00	85.00	16,116	48.0	7.3
20WW年12月期	—	0.00	—	110.00	110.00	20,856	47.9	8.5
20XX年12月期（予想）		0.00	—	115.00	115.00		50.1	

※当社は、20XX年4月1日を効力発生日として、普通株式1株につき2株の割合で株式分割を実施しております。

3. 20XX年12月期の連結業績予想（20XX年1月1日～20XX年12月31日）

（％表示は、通期は対前期、四半期は対前年同四半期増減率）

	売上高		営業利益		経常利益		親会社株主に帰属する当期純利益		1株当たり当期純利益
	百万円	％	百万円	％	百万円	％	百万円	％	円 銭
第2四半期（累計）	452,000	0.4	36,000	6.3	36,520	5.2	24,530	4.3	129.38
通　期	864,000	△2.5	63,700	2.4	64,600	1.4	43,530	0.1	229.59

・この企業の株価が5,500円である場合、20XX年12月期の連結業績予想におけるPER（株価収益率）は（ ア ）倍である。
・この企業の20XX年12月期の連結決算予想では、配当性向（連結）は前期より（ イ ）している。

1. （ア）21.3 （イ）上昇
2. （ア）24.0 （イ）上昇
3. （ア）24.0 （イ）低下

正解 **2** が正しい　　　　　　　　テキスト3章　P210-212

（ア）PER（株価収益率）は利益から見た株価水準を評価する数値で、「**株価÷1株当たり当期純利益**」で求めます。2020年12月期の1株当たり当期純利益は資料の一番右下に229.59円とありますので、5,500÷229.59≒24.0（小数点以下第2位四捨五入）です。「ピカイチ（ピ＝カ÷イチ」で覚えましょう。同業種や過去の数値と比較して、数値が小さいほど、株価が割安と判断できます。

（イ）配当性向は利益の株主への還元割合を表す数値で、「**配当金÷当期純利益×100（%）**」で求めます。「2. 配当の状況」の右から2列目に書いてあり、2020年12月期の配当性向50.1%は前期（47.9%）より上昇しています。数値が大きいほど、配当による株主への還元が大きいと判断できます。

以上より、正解は2.となります。

第6問 [2020年1月]

下記は、2024年以降の新NISAについてまとめた表である。下表の空欄（ア）～（ウ）に入る語句として、最も不適切なものはどれか。

	成長投資枠	つみたて投資枠
口座開設者	口座を開設する年の1月1日時点で18歳以上の居住者等 成長投資枠とつみたて投資枠は同時に利用（ア）	
年間投資上限額	２４０万円	（イ）
生涯非課税限度額	（ウ）	
対象となる金融商品	上場株式、公募株式投資信託等	長期の積立・分散投資に適した一定の投資信託

1．空欄（ア）：「可能」
2．空欄（イ）：「４０万円」
3．空欄（ウ）：「１，８００万円」

正解 **2** が不適切　　テキスト3章 P239

1．適切
2．**不適切**
3．適切

成長投資枠とつみたて投資枠は**同時に利用できます**（選択肢1）。
年間投資上限額は成長投資枠240万円、つみたて投資枠は120万円です（選択肢2）。
生涯非課税限度額は1,800万円（選択肢3）（うち成長投資枠は1,200万円）です。

第7問   ［2020年9月］

会社員の湯本さんは、FPの牧村さんに、2024年以降の新NISAの特徴や注意点について質問をした。次の牧村さんの回答のうち、最も不適切なものはどれか。

1. 「新NISAの成長投資枠では、上場株式を投資対象とすることができます。」
2. 「新NISAのつみたて投資枠は、個人向け国債を投資対象とすることができます。」
3. 「新NISAの成長投資枠やつみたて投資枠で売却損が出た場合、一般口座で生じた売却益などと相殺することができないため注意が必要です。」

正解 **2** が不適切　　　　　　　　　　　テキスト3章　P237-239

1. 適切
2. **不適切**
3. 適切

新NISAの成長投資枠とつみたて投資枠ともに、**株式投資信託やETFは対象**となりますが、**債券や公社債投資信託は対象外**（選択肢2）です。なお、**成長投資枠では上場株式やJ-REITは対象**（選択肢1）ですが、**つみたて投資枠では対象外**です。いずれも配当・分配・売却益は非課税ですが、損失があっても**損益通算できません**（選択肢3）。

第8問  [2021年1月]

下記は、投資信託の費用についてまとめた表である。下表の空欄（ア）～（ウ）に入る語句として、最も不適切なものはどれか。

投資信託の費用	主な内容
購入時手数料	投資信託の購入時に支払う費用。購入時手数料が徴収されない（ア）と呼ばれる投資信託もある。
運用管理費用（信託報酬）	運用のための費用や情報開示のための資料作成・発送、資産の保管・管理などの費用として徴収される。信託財産の残高から、（イ）、差し引かれる。
（ウ）	投資家間の公平性を保つために、一般的に、解約の際に徴収される。投資信託によっては差し引かれないものもある。

1. 空欄（ア）：ノーロード型
2. 空欄（イ）：日々
3. 空欄（ウ）：収益分配金

正解 3 が不適切　　　　　　　　　　　　　テキスト3章 P217

1. **適切**　なお、つみたてNISA（2024年以降は新NISAのつみたて投資枠）で購入できる公募株式投資信託は**ノーロード型**です（販売手数料がかからない、とも表現されます）。

2. **適切**　購入時手数料は**購入時**のみですが、信託報酬は**日々**差し引かれます。一般に、パッシブ運用の投資信託の方がアクティブ運用の投資信託に比べて**低く**設定されています。

3. **不適切**　信託財産留保額です。解約時等の換金費用を自ら負担することで、投資信託を保有し続ける投資家に負担をかけないためのコストです。

第9問　　　［2021年5月］

下記＜資料＞は、HXファンドの販売用資料（一部抜粋）である。この投資信託に関する次の記述のうち、最も適切なものはどれか。

＜資料＞

```
          HXファンド                          販売用資料
         （毎月分配型）                        20XX.04
       追加型投信／内外／資産複合

                              複数の資産（債券、株式、REIT）に分散
                              投資し、信託財産の成長と安定した収益
                              の確保をめざして運用を行います。

（省略）

≪ファンドに係る費用・税金≫
  購入時手数料：2.20％（税抜2.00％）
  運用管理費用（信託報酬）：純資産総額に対し年率1.65％（税抜1.50％）

  信託財産留保額：ありません。

（省略）
```

1. HXファンドは、国内および海外の資産を投資対象としている。
2. HXファンドは、NISA、新NISAで購入することはできない。
3. HXファンドを購入する際、投資家が支払う購入代金は

「$\dfrac{基準価額（1万口当たり）}{1万口}$×購入口数＋購入時手数料（税込）＋運用管理費用（税込）」である。

正解　1　が適切　　　　　　　　　　　テキスト3章　P217-218

1. **適切**　＜資料＞に「内外」とありますので、**国内および海外の資産を投資対象**とすることが分かります。

2. **不適切**　＜資料＞に「**複数の資産（債券、株式、REIT）に分散投資し、**」とあるため、**株式投資信託**であることが分かります。**株式投資信託はNISA、新NISAで購入できます。**

3. **不適切**　投資家が購入する際に支払う代金は、基準価額（1万口当たり）÷1万口×購入口数＋購入時手数料（税込）です。**運用管理費用**は保有期間中に信託財産から日々差し引かれます。

第10問

[2022年1月]

福岡さんはQS投資信託を新規募集時に1,000万口購入し、特定口座(源泉徴収口座)で保有して収益分配金を受け取っている。下記<資料>に基づき、福岡さんが保有するQS投資信託に関する次の記述の空欄(ア)、(イ)にあてはまる語句の組み合わせとして、正しいものはどれか。

<資料>

[QS投資信託の商品概要(新規募集時)]
投資信託の分類:追加型／国内／株式／特殊型(ブル・ベア型)
決算および収益分配:毎年4月25日(休業日の場合には翌営業日)
申込価格:1口当たり1円
申込単位:1万口以上1口単位
基準価額:当ファンドにおいては、1万口当たりの価額で表示
購入時手数料:購入金額に対して1.6％(税込み)
運用管理費用(信託報酬):純資産総額に対し年0.8％(税込み)
信託財産留保額:1万口につき解約請求日の翌営業日の基準価額に0.3％を乗じた額

[福岡さんが保有するQS投資信託の収益分配金受取時の運用状況(1万口当たり)]
収益分配前の個別元本:9,400円
収益分配前の基準価額:10,000円
収益分配金:1,000円
収益分配後の基準価額:9,000円

- 福岡さんが、QS投資信託を新規募集時に1,000万口購入した際に、支払った購入時手数料(税込み)は、(ア)である。
- 収益分配時に、福岡さんに支払われた収益分配金のうち600円(1万口当たり)は(イ)である。

1. (ア)240,000円　(イ)普通分配金
2. (ア)160,000円　(イ)元本払戻金(特別分配金)
3. (ア)160,000円　(イ)普通分配金

正解 **3** が正しい　　　　　　　　　　　　　　テキスト3章　P217、P220-222

（ア）1,000万口（1,000万円）購入した場合の購入時手数料は、**1,000万円×1.6%＝160,000円**となります。

（イ）1万口当たりの個別元本9,400円、分配前の基準価額10,000円（**分配前の段階で10,000円－9,400円＝600円の収益**）、収益分配金1,000円ですので、収益部分の分配金（**普通分配金**）が**600円**、収益部分以外の分配金（**元本払戻金**）が**400円**となります。

以上より、正解は3.となります。

第11問　[2022年5月]

下記＜資料＞の外貨定期預金について、満期時の外貨ベースの元利合計額を円転した金額として、正しいものはどれか。なお、計算結果（円転した金額）について円未満の端数が生じる場合は切り捨てること。また、税金については考慮しないこととする。

＜資料＞
- 預入額：10,000NZドル
- 預入期間：12ヵ月
- 預金金利：0.45％（年率）
- 為替レート（1NZドル）

	TTS	TTM（仲値）	TTB
満期時	77.90円	77.40円	76.90円

注：利息の計算に際しては、預入期間は日割りではなく月割りで計算すること。

1. 782,505円
2. 777,483円
3. 772,460円

正解 3 が正しい　　　テキスト3章　P225

第1ステップ　外貨建ての利息を求めます。
外貨定期預金に10,000NZドルを預け入れ、**12カ月にわたり年利0.45％**で運用した場合に得られる外貨建ての利息は10,000NZドル×0.45％＝45NZドルとなります。

第2ステップ　元本と税引き後の利息を円転します（**TTB**レートを使用）。
10,045NZドルを円に戻すときのレートはTTBですので、
円転した金額は10,045NZドル×76.90円／NZドル＝772,460円（円未満切り捨て）となり、正解は3.となります。

第12問

[2019年1月]

下記＜資料＞は、福岡さんと杉田さんがQA銀行（日本国内に本店のある普通銀行）で保有している金融商品の時価の一覧表である。仮にQA銀行が破綻した場合、この時価に基づいて預金保険制度によって保護される金額に関する次の記述のうち、正しいものはどれか。

＜資料＞　　　　　　　　　　　　　　　（単位：万円）

	福岡さん	杉田さん
普通預金	700	180
定期預金	350	300
外貨預金	230	150
株式投資信託	150	300
個人向け国債	500	200

※福岡さんおよび杉田さんともに、QA銀行からの借入れはない。
※預金の利息については考慮しないこととする。
※普通預金は決済用預金ではない。

1．福岡さんの金融商品のうち、保護される金額の合計は1,050万円である。
2．福岡さんの金融商品のうち、保護される金額の合計は1,000万円である。
3．杉田さんの金融商品のうち、保護される金額の合計は680万円である。

正解 **2** が正しい　　　　　　テキスト3章　P176-177

1. 誤り
2. 正しい
3. 誤り

決済用預金は**全額**、預金保険で補償されます（設問ではありません）。
外貨預金は、預金保険で**補償されません。**
その他の付保対象預金は、1預金者当たり**元本1,000万円**とその利息まで補償されます。

なお、**株式投資信託、個人向け国債**は「預金」ではないため、補償されません。以上より、預金保険制度で保護される金額は、

福岡さんは普通預金700万円＋定期預金350万円＝1,050万円→1,000万円。杉田さんは普通預金180万円＋定期預金300万円＝480万円となります。

レック先生のワンポイント

預金保険制度の対象となる預金の種類と保護される額、また保護の対象外となる預金について整理しておきましょう。

3 章 ● 金融資産運用

実技試験

【日本 FP 協会】 資産設計提案業務

実技試験［金財］ 個人資産相談業務

第1問 [2021年1月 個人]

次の設例に基づいて、下記の各問（《問1》〜《問3》）に答えなさい。

《設例》

　会社員のAさん（30歳）は、株式や投資信託による運用を考えている。Aさんは、先日、会社の上司から「私は配当金と株主優待を目的に上場企業の株式を10銘柄以上保有している。投資未経験のAさんの場合、最初はNISAがいいのではないか」と言われた。

　そこで、Aさんは、金融機関に勤務するファイナンシャル・プランナーのMさんに相談することにした。Mさんは、Aさんに対して、X社株式（東京証券取引所プライム市場上場）およびY投資信託を例として、説明を行うことにした。

＜X社に関する資料＞

総資産	1兆6,000億円
自己資本（純資産）	9,600億円
当期純利益	1,200億円
年間配当金総額	450億円
発行済株式数	3億株
株価	4,000円
決算期	3月31日

※決算期：2024年2月29日（木）（配当の権利が確定する決算期末）

＜Y投資信託（公募株式投資信託）に関する資料＞
銘柄名：日経225インデックスファンド（つみたてNISA（2024年以降は新NISA
のつみたて投資枠）の対象商品）

投資対象地域／資産	：国内／株式
信託期間	：無期限
基準価額	：13,000円（1万口当たり）
決算日	：年1回（9月10日）
購入時手数料	：なし
運用管理費用（信託報酬）	：0.187％（税込）
信託財産留保額	：なし

※上記以外の条件は考慮せず、各問に従うこと。

| 問1 | ☑☑☑ | 重要度 A |

はじめに、Mさんは、X社株式の投資指標および投資の際の留意点について説明した。MさんのAさんに対する説明として、次のうち最も適切なものはどれか。

1)「＜X社に関する資料＞から算出されるX社のROEは、12.5％です。」
2)「＜X社に関する資料＞から算出されるX社株式の配当利回りは、37.5％です。」
3)「Aさんは、権利付き最終日である2024年2月29日（木）までにX社株式を買付約定（購入）すれば、X社株式の次回の期末配当を受けることができます。」

正解 **1** が適切　　　　　　　　　テキスト3章　1) 2) P211-212、3) P207

1) **適切**　ROE（自己資本利益率）は「**当期純利益÷自己資本×100（％）**」で求めます。1,200億円÷9,600億円×100＝12.5％。PER、PBR、ROEの計算式について、頭文字が分子と覚えましょう。ROEではRは「利益またはリターン」が分子、分母は自己資本です。

2) **不適切**　配当利回りは「**1株年間配当金÷株価×100**」となります。（450億円÷3億株）÷4,000円×100＝3.75％。配当利回りも頭文字が「分子」となります（1株）配当金が分子、分母は株価です。

利回りとは「1年間の利益」を投資金額で割った数値（％）です。配当利回りは1株年間配当金÷株価×100、債券の利回りは（1年当たりの利息＋1年当たりの売却・償還損益）÷買付価格×100で求めます。

3) **不適切**　期末配当や株主優待を受け取るには、**権利確定日から起算して3営業日前**（つまり2営業日前）までに株式を購入することが必要です。なお、購入・売却の決済も**当日から起算して3営業日後**（つまり2営業日後）に行われます。

問2 ☑☑☑ 重要度 A

次に、Мさんは、Y投資信託について説明した。МさんのAさんに対する説明として、次のうち最も適切なものはどれか。

1) 「Y投資信託のベンチマークである日経平均株価は、東京証券取引所プライム市場に上場している内国普通株式の全銘柄を対象とする時価総額加重型の株価指標です。」
2) 「つみたてNISA（2024年以降は新NISAのつみたて投資枠）の対象となる投資信託は、Y投資信託のような投資対象地域を日本国内とする投資信託に限定されており、海外を投資対象地域とする投資信託は対象となっていません。」
3) 「つみたてNISA（2024年以降は新NISAのつみたて投資枠）の対象となる公募株式投資信託は、Y投資信託のように、購入時手数料がゼロであることが要件の1つとなっています。」

正解 **3** が適切 テキスト3章 1) P208、2) 3) P237-239

1) **不適切** 日経平均株価は東京証券取引所**プライム市場**に上場する**225銘柄**を対象とする修正平均型の株価指数です。東京証券取引所**プライム市場**に上場する内国普通株式**全銘柄**を対象とする時価総額加重型の株価指数は東証プライム市場指数です。

2) **不適切** つみたてNISA（2024年以降は新NISAのつみたて投資枠）の対象となる投資信託は、長期・分散・積立投資に適した一定要件を満たす**公募株式投資信託**または**ETF**であり、海外を投資対象とする投資信託も対象となっています。

3) **適切** つみたてNISA（2024年以降は新NISAのつみたて投資枠）の対象となる公募株式投資信託の要件には「**購入時手数料がかからない**」「信託報酬が一定以下」「毎月分配型ではない」等があります。

問3 重要度

最後に、MさんはAさんに、2024年以降の新NISAの成長投資枠およびつみたて投資枠についてアドバイスした。MさんのAさんに対するアドバイスとして、次のうち最も適切なものはどれか。

1)「つみたて投資枠NISAでは、年間投資上限額は120万円です。」
2)「X社株式を購入する場合、成長投資枠を利用することが考えられますが、成長投資枠とつみたて投資枠は、同一年中において、併用して新規投資等に利用することはできません。」
3)「仮に、Aさんがつみたて投資枠で購入した公募株式投資信託を解約（売却）した場合、譲渡益に対して20.315％相当額が源泉徴収等されます。」

正解 **1** が適切 テキスト3章 P237-239

1) **適切**　なお、成長投資枠の年間投資上限額は**240万円**です。

2) **不適切**　成長投資枠とつみたて投資枠は**同一年中に併用して新規投資でき**ます。

3) **不適切**　新NISAでの譲渡益、分配金はともに**非課税**です。

第2問
[2019年1月 個人]

次の設例に基づいて、下記の各問（《問1》～《問3》）に答えなさい。

《設 例》

会社員のAさん（30歳）は、将来に向けた資産形成のため、株式や投資信託によって積極的に運用したいと考えている。Aさんは、これまで預貯金以外の金融商品を利用した経験がなく、ニュース番組等で見聞きする日経平均株価などの株価指数やPERなどの投資指標について理解しておきたいと思っている。

Aさんは、X社株式（東京証券取引所プライム市場上場）を購入したいと考えているが、友人が保有している上場不動産投資信託（J-REIT）にも興味を持っている。そこで、Aさんは、ファイナンシャル・プランナーのMさんに相談することにした。

X社に関する資料は、以下のとおりである。

＜X社に関する資料＞

総資産	2,000億円
自己資本（純資産）	600億円
当期純利益	45億円
年間配当金総額	18億円
発行済株式数	6,000万株
株価	1,200円
決算期	2月末

※上記以外の条件は考慮せず、各問に従うこと。

問1　重要度 B

はじめに、Mさんは、株価指数について説明した。MさんのAさんに対する説明として、次のうち最も適切なものはどれか。

1）「東証プライム市場指数は、東京証券取引所プライム市場に上場している内国普通株式全銘柄を対象とする株価指数です。時価総額の大きい銘柄（大型株）の値動きの影響を受けやすいという特徴があります。」

2）「日経平均株価は、東京証券取引所プライム市場に上場している代表的な400銘柄で構成される修正平均型の株価指数です。株価水準の高い銘柄（値がさ株）の値動きの影響を受けやすいという特徴があります。」

3）「ダウ・ジョーンズ工業株価平均（ダウ平均株価）は、ニューヨーク証券取引所に上場している全銘柄で構成される修正平均型の株価指数です。分散投資の観点から、ダウ平均株価に連動する投資信託を購入することも検討事項の1つです。」

正解　1　が適切　テキスト3章　P208-209

1) **適切**　東証プライム市場指数は、東京証券取引所**プライム市場**に上場する内国普通株式**全銘柄**を対象とする時価総額加重型の株価指数です。**時価総額の大きい**銘柄の値動きの影響を受けやすい特徴があります。

2) **不適切**　日経平均株価は、東京証券取引所**プライム市場**に上場する**225銘柄**を対象とする修正平均型の株価指数です。**株価水準の高い銘柄**の値動きの影響を受けやすい特徴があります。

3) **不適切**　ダウ・ジョーンズ工業株価（ダウ平均株価）は、**ニューヨーク証券取引所およびナスダック証券取引所**に上場する**30銘柄**で構成される修正平均型の株価指数です。

問 2 ☑☑☑ 重要度

次に、Mさんは、株式の投資指標について説明した。MさんのAさんに対する説明として、次のうち最も不適切なものはどれか。

1) 「PERは、株価が1株当たり当期純利益の何倍であるかを示す指標です。＜X社に関する資料＞から算出されるX社のPERは、16倍です。」
2) 「ROEは、総資産（総資本）に対する当期純利益の割合を示す指標です。＜X社に関する資料＞から算出されるX社のROEは、2.25％です。」
3) 「＜X社に関する資料＞から算出される投資指標の数値は、同業他社の数値やX社の過去の傾向などと比較して、投資判断材料の1つとすることをお勧めします。」

正解 **2** が不適切　　　　　　　　　　テキスト3章　P210-211

1) 適切　PER（株価収益率）は「**株価÷1株当たり当期純利益**」で求めます。1,200円÷（45億円÷0.6億株）＝16倍。この計算式は「価格÷価値」であり、「価格（分子）が低く、価値（分母）が高い」、つまり**数値が低いほど割安**と判断されます。

2) 不適切　ROE（自己資本利益率）は「**当期純利益÷自己資本×100（％）**」で求めます。45億円÷600億円×100＝7.5％。2.25％となるのは、総資本（総資産）当期純利益率です（45億円÷2,000億円×100）。

3) 適切　投資指標は絶対評価ではなく、同業他社との比較、過去との比較等による、1つの判断材料として活用します。

| 問3 | | 重要度 |

最後に、Mさんは、上場不動産投資信託（J-REIT）についてアドバイスした。MさんのAさんに対するアドバイスとして、次のうち最も適切なものはどれか。

1) 「上場不動産投資信託（J-REIT）は、複数の不動産会社の株式を主たる投資対象とする投資信託です。不動産会社の株式を直接購入するよりも、リスクを分散することができます。」
2) 「上場不動産投資信託（J-REIT）は、上場株式と同様に証券取引所を通じて取引することができます。実物不動産への投資に比べて、流動性（換金性）が高い、少額から投資ができる等の特徴があります。」
3) 「上場不動産投資信託（J-REIT）の分配金は、不動産所得として課税の対象となります。当該金額が年間20万円を超える場合は、所得税の確定申告をする必要があります。」

正解 2 が適切　　　　　　　　　　　テキスト3章　P221-222

1) **不適切**　上場不動産投資信託の投資対象は不動産会社の株式ではなく、**不動産**です。

2) **適切**　上場不動産投資信託は**証券取引所に上場**しており、上場株式と同様に取引できます。

3) **不適切**　上場不動産投資信託の分配金は**配当所得**となります。なお、特定口座（源泉徴収口座）やNISA口座で取引している場合は申告は必要ありませんが、特定口座（簡易申告口座）や一般口座で取引する給与所得者等は、給与所得、退職所得以外の所得金額が**20万円を超える**場合は確定申告が必要となります。

| 第3問 | [2022年9月 個人] |

次の設例に基づいて、下記の各問（《問1》～《問3》）に答えなさい。

《設 例》

　会社員のAさん（45歳）は、妻Bさん（44歳）および長男Cさん（17歳）との3人暮らしである。長男Cさんが通う高校では資産形成についての授業が行われており、株式や投資信託の基本的な仕組みを学んだ長男Cさんは、将来、株式や投資信託に投資をしてみたいと考えるようになった。Aさんは、投資に関心を持ち始めた長男Cさんと一緒に、銘柄を選ぶ際の判断基準や取引のルール等について理解したいと考えている。

　そこで、Aさんは、長男Cさんを連れて、懇意にしているファイナンシャル・プランナーのMさんを訪ねることにした。Mさんは、来訪したAさんと長男Cさんに対して、X社株式（東京証券取引所上場銘柄）とY投資信託を例として、株式や投資信託に投資する際の留意点等について説明を行った。

＜X社に関する資料＞

総資産	2,500億円
自己資本（純資産）	1,500億円
当期純利益	120億円
年間配当金総額	36億円
発行済株式数	1億株
株価	1,800円

※決算期：2023年11月30日（木）（配当の権利が確定する決算期末）

＜Y投資信託（公募株式投資信託）に関する資料＞

銘柄名	： 日経225インデックス
投資対象地域／資産	： 国内／株式
信託期間	： 無期限
基準価額	： 13,000円（1万口当たり）
決算日	： 年1回（10月20日）
購入時手数料	： なし
運用管理費用（信託報酬）	： 0.187％（税込）
信託財産留保額	： なし

※上記以外の条件は考慮せず、各問に従うこと。

| 問1 | | 重要度 |

はじめに、Mさんは、＜X社に関する資料＞から算出されるX社株式の投資指標について説明した。MさんのAさんおよび長男Cさんに対する説明として、次のうち最も適切なものはどれか。

1) 「X社株式のPERは15倍です。一般に、PERが高いほど株価は割高、低いほど株価は割安と判断されます。」
2) 「X社のROEは8％です。一般に、ROEが低い会社ほど、資産の効率的な活用がなされていると考えることができます。」
3) 「X社の配当性向は2％です。一般に、配当性向が高いほど、株主への利益還元の度合いが高いと考えることができます。」

正解 **1** が適切　　　　　　　　　　　テキスト3章　P210-212

1) **適切**　PER（株価収益率）は「**株価÷1株当たり当期純利益**」で求めます。1,800円÷（120億円÷1億株）＝15倍。この計算式は「価格÷価値」と捉えられ、「価格（分子）が低く、価値（分母）が高い」、つまり**数値が低いほど割安**と判断されます。

2) **不適切**　ROE（自己資本利益率）は「**当期純利益÷自己資本×100（％）**」で求めます。120億円÷1,500億円×100＝8％。この計算式は「利益÷元手」と捉えられ、「少ない元手（分母）で多くの利益（分子）を上げている（**ROEが高い**）ほど、**自己資本を効率的に活用して、利益を上げている**と考えられます。

3) **不適切**　配当性向は「**年間配当金総額÷当期純利益×100（％）**」で求めます。36億円÷120億円×100＝30％。**配当利回り（1株当たり年間配当金÷株価×100（％））**との違いを整理しておきましょう。

問2 ☑☑☑ 重要度 **B**

次に、Mさんは、X社株式を売買する場合の留意点等について説明した。Mさんの
Aさんおよび長男Cさんに対する説明として、次のうち最も不適切なものはどれ
か。

1) 「証券取引所における株式の売買注文の方法のうち、成行注文は、希望する
   売買価格を明示せず、希望する銘柄、売り買いの別および数量を指定して
   注文する方法です。成行注文は、指値注文に優先して売買が成立します。」

2) 「権利付き最終日である2023年11月30日（木）までに、X社株式を買付約
   定（購入）すれば、X社株式の次回の期末配当を受け取ることができます。」

3) 「仮に、特定口座（源泉徴収あり）でX社株式を株価1,800円で100株購入
   し、同年中に株価2,000円で全株売却した場合、その他の取引や手数料等を
   考慮しなければ、譲渡益2万円に対して20.315％相当額が源泉徴収等され
   ます。」

正解 **2** が不適切　　　　　　　　　　テキスト3章　1) 2) P207、3) P231

1) 適切　　成行注文は価格を指定しない分、融通が利くため、値段を指定す
る指値注文よりも優先されます。

2) 不適切　配当、株主優待を受け取るためには、権利付き最終日（権利確定
日を含めて3営業日前、つまり2営業日前）までに購入する必要
があります。設問の場合、2023年11月28日（火）が権利付き
最終日となります。

3) 適切　　譲渡所得は「譲渡収入金額−取得費・譲渡費用」で求めます。
（2,000円×100株）−（1,800円×100株）＝20,000円とな
り、特定口座（源泉徴収口座）では、譲渡所得に対して、所得税
（復興特別所得税含む）15.315％、住民税5％が源泉徴収等され
ます。

問3 重要度 C

最後に、Mさんは、Y投資信託を購入する場合の留意点等について説明した。Mさんの A さんおよび長男 C さんに対する説明として、次のうち最も不適切なものはどれか。

1)「Y投資信託のように購入時手数料を徴収しない投資信託は、一般に、ノーロードファンドと呼ばれます。投資信託に投資する際には、購入時だけでなく、保有中や換金時にかかる費用等も勘案して銘柄を選択することが大切です。」
2)「運用管理費用（信託報酬）は、投資信託を保有する投資家が負担する費用です。一般に、Y投資信託のようなインデックス型投資信託は、アクティブ型投資信託よりも運用管理費用（信託報酬）が低い傾向があります。」
3)「仮に、Y投資信託を基準価額13,000円（1万口当たり）で1万口購入した後、最初の決算時に1万口当たり200円の収益分配金が支払われ、分配落ち後の基準価額が13,200円（1万口当たり）となる場合、その収益分配金は、全額が元本払戻金（特別分配金）として非課税となります。」

正解 **3** が不適切 テキスト3章 1) P217、P237-239、2) P217、3) P235-236

1) 適切 つみたてNISA（2024年以降は新NISAのつみたて投資枠）の対象となる**公募株式投資信託は購入時手数料がかかりません**。

2) 適切 一般に、**インデックス運用よりも、アクティブ運用のほうが、分析費用等がかかる分、手数料が高く設定**される傾向があります。

3) 不適切 基準価額13,000円で購入し、200円分配後の基準価額が13,200円である場合、**分配前の基準価額は13,200円＋200円＝13,400円**です。購入価額（個別元本）よりも400円値上がりしているため、**200円の分配金は全額が普通分配金（配当所得）として課税**されます。

| | [2020年1月　個人] |

第4問

次の設例に基づいて、下記の各問（《問1》～《問3》）に答えなさい。

――――――――――《設 例》――――――――――

　会社員のAさん（40歳）は、X社株式（東京証券取引所プライム市場上場）に投資したいと考えているが、株式投資をするに際して、債券投資との違いも理解しておきたいと考え、国内の大手企業が発行するY社債（特定公社債）も併せて検討することにした。そこで、Aさんは、ファイナンシャル・プランナーのMさんに相談することにした。

＜X社に関する資料＞

総資産	1兆8,000億円
自己資本（純資産）	4,800億円
当期純利益	320億円
年間配当金総額	200億円
発行済株式数	4億株
株価	1,500円
決算期	3月31日

※決算期：2024年3月31日（日）（権利確定日は2024年3月29日（金））

＜Y社債に関する資料＞
・発行会社　：　国内の大手企業
・購入価格　：　104.5円（額面100円当たり）
・表面利率　：　2.0％
・利払日　：　年1回
・残存期間　：　4年
・償還価格　：　100円
・格付　：　A
※上記以外の条件は考慮せず、各問に従うこと。

問1 重要度 A

Mさんは、X社株式の投資指標および投資の際の留意点について説明した。MさんのAさんに対する説明として、次のうち最も適切なものはどれか。

1) 「株価の相対的な割高・割安を判断する指標として、PERが用いられます。＜X社に関する資料＞から算出されるX社のPERは、1.25倍です。」

2) 「配当性向は株主に対する利益還元の比率を示す指標です。＜X社に関する資料＞から算出されるX社の配当性向は、62.5％です。」

3) 「X社株式の期末配当を受け取るためには、権利確定日である2024年3月29日（金）の4営業日前の2024年3月25日（月）までにX社株式を購入しておく必要があります。」

正解 2 が適切　　　テキスト3章　1) 2) P210-212、3) P207

1) **不適切**　PER（株価収益率）は**「株価÷1株当たり当期純利益」**で求めます。1,500円÷（320億円÷4億株）＝18.75倍。「ピカイチ（P＝株÷1）」で覚えます。1の部分は「1株純利益」を使います。

1.25倍となるのは、PBRです（**株価純資産倍率＝株価÷1株当たり純資産**＝1,500円÷（4,800億円÷4億株））。

2) **適切**　配当性向は**「配当金÷当期純利益×100」**で求めます。200億円÷320億円×100＝62.5％。配当利回り（**1株年間配当金÷株価×100（％）**）との違いを整理しておきましょう。

3) **不適切**　期末配当や株主優待を受け取るには、2営業日前（**権利確定日から起算して3営業日前**）まで（2024年3月27日（水）まで）に株式を購入することが必要です。なお、購入・売却の決済も2営業日後（当日から起算して3営業日後）に行われます。

問2 ☑☑☑ 重要度 C

Mさんは、Y社債に投資する場合の留意点等について説明した。MさんのAさんに対する説明として、次のうち最も適切なものはどれか。

1) 「一般に、BBB（トリプルB）格相当以上の格付が付されていれば、投資適格債とされます。」
2) 「Y社債の利子は、申告分離課税の対象となり、利子の支払時において所得税および復興特別所得税と住民税の合計で10.21％相当額が源泉徴収等されます。」
3) 「毎年受け取る利子は、購入価格に表面利率を乗じることで求められます。表面利率は、発行時の金利水準や発行会社の信用度などに応じて決まります。」

正解 **1** が適切　　テキスト3章　1) P203、2) P233、3) P198-199

1) **適切**　　BBB格以上は**投資適格債**、BB格以下は**投資不適格債**とされます。

2) **不適切**　特定公社債の利子は所得税**15.315％**、住民税**5％**が源泉徴収等されます。

3) **不適切**　毎年受け取る利子は、**額面**金額に表面利率を乗じて求めます。信用度が低いほど表面利率は高く設定されます。

問3 ☑☑☑ 重要度 C

Y社債を《設例》の条件で購入した場合の最終利回り（年率・単利）は、次のうちどれか。なお、計算にあたっては税金や手数料等を考慮せず、答は％表示における小数点以下第3位を四捨五入している。

1) 0.84％
2) 0.88％
3) 1.91％

正解 **1** が正しい　　　　　　　　　　　　　　　　テキスト3章　P199

最終利回りは、発行後に購入し、償還期限まで保有する場合の利回りです。

$$\frac{表面利率 + (額面金額 - 買付価格)/残存期間}{買付価格} \times 100 =$$

$$\frac{2.0 + (100 - 104.5)/4年}{104.5} \times 100 ≒ 0.84\%$$
（小数点以下第3位四捨五入）

以上より1.が正解となります。
公式を覚えられない場合は、利回りは「**購入金額に対する1年間の利益の割合**」と考えて、3ステップで計算します。

第1ステップ　**4年間の利益**＝利子2円×4年－償還差損4.5円（額面100円－購入価格104.5円）＝3.5円
第2ステップ　**1年当たりの利益**＝3.5円÷4年＝0.875円
第3ステップ　**利回り**＝0.875円÷購入価格104.5円×100＝0.84％（小数点以下第3位四捨五入）

 レック先生のワンポイント

公式を覚えなくても大丈夫ですよ！

第5問

[2018年5月 個人]

次の設例に基づいて、下記の各問（《問1》～《問3》）に答えなさい。

─《設 例》─

　会社員のAさん（43歳）は、余裕資金を活用して、以前から興味を持っていた外貨預金による運用を始めてみたいと考えている。そこで、Aさんは、ファイナンシャル・プランナーのMさんに相談することにした。

　Aさんが国内金融機関で預入れを検討している米ドル建て定期預金に関する資料は、以下のとおりである。

〈米ドル建て定期預金に関する資料〉
　・預入金額　　：10,000米ドル
　・預入期間　　：1年
　・利率（年率）：0.5％（満期時一括支払）
　・為替予約なし

※上記以外の条件は考慮せず、各問に従うこと。

問1

Mさんは、Aさんに対して、外貨預金について説明した。Mさんが説明した次の記述のうち、最も適切なものはどれか。

1) 「国内金融機関に預け入れた外貨預金は、元本1,000万円までとその利息が預金保険制度による保護の対象となります。」
2) 「米ドル建て定期預金の満期時の為替レートが、預入時の為替レートに比べて円高・米ドル安となった場合、円換算の運用利回りは向上します。」
3) 「米国の金利が上昇した場合、一般的に米ドルによる投資需要が高まることから、円を売却して米ドルを購入する動きが進み、その結果、為替レートが円安・米ドル高となる可能性があります。」

正解 **3** が適切　　　　テキスト3章　1) P228、2) P226-227、3) P226

1) 不適切　**外貨預金**は預金保険制度による保護の**対象外**です。
2) 不適切　円高・外貨安となると、保有する外貨の価値が安くなるため、円換算の利回りは**低下**します。
3) **適切**　米国の金利が上昇すると、日本円に比べて、魅力が高まるため、米ドル高・円安となりやすいといえます。

問2

Mさんは、Aさんに対して、《設例》の外貨預金に係る課税関係について説明した。Mさんが説明した以下の文章の空欄①〜③に入る語句の組合せとして、次のうち最も適切なものはどれか。

ⅰ)「Aさんが外貨預金に預入れをした場合、外貨預金の利子に係る利子所得は、所得税および復興特別所得税と住民税を合わせて20.315％の税率による（ ① ）の対象となります。」

ⅱ)「外貨預金による運用では、外国為替相場の変動により、為替差損益が生じることがあります。為替差益は（ ② ）として、所得税および復興特別所得税と住民税の課税対象となります。なお、為替差損による損失の金額は、外貨預金の利子に係る利子所得の金額と損益通算することが（ ③ ）。」

1) ① 申告分離課税　② 雑所得　③ できます
2) ① 源泉分離課税　② 雑所得　③ できません
3) ① 源泉分離課税　② 一時所得　③ できます

正解 **2** が適切　　　　　　　　　テキスト3章　P228

① 外貨預金の利子は、**源泉分離**課税の対象となります。

② 外貨預金の為替差益は、**雑所得**として所得税・住民税の課税対象となります。

③ 外貨預金の為替差損による損失は、**損益通算**できません。

以上より、2.が正解となります。

問3 ☑☑☑ 重要度 B

Aさんが、《設例》および下記の〈資料〉の条件で、10,000米ドルを外貨預金に預け入れ、満期時に円貨で受け取った場合における元利金の合計額として、次のうち最も適切なものはどれか。なお、手数料や税金は考慮しないものとする。

〈資料〉満期時における適用為替レート（円／米ドル）

TTS	TTM	TTB
113円	112円	111円

1）1,115,550円
2）1,125,600円
3）1,135,650円

正解 1 が適切　　　　　　　　　　　　　　　　　　　　テキスト3章 P225

第1ステップ　運用後の**外貨建て金額**を求めます。1年間で0.5％利子がつきます。10,000米ドル×（1＋0.005）＝10,050米ドル

第2ステップ　外貨を**日本円**に**換算**します。

TT●の最後の文字の意味を理解しましょう。

金融機関から見た表現で、外貨を「S＝Sell（**売る**）」、「B＝Buy（**買う**）」、「M＝Middle（**平均値・真ん中**）」です。

預金者が外貨を円貨に換える（**外貨を売る**）＝銀行が**外貨を買う**ときは、TTBとなります。10,050米ドル×111円＝1,115,550円。

第4章　傾向と対策

タックスプランニングとは、その名の通り税金にまつわる分野になります。3級試験では、所得税の計算体系をしっかり学びましょう。所得税の概要や、10種類の所得、損益通算、所得控除、税額控除、確定申告の基本的事項が出題されます。

頻出される問題

＜学科試験＞　学科試験の主なキーワード
非課税所得、不動産所得、雑所得、退職所得、一時所得、減価償却費、損益通算、所得控除（基礎控除、配偶者控除、扶養控除、医療費控除、社会保険料控除、小規模企業共済等掛金控除）、配当控除、住宅ローン控除、確定申告、青色申告

＜実技試験＞
【日本FP協会】各種所得、総所得金額、減価償却費の計算、医療費控除、住宅ローン控除等が出題されます。

【金財】個人資産相談業務、保険顧客資産相談業務ともに総所得金額と所得控除、所得税の確定申告が共通した頻出論点です。

タックスプランニング

学科試験問題＆解答
税制と所得税の基礎
所得の10分類と計算
損益通算と繰越控除
所得控除
税額計算と税額控除
所得税の申告と納税
実技試験問題＆解答
［日本FP協会］　資産設計提案業務
［金財］　個人資産相談業務・保険顧客資産相談業務

※金財の実技試験は、「個人資産相談業務」「保険顧客資産相談業務」の2つがありますが、共通する科目での出題傾向は似ています。
本書では効率よくかつ幅広く論点を学習するため、2つの試験問題を分けず、横断式で出題しています。

学科試験[日本FP協会・金財] 共通

税制と所得税の基礎

1 ☑☑☑ 重要度 **B** [2020年9月]

個人が法人からの贈与により取得した財産については、原則として贈与税の課税対象となり、所得税は課されない。

2 ☑☑☑ 重要度 **C** [2019年5月]

所得税法における居住者（非永住者を除く）は、原則として、国内で生じた所得について所得税の納税義務は生じるが、国外で生じた所得について所得税の納税義務は生じない。

3 ☑☑☑ 重要度 **B** [2019年1月]

所得税において、老齢基礎年金や老齢厚生年金に係る所得は、非課税所得とされる。

4 ☑☑☑ 重要度 **B** [2021年9月]

電車・バス等の交通機関を利用して通勤している給与所得者が、勤務先から受ける通勤手当は、所得税法上、月額10万円を限度に非課税とされる。

テキスト4章　P255、P276

法人から個人への贈与は、所得税の対象となります。
なお、贈与税は相続税の補完税です。
相続税は、原則、個人が死亡して、個人が財産を相続する場合に課税される税金ですので、贈与税も原則、個人から個人への贈与に対して課税されます。

テキスト4章　P254

居住者（非永住者を除く）は、国内外の源泉所得に課税されます。
なお、非居住者は、国内源泉所得のみに課税されます。

テキスト4章　P256

老齢年金は雑所得として課税されますが、遺族・障害年金は非課税です。

テキスト4章　P256

月額15万円を限度に非課税となります。

5 [2018年9月]

所得税において、自己の生活の用に供する家具や衣服（1個または1組の価額が30万円を超える貴金属、美術工芸品等には該当しない）を譲渡したことによる所得は、非課税所得とされる。

 6   [2020年1月]

所得税においては、原則として、超過累進税率が採用されており、課税所得金額が多くなるに従って税率が高くなる。

テキスト4章 P256

非課税所得で、出題されやすいのは、
・通勤手当（1カ月**15万円**が限度）
・**遺族**年金、**障害**年金
等があります。

非課税所得と課税所得

非課税所得	課税所得
遺族年金、障害年金 健康保険、雇用保険の給付	老齢年金（雑所得）
元本払戻金	普通分配金（配当所得）
通勤手当（月額15万円が限度）	家族手当、住宅手当等（給与所得）
宝くじ当選金	競馬の払戻金、クイズの賞金（一時所得）

テキスト4章 P258-259

総合課税では所得税は5％〜45％の**超過累進税率**が適用されます。
試験では「比例税率」「一律の税率」と記載されていれば、「×」と判断しましょう。

所得税の概要

所得の種類	10種類
課税期間	暦年
総合課税の税率	超過累進税率

所得の10分類と計算

7 [2019年5月]

国内において支払を受ける預貯金の利子は、原則として、国税(復興特別所得税を含む)と地方税を合わせて(①)の税率による(②)分離課税の対象となる。

1) ① 14.21％　② 申告
2) ① 20.315％　② 申告
3) ① 20.315％　② 源泉

8 [2022年5月]

所得税において、国債や地方債などの特定公社債の利子は、総合課税の対象となる。

3 が正しい　　　　　　　　　　　　　　テキスト4章　P257、P262-263

①20.315%（所得税15.315%、住民税5%）となります。預金のほか、債券の利子、上場株式の配当（原則）、投資信託の分配金の源泉徴収税率も同じです。
②国内預金の利子は源泉分離課税ですが、特定公社債の利子は申告分離課税となります。

預貯金・特定公社債の利子

国内預貯金の利子	源泉分離課税
特定公社債の利子	申告分離課税

×　　　　　　　　　　　　　　　　　　　　　　テキスト4章　P262

特定公社債の利子は、申告分離課税の対象となります。なお、国内預貯金の利子は、源泉分離課税の対象となります。

255

9 [2020年1月]

上場株式等の配当所得について申告分離課税を選択した場合、その税率は、所得税および復興特別所得税と住民税の合計で（ ① ）であり、上場株式等の譲渡損失の金額と損益通算することができる。この場合、配当控除の適用を受けることが（ ② ）。

1） ① 14.21％　② できる
2） ① 20.315％　② できない
3） ① 20.42％　② できない

10 [2020年1月]

所得税において、事業的規模で行われている賃貸マンションの貸付による所得は、不動産所得となる。

2 が正しい　　　　　　　　　　　　　　　　　　　テキスト4章　P263-264

①14.21%はマイホームの譲渡所得の軽減税率の特例の税率（所得税10.21%、住民税4%）、20.42%は非上場株式、大口の上場株式の株主に対する配当金の源泉徴収税率（所得税のみ20.42%）です。

②申告分離課税を選択した配当所得は上場株式等の譲渡損失と**損益通算できます**が、**配当控除**は適用**できません**。**総合課税**で確定申告した上場株式等の配当所得は一定要件のもと、**配当控除**を適用できます。
なお、**申告不要**を選択すると、いずれの特典も適用**できません**。

レック先生のワンポイント

上場株式等の配当所得（大口株主等を除く）

	配当控除	上場株式等の譲渡損失との損益通算
申告不要	×	×
申告分離課税	×	○
総合課税	○	×

○＝できる　×＝できない

○　　　　　　　　　　　　　　　　　　　　　　テキスト4章　P265-266

不動産の貸付は**事業規模にかかわらず不動産**所得です。「事業所得」でひっかける問題がよく出題されます。また、不動産の**売却**に係る所得は**譲渡**所得です。

レック先生のワンポイント

不動産に係る所得（原則）

不動産の貸付	事業規模にかかわらず不動産所得
不動産の売却	譲渡所得

11 ☑☑☑ 重要度 **B**   [2018年5月]

所得税における事業所得の金額は、「（その年中の事業所得に係る総収入金額 − 必要経費）× 1 ／ 2 」の算式により計算される。

12 ☑☑☑ 重要度 **B**   [2020年9月]

土地は、減価償却資産ではない。

13 ☑☑☑ 重要度 **B**   [2021年1月]

所得税において、本年中に取得した建物（鉱業用減価償却資産等を除く）に係る減価償却の方法は、（　　）である。

1) 定額法
2) 定率法
3) 定額法および定率法

14 ☑☑☑ 重要度 **A**   [2021年1月]

退職手当等の支払を受ける個人がその支払を受ける時までに「退職所得の受給に関する申告書」を提出した場合、その支払われる退職手当等の金額に20.42％の税率を乗じた金額に相当する所得税および復興特別所得税が源泉徴収される。

テキスト4章 P267-268

事業所得の金額は「総収入金額－必要経費」により計算します。**所得**の計算段階で「**1／2**」を乗じるのは**退職**所得、**総所得金額に算入**する段階で「**1／2**」を乗じるのは**一時**所得等です。

○

テキスト4章 P268

土地は期間の経過に応じて価値が減少しないため、減価償却**できません**。
建物は減価償却することが**できます**。

1　が正しい

テキスト4章 P268-269

新たに取得した**建物**、構築物、建物附属設備は**定額法**と決まっています。
新規取得の減価償却資産の法定償却方法は、原則、個人は定額法、法人は定率法です。

テキスト4章 P272-273

退職所得の受給に関する申告書を提出している場合は正しい所得税、住民税を支払者が源泉徴収します。
なお、提出しないときは、問題文のように退職所得ではなく「退職手当等の金額（退職金の収入金額）」に対して、20.315％ではなく「**20.42％**」の所得税が源泉徴収されます。多くの場合、本来の税額よりも多くの税金が徴収されてしまいます。

15 [2019年1月]

給与所得者が、22年間勤務した会社を定年退職し、退職金2,000万円の支払を受けた。この場合、所得税の退職所得の金額を計算する際の退職所得控除額は、（　　）となる。

1）800万円 + 70万円 ×（22年 − 20年）× 1 ／ 2 = 870万円
2）800万円 + 40万円 ×（22年 − 20年）= 880万円
3）800万円 + 70万円 ×（22年 − 20年）= 940万円

16 [2020年9月]

所得税における一時所得に係る総収入金額が1,200万円で、その収入を得るために支出した金額が500万円である場合、総所得金額に算入される金額は、（　　）である。

1）325万円
2）650万円
3）700万円

3 が正しい　　　　　　　　　　　　　　　　　　テキスト4章　P270-271

勤続年数**20年以下**の部分は1年につき**40万円**、**20年超**の部分は1年につき**70万円**となりますので、勤続年数が22年の場合は、800万円（40万円×20年）＋70万円×（22年－20年）＝940万円となります。

レック先生のワンポイント

退職所得控除額

勤続年数	退職所得控除額
20年以下	40万円×勤続年数（最低80万円）
20年超	800万円＋70万円×（勤続年数－20年）

※1年未満の端数は1年に切上げ

1 が正しい　　　　　　　　　　　　　　　　　　テキスト4章　P276-277

一時所得は「**総収入金額－支出金額－特別控除額（最高50万円）**」で求め、**総所得金額に算入**されるのは、損益通算後に残った一時所得の**2分の1**となります。
設問の場合、1,200万円－500万円－50万円＝650万円が一時所得となり、総所得金額に算入される金額は650万円×1／2＝325万円となります。
なお、「一時所得の金額」「総所得金額に算入される一時所得の金額」のいずれを出題しているのか、問題をしっかり読みましょう。

17   重要度 [2018年9月]

公的年金等に係る雑所得の金額は、「(その年中の公的年金等の収入金額−公的年金等控除額)×1／2」の算式により計算される。

損益通算と繰越控除

18 重要度 [2019年9月]

Aさんの本年分の各種所得の金額が下記の＜資料＞のとおりであった場合、損益通算後の総所得金額は（　　）となる。なお、各種所得の金額に付されている「▲」は、その所得に損失が生じていることを表すものとする。

＜資料＞Aさんの本年分の各種所得の金額

不動産所得の金額	750万円
雑所得の金額	▲50万円
事業所得の金額（株式等に係るものを除く）	▲150万円

1）550万円
2）600万円
3）700万円

✗　　　　　　　　　　　　　　　　テキスト4章　P278-280

公的年金等に係る雑所得の金額は「公的年金等の収入金額－公的年金等控除額」により計算します。所得の計算段階で「1／2」を乗じるのは**退職**所得、**総所得金額に算入**する段階で「1／2」を乗じるのは**一時**所得等です。
また、公的年金等以外の雑所得は「収入金額－必要経費」により計算します。

レック先生のワンポイント

主な所得の計算式

給与所得	給与収入金額－給与所得控除額
退職所得	（収入金額－退職所得控除額）×1／2
雑所得（公的年金等）	公的年金等の収入金額－公的年金等控除額
不動産所得	収入金額－必要経費（－青色申告特別控除）
事業所得	収入金額－必要経費（－青色申告特別控除）
一時所得	収入金額－その収入を得るために支出した金額－特別控除（最高50万円） 総所得金額に算入されるのは損益通算後の2分の1

2　が正しい　　　　　　　　　　　　　テキスト4章　P282-283

不動産所得、**事業**所得、**山林**所得、**譲渡**所得の損失に限り損益通算できます。
また、**総所得金額**とは**総合**課税の対象となる所得金額の合計額をいい、設問の場合、全部、総合課税の対象となります。
設問の場合、雑所得の損失は損益通算できませんので、不動産所得750万円と事業所得の▲150万円を通算すると600万円になります。

19    [2019年5月]

上場株式を譲渡したことによる損失の金額は、確定申告をすることによって、不動産所得などの他の所得金額と損益通算することができる。

テキスト4章　P283

上場株式の譲渡損失は、**申告分離**課税を選択した**配当**所得、特定公社債の譲渡所得、利子所得と（損益）通算できますが、**他の所得とは損益通算できません**。つまり、不動産所得や総合課税を選択した配当所得とは損益通算できません。

上場株式等の譲渡損失と損益通算できるもの、できないもの

できる	上場株式等の配当所得（申告分離課税を選択） 特定公社債の利子所得、譲渡所得
できない	上記以外 ・総合課税を選択した配当所得、申告不要を選択した配当所得 ・給与所得など

20  [2020年9月]

下記の＜資料＞において、所得税における不動産所得（国内建物の貸付）の金額の計算上生じた損失の金額のうち、他の所得の金額と損益通算が可能な金額は、（　）である。

＜資料＞不動産所得に関する資料

総収入金額	200万円
必要経費	250万円 （不動産所得を生ずべき土地等を取得するために要した負債の利子の額30万円を含む）

1）20万円
2）50万円
3）80万円

所得控除

21   [2021年1月]

所得税における基礎控除の額は、納税者の合計所得金額の多寡にかかわらず、38万円である。

1 が正しい

テキスト4章 P282-284

不動産所得の損失のうち、**土地等の取得に係る負債利子**の部分は損益通算できません。設問の場合、不動産所得は200万円−250万円＝▲50万円、土地等の取得に係る負債利子30万円分は損益通算できませんので、50万円の赤字のうち、30万円を除いた20万円の損失が損益通算の対象となります。

平成バブル期に、借入金により土地を購入したことが地価高騰を招いたことに起因する制度です。ですので、建物の借入金の利子については制限がありません。

レック先生のワンポイント

不動産所得と譲渡所得の損益通算できるもの、できないもの

損失発生所得	損益通算できない	損益通算できる
不動産所得	土地等の取得に係る借入金の利子の部分等	左記以外の損失
譲渡所得	居住用財産以外の不動産の譲渡損失 生活に必要でない資産（美術品、ゴルフ会員権など）の譲渡損失 個人に対する時価の2分の1未満での譲渡	一定要件を満たす居住用財産の譲渡損失 総合課税（事業用資産）の譲渡所得の損失

×

テキスト4章 P289

納税者本人の合計所得金額が2,400万円以下であれば、基礎控除額は48万円となりますが、2,450万円以下の場合は32万円、2,500万円以下の場合は16万円、2,500万円を超えると適用できません。

ポイントは「**2,400万円以下は48万円**」「**2,500万円超は適用できない**」の2つです。

22 ☑☑☑ 重要度 B [2019年5月]

納税者の本年分の合計所得金額が1,000万円を超えている場合、配偶者の合計所得金額の多寡にかかわらず、所得税の配偶者控除の適用を受けることはできない。

23 ☑☑☑ 重要度 B [2022年1月]

所得税において、配偶者控除の適用を受けるためには、生計を一にする配偶者の合計所得金額が48万円以下でなければならない。

24 ☑☑☑ 重要度 B [2022年9月]

所得税において、納税者の合計所得金額が1,000万円を超えている場合、年末時点の年齢が16歳以上の扶養親族を有していても、扶養控除の適用を受けることはできない。

25 ☑☑☑ 重要度 B [2019年1月]

所得税の控除対象扶養親族のうち、19歳以上23歳未満である特定扶養親族に係る扶養控除の額は、（　　　）である。

1) 38万円
2) 48万円
3) 63万円

26 ☑☑☑ 重要度 B [2021年1月]

夫が生計を一にする妻の負担すべき国民年金の保険料を支払った場合、その支払った金額は、夫に係る所得税の社会保険料控除の対象となる。

○ テキスト4章 P290

配偶者控除、配偶者特別控除は納税者本人の合計所得金額が**1,000万円**を超える場合には、適用できません。なお、扶養控除では、納税者本人の合計所得金額は問われません。基礎控除は納税者本人の合計所得金額が2,500万円を超える場合は適用できません。違いを整理しておきましょう。

○ テキスト4章 P290

扶養控除の扶養親族の所得金額要件も**同じ**です。

✕ テキスト4章 P290-293

配偶者(特別)控除は納税者本人の**合計所得金額が1,000万円を超えると適用を受けられません**が、**扶養控除**には**納税者本人の所得要件はありません**。

3 が正しい テキスト4章 P293-294

所得税の扶養控除について
16歳未満の控除額は**ゼロ**
16歳以上19歳未満の控除額は**38万円**
19歳以上23歳未満の控除額は**63万円**
23歳以上70歳未満の控除額は38万円
70歳以上の同居老親等の控除額は**58万円**、その他の老人扶養親族の控除額は48万円です。

○ テキスト4章 P296

社会保険料控除は、納税者本人、生計を一にする**配偶者**、**親族**にかかる社会保険料を支払った場合、支払った人の所得金額から控除することができます。

27    [2018年5月]

国民年金基金の掛金は、その全額が（　　）として、その支払った年の所得控除の対象となる。

1）小規模企業共済等掛金控除
2）生命保険料控除
3）社会保険料控除

28   [2020年9月]

所得税において、個人が確定拠出年金の個人型年金に加入し、拠出した掛金は、社会保険料控除の対象となる。

3 が正しい　　　　　　　　　　　　　　　　　　　テキスト4章　P296、P298

1）小規模企業共済、**確定拠出年金**の掛金は**小規模企業共済等掛金控除**の対象となります。
3）国民年金基金のほか、国民年金、厚生年金、厚生年金基金、健康保険、国民健康保険、後期高齢者医療制度、介護保険、雇用保険の保険料等は社会保険料控除の対象となります。

個人事業主の老後資金準備の掛金の所得控除

	掛金（限度額）	掛金の税務
国民年金基金	合わせて 月額6.8万円	社会保険料控除
個人型確定拠出年金		小規模企業共済等掛金控除
小規模企業共済	月額7万円	
付加年金	月額400円	社会保険料控除

✕　　　　　　　　　　　　　　　　　　　　　　テキスト4章　P296、P298

加入者本人が拠出した確定拠出年金の掛金は全額が**小規模企業共済等掛金控除**の対象となります。

社会保険料控除

公的年金等	国民年金、厚生年金保険、国民年金基金、厚生年金基金
公的医療保険	健康保険、国民健康保険、後期高齢者医療制度
その他	介護保険、雇用保険

29 ☑☑☑ 重要度 A　　　　　　　　　　　　　　　　　[2022年1月]

夫が生計を一にする妻に係る確定拠出年金の個人型年金の掛金を負担した場合、その負担した掛金は、夫に係る所得税の小規模企業共済等掛金控除の対象となる。

30 ☑☑☑ 重要度 A　　　　　　　　　　　　　　　　　[2019年5月]

確定拠出年金の個人型年金において加入者が拠出した掛金は、その2分の1相当額が小規模企業共済等掛金控除として所得控除の対象となる。

31 ☑☑☑ 重要度 B　　　　　　　　　　　　　　　　　[2019年1月]

所得税における医療費控除の控除額は、その年中に支払った医療費の金額（保険金等により補てんされる部分の金額を除く）の合計額から、その年分の総所得金額等の合計額の5％相当額または20万円のいずれか低いほうの金額を控除して算出される。

32 ☑☑☑ 重要度 C　　　　　　　　　　　　　　　　　[2018年9月]

セルフメディケーション税制（医療費控除の特例）に係る特定一般用医薬品等購入費を支払った場合、所定の要件を満たせば、通常の医療費控除との選択により、最高10万円の医療費控除の適用を受けることができる。

テキスト4章　P298

小規模企業共済等掛金控除は、**納税者本人に係る掛金のみ**が対象となります。なお、社会保険料控除は**納税者本人、生計を一にする配偶者、親族に係る社会保険料等**が対象となります。

テキスト4章　P298

納税者が自分の確定拠出年金の掛金を支払った場合、**全額**が**小規模企業共済等掛金控除**の対象となります。

テキスト4章　P299

医療費控除額は「(**医療費**－保険金等で補填される金額)－**10万円**(総所得金額等が200万円未満の場合は総所得金額等×5％)」により求めます。
通常の医療費控除は原則**10万円を超える**場合に適用を受けられ、セルフメディケーション税制は**10万円まで**の特定一般医薬品等購入費が対象となります。つまり、**10万円がポイント**です。

テキスト4章　P300-301

セルフメディケーション税制(医療費控除の特例)の医療費控除額は「(対象となる医薬品購入費(**10万円**を限度)－保険金等で補填される金額)－**1.2万円**」により求め、限度額は8.8万円となります。購入費用の全額は控除できません。

レック先生のワンポイント

医療費控除

通常の医療費控除	(医療費－保険金等) －10万円または総所得金額等の5％ (上限200万円)	選択適用
セルフメディケーション税制	(医薬品購入費－保険金等)－1.2万円 (上限8.8万円)	

273

[2019年9月]

所得税において、人間ドックの受診費用は、その人間ドックによって特に異常が発見されなかった場合であっても、医療費控除の対象となる。

税額計算と税額控除

   [2020年9月]

課税総所得金額250万円に対する所得税額（復興特別所得税額を含まない）は、下記の＜資料＞を使用して算出すると、（　　）である。

＜資料＞所得税の速算表（一部抜粋）

課税総所得金額	税率	控除額
195万円以下	5%	0円
195万円超330万円以下	10%	97,500円

1）97,500円
2）152,500円
3）250,000円

テキスト4章 P300

人間ドックで異常が**発見されなければ**医療費控除の**対象外**、異常が**発見されて**、引き続き治療をした場合は、医療費控除の**対象**となります。

医療費控除

対象となる医療費	対象外となる医療費
診療費・治療費 人間ドック・健康診断費用 （重大な疾病が発見され、治療をした場合） 治療のための医薬品購入費	人間ドック・健康診断費用（異常なし） 未払医療費、疾病予防費用、健康増進費用 差額ベッド代

2 が正しい　　　　　　　　　　テキスト4章　P258-259、P315-316

速算表は「**課税総所得金額×税率－控除額**」のように使います。

設問の場合、250万円×10％－9.75万円＝15.25万円となります。

35 ☑☑☑ 重要度 B [2021年9月]

所得税において、上場株式の配当について配当控除の適用を受けるためには、その配当所得について（　　）を選択する必要がある。

1）総合課税
2）申告分離課税
3）確定申告不要制度

36 ☑☑☑ 重要度 B [2021年5月]

所得税において、上場不動産投資信託（J-REIT）の分配金に係る配当所得は、配当控除の適用を受けることができる。

37 ☑☑☑ 重要度 A [2019年9月]

所得税において、住宅借入金等特別控除の対象となる新築住宅は、床面積が100㎡以上で、かつ、その2分の1以上に相当する部分がもっぱら自己の居住の用に供されるものとされている。

38 ☑☑☑ 重要度 A [2021年1月]

住宅ローンを利用してマンションを取得し、所得税における住宅借入金等特別控除の適用を受ける場合、借入金の償還期間は、最低（　　）以上なければならない。

1）10年
2）20年
3）25年

1 が正しい

テキスト4章 P305

配当控除を受けるためには**総合課税**を選択し、譲渡損失と損益通算および繰越控除をするためには、申告分離課税を選択して、確定申告します。

✕

テキスト4章 P305

税引後の利益から分配される株式の配当とは異なり、**不動産投資信託の分配金は、税引前利益から分配**されているため、二重課税の軽減の必要がなく、配当控除の適用はありません。

✕

テキスト4章 P308

原則は**50㎡以上**（2023年以前に建築確認を受けた新築住宅等で床面積40㎡以上）で、その2分の1以上が自己の居住の用に供されるものが対象となります。

1 が正しい

テキスト4章 P308

新たに取得する場合の原則要件（主なもの）
住宅：原則**50㎡以上**、かつ**2分の1**以上が自己の居住用
所得：控除を受けようとする年の合計所得金額**2,000万円**以下
時期：取得等から**6カ月以内**に入居
2023年以前に建築確認を受けた新築住宅等で床面積**40㎡以上**50㎡未満のものは合計所得金額**1,000万円**以下の年に限り控除できます。

39 ☑☑☑ 重要度 A [2019年1月]

新たに住宅を購入する場合、住宅に係る床面積にかかわらず、所得税における住宅借入金等特別控除は、適用を受けようとする者の合計所得金額が（　）を超える年分は、適用を受けることができない。

1) 1,000万円
2) 2,000万円
3) 3,000万円

40 ☑☑☑ 重要度 A [2022年9月]

給与所得者が所得税の住宅借入金等特別控除の適用を受ける場合、その適用を受ける最初の年分については、年末調整の対象者であっても、確定申告をしなければならない。

所得税の申告と納税

41 ☑☑☑ 重要度 C [2018年5月]

所得税の確定申告をしなければならない者は、原則として、所得が生じた年の翌年の（①）から（②）までの間に、納税地の所轄税務署長に対して確定申告書を提出しなければならない。

1) ① 2月1日　② 3月31日
2) ① 2月16日　② 3月15日
3) ① 2月16日　② 3月31日

2 が正しい　　　　　　　　　　　　　　　　　　　　テキスト4章　P308

新規で取得・入居する場合、床面積**40㎡以上50㎡未満**の場合は、控除を受けようとする年の合計所得金額が**1,000万円以下**、床面積**50㎡以上**の場合は、控除を受けようとする年の合計所得金額が**2,000万円以下**である場合に**適用できます**。つまり、新規で取得・入居する場合、床面積にかかわらず合計所得金額が**2,000万円超の場合は、適用できません。**

○　　　　　　　　　　　　　　　　　　　　　　　　　テキスト4章　P308-310

なお、**2年目以降**は、要件を満たす給与所得者は**年末調整**によって控除することができます。

---

2 が正しい　　　　　　　　　　　　　　　　　　　　テキスト4章　P312

所得税は2月**16日**から3月**15日**まで、贈与税は2月**1日**から3月**15日**まで、個人事業者の消費税は3月**31日**までです。整理しておきましょう。

申告期限	
贈与税	翌年2月1日から3月15日まで
所得税	翌年2月16日から3月15日まで
個人事業者の消費税	翌年3月31日まで

42 ☑☑☑ 重要度 C　　　　　　　　　　　　［2019年9月］

確定申告を要する納税者Aさんが本年8月20日に死亡した。Aさんの相続人は、同日にAさんの相続の開始があったことを知ったため、本年分のAさんの所得について（　　）（休業日の場合は翌営業日）までにAさんの死亡当時の納税地の所轄税務署長に対して所得税の準確定申告書を提出しなければならない。

1）本年11月20日
2）本年12月20日
3）翌年1月20日

43 ☑☑☑ 重要度 A　　　　　　　　　　　　［2021年1月］

給与所得者のうち、（　　）は、所得税の確定申告をする必要がある。

1）給与の年間収入金額が1,000万円を超える者
2）給与所得以外の所得の金額の合計額が10万円を超える者
3）医療費控除の適用を受けようとする者

2 が正しい

テキスト4章　P313

被相続人の所得税の申告期限は相続開始があったことを知った日の翌日から**4カ月**以内、相続税の申告期限は**10カ月**以内です。

3 が正しい

テキスト4章　P313

1）給与収入が**2,000万円**を超える者は確定申告が必要です。「所得」ではなく「収入」です。
2）給与所得者のうち、給与所得、退職所得以外の所得金額の合計額（源泉分離課税、源泉徴収で課税を終了するものを除く）が**20万円**超の者は確定申告が必要です。
3）医療費控除は確定申告をしなければ適用を受けられません。

確定申告を必要とする主なケース

確定申告が必要	確定申告をしないと適用を受けられないケース
・給与収入が2,000万円超 ・給与所得者で給与・退職所得以外の所得が20万円超（一時所得等は2分の1後で判定）	・給与所得者が所得控除のうち雑損控除、医療費控除、寄附金控除（ワンストップ特例制度を除く）を受ける ・住宅借入金等特別控除 （初年度は例外なし、2年目以降は年末調整でも可）

281

44 [2020年9月]

年末調整の対象となる給与所得者は、年末調整により、(　　)の適用を受けることができる。

1) 雑損控除
2) 医療費控除
3) 生命保険料控除

45 [2019年9月]

その年の1月16日以後新たに事業所得を生ずべき業務を開始した居住者が、その年分から所得税の青色申告の承認を受けようとする場合、原則としてその業務を開始した日から(　　)以内に、青色申告承認申請書を納税地の所轄税務署長に提出しなければならない。

1) 2ヵ月
2) 3ヵ月
3) 6ヵ月

3 が正しい

テキスト4章 P313

所得控除の多くは年末調整で控除できますが、**雑損**控除、**医療費**控除、**寄附金**控除（ワンストップ特例制度を除く）については、確定申告をしなければ適用を受けられません。

1 が正しい

テキスト4章 P317

新たに青色申告を選択する場合は、その年の**3月15日**までに青色申告承認申請書を提出しなければなりません。ただし、1月16日以降に新規開業した場合で、その年から青色申告を選択する場合は、原則として業務開始日から**2カ月**以内に青色申告承認申請書を提出すればよいことになっています。

レック先生のワンポイント

青色申告

適用対象者	不動産所得、事業所得、山林所得を生ずる業務を行っている者
手続期限	原則、適用を受けたい年の3月15日まで 1月16日以降に開業の場合、開業から2カ月以内
主な特典	純損失の繰越控除（翌年以降3年間） 〜事業所得、事業的規模で不動産を貸付の場合〜 一定要件のもと、青色事業専従者給与を必要経費に算入できる。 最高55万円（電子申告等の場合は65万円）の青色申告特別控除を適用できる。前記要件を満たさない場合は最高10万円

46  [2020年1月]

青色申告者の所得税の計算において、損益通算してもなお控除しきれない損失の金額（純損失の金額）が生じた場合、所定の要件を満たすことで、その損失の金額を翌年以後（　　）にわたって繰り越して、各年分の所得金額から控除することができる。

1) 2年間
2) 3年間
3) 4年間

47   [2020年9月]

「ふるさと納税ワンストップ特例制度」を利用することができる者は、同一年中のふるさと納税先の自治体数が（　　）以下である者に限られる。

1) 3
2) 5
3) 7

2 が正しい
テキスト4章　P319

個人の所得税における純損失の繰越控除、雑損失の繰越控除、上場株式等の譲渡損失の繰越控除、居住用財産の譲渡損失の繰越控除、いずれも繰越期間は最長**3年**です。

損益通算・純損失の繰越控除

損益通算	青色申告・白色申告ともにできる
純損失の繰越控除	青色申告のみできる（最長3年間）

2 が正しい
テキスト4章　P302

通常、寄附金控除は確定申告をしなければ適用できませんが、ふるさと納税について、他の確定申告を要する要件に該当しない場合で、ふるさと納税先の自治体数が**5以下**である給与所得者等は、確定申告をしなくても、所得税から還付されるべき部分も含めて、翌年度の住民税で調整（負担が軽減）されます。

実技試験[日本FP協会] 資産設計提案業務

第1問    [2019年9月]

会社員の大下さんの本年分の収入は下記<資料>のとおりである。大下さんの本年分の給与所得の金額として、正しいものはどれか。なお、<資料>に記載のない事項については一切考慮しないこととする。

<資料>

内容	金額
給料	580万円
賞与	170万円

<給与所得控除額の速算表>

収入金額		給与所得控除額
	162.5万円以下	55万円（給与収入の額まで）
162.5万円超	180万円以下	収入金額×40％ － 10万円
180万円超	360万円以下	収入金額×30％ ＋ 8万円
360万円超	660万円以下	収入金額×20％ ＋ 44万円
660万円超	850万円以下	収入金額×10％ ＋ 110万円
850万円超		195万円

1. 750万円
2. 565万円
3. 488万円

正解 2 が正しい　　　テキスト4章　P270

給与所得の金額は「**収入金額－給与所得控除額**」により求めます。給料、賞与は給与収入金額に含まれます。

（580万円＋170万円）－（750万円×10％＋110万円）＝565万円

第2問　[2020年1月]　重要度 C

個人事業主として不動産賃貸業を営む山本さんは、FPで税理士でもある倉田さんに本年分の所得税より確定申告書の作成を依頼することにした。山本さんの本年分の収入および必要経費が下記<資料>のとおりである場合、山本さんの本年分の不動産所得の金額（青色申告特別控除前の金額）として、正しいものはどれか。

<資料>

[山本さんの本年分の収入および必要経費]
・収入
　家賃　380万円（未収家賃・前受家賃は発生していない）
　礼金　20万円（全額返還を要しない）
　敷金　60万円（退去時に全額返還する予定である）
・必要経費
　210万円

※山本さんは本年分の所得税から青色申告の承認を受けている。

1．250万円
2．190万円
3．170万円

正解 2 が正しい　テキスト4章　P265-266

不動産所得（青色申告特別控除前）の金額は「総収入金額－必要経費」により求めます。
設問の場合、収入のうち、**敷金は全額返還予定**であるため、預り金であり、総収入金額には**含めません**。
（380万円＋20万円）－210万円＝190万円となります。
なお、「青色申告特別控除後」の金額を求める場合、事業的規模で貸し付け、e-Taxで確定申告する等の全ての要件を満たすと最高65万円、「事業的規模での貸付けでない」「確定申告期限後の申告」等の場合は最高10万円を差し引くことができます。

第3問　　　　　　　　　　　　　　　　　　［2021年1月］

会社員の室井さんは、本年中に勤務先を定年退職した。室井さんの退職に係るデータが下記＜資料＞のとおりである場合、室井さんの所得税に係る退職所得の金額として、正しいものはどれか。なお、室井さんは役員であったことはなく、退職は障害者になったことに基因するものではない。また、前年以前に受け取った退職金はないものとする。

＜資料＞

［室井さんの退職に係るデータ］
支給された退職一時金：4,500万円
勤続年数：38年

［参考：退職所得控除額の求め方］

勤続年数	退職所得控除額
20年以下	40万円×勤続年数（80万円に満たない場合には、80万円）
20年超	800万円＋70万円×（勤続年数－20年）

1．2,440万円
2．2,060万円
3．1,220万円

正解　**3**　が正しい　　　　　　　　　　　　　　　テキスト4章　P272

退職所得は原則として「**(収入金額－退職所得控除額)×1／2**」により求めます。

勤続年数38年の場合の退職所得控除額＝800万円＋70万円×（38年－20年）＝2,060万円

退職所得＝（4,500万円－2,060万円）×1／2＝1,220万円　となります。

| 第4問 | |  | [2021年5月] |

西里さんは、本年7月に新築のアパートを購入し、新たに不動産賃貸業を開始した。購入したアパートの建物部分の情報は下記＜資料＞のとおりである。西里さんの本年分の所得税における不動産所得の金額の計算上、必要経費に算入する減価償却費の金額として、正しいものはどれか。

＜資料＞

取得価額：75,000,000円
取得年月：本年7月
耐用年数：47年
不動産賃貸の用に供した月：本年7月

＜耐用年数表（抜粋）＞

耐用年数	定額法の償却率	定率法の償却率
47年	0.022	0.043

1．825,000円
2．1,612,500円
3．1,650,000円

正解 が正しい　　　　　　　　　　テキスト4章　P268

新規で取得する建物の減価償却費は「**取得価額×定額法償却率×業務供用月数÷12**」で求めます（定率法は選択できません）。

75,000,000円×0.022×6／12＝825,000円

以上より、1．が正解となります。

第5問 [2022年1月]

布施さん（68歳）の本年分の収入等は下記＜資料＞のとおりである。布施さんの本年分の所得税における総所得金額として、正しいものはどれか。なお、記載のない事項については一切考慮しないこととする。

＜資料＞

内容	金額
アルバイト収入	50万円
老齢厚生年金	320万円

※アルバイト収入は給与所得控除額を控除する前の金額である。
※老齢厚生年金は公的年金等控除額を控除する前の金額である。

＜給与所得控除額の速算表＞

給与等の収入金額	給与所得控除額
162.5万円 以下	55万円
162.5万円 超　180万円 以下	収入金額×40％ －　10万円
180万円 超　360万円 以下	収入金額×30％ ＋　 8万円
360万円 超　660万円 以下	収入金額×20％ ＋　44万円
660万円 超　850万円 以下	収入金額×10％ ＋110万円
850万円 超	195万円

＜公的年金等控除額の速算表＞

納税者区分	公的年金等の収入金額（A）	公的年金等控除額　公的年金等に係る雑所得以外の所得に係る合計所得金額　1,000万円 以下
65歳以上の者	330万円 以下	110万円
	330万円 超　410万円 以下	（A）×25％ ＋ 27.5万円
	410万円 超　770万円 以下	（A）×15％ ＋ 68.5万円
	770万円 超　1,000万円 以下	（A）× 5％ ＋145.5万円
	1,000万円 超	195.5万円

1．210万円
2．250万円
3．260万円

正解 **1** が正しい　　　　　　　　　　テキスト4章　P257、P270、P278

総所得金額とは総合課税の対象となる所得金額の合計額であり、設問の給与所得（アルバイト収入）、雑所得（老齢厚生年金）は総合課税の対象となります。

給与所得＝**収入金額－給与所得控除額**＝0円（給与収入が給与所得控除額55万円を下回るため）

雑所得＝**収入金額－公的年金等控除額**＝320万円－110万円＝210万円

以上より、総所得金額は210万円となり、正解は1．となります。

給与所得と公的年金等の雑所得がある場合、「給与所得（10万円を限度）＋公的年金等の雑所得（10万円を限度）－10万円」により求めた金額を所得金額調整控除として、総所得金額の計算の際、給与所得の金額から控除できます。

ただし、給与所得がゼロであるため、0＋10万円－10万円＝0円となり、所得金額調整控除はありません。

第6問  [2022年1月]

会社員の大垣さんの本年分の所得等が下記＜資料＞のとおりである場合、大垣さんが本年分の所得税の確定申告をする際に、給与所得と損益通算できる損失の金額として、正しいものはどれか。なお、▲が付された所得の金額は、その所得に損失が発生していることを意味するものとする。

＜資料＞

所得または損失の種類	所得金額	備考
給与所得	800万円	勤務先からの給与であり、年末調整は済んでいる。
不動産所得	▲200万円	収入金額：300万円 必要経費：500万円 ＊必要経費の中には、土地等の取得に要した借入金の利子が50万円ある。
雑所得	▲10万円	副業で行っている執筆活動に係る損失

1. ▲200万円
2. ▲160万円
3. ▲150万円

正解 3 が正しい　　　　　テキスト4章　P257、P283

不動産所得の損失200万円のうち、**土地等の取得に係る借入金の利子の部分（50万円）は損益通算できない**ため、損益通算できる損失は200万円－50万円＝150万円となります。

雑所得の損失は損益通算できません。

以上より、損益通算できる損失は150万円であり、正解は3.となります。

第7問

[2019年5月]

個人事業主として物品販売業を営む天野さんの本年分の各種所得の金額が下記＜資料＞のとおりである場合、天野さんの総合課税の対象とされる本年分の総所得金額として、正しいものはどれか。なお、＜資料＞に記載のない条件については一切考慮しないこととする。

＜資料＞

［天野さんの本年分の所得の金額］
事業所得の金額　350万円
給与所得の金額　60万円（退職した勤務先から受給したもので、給与所得控除後の金額である）
譲渡所得の金額　100万円（上場株式の譲渡によるもの）

1．160万円
2．410万円
3．510万円

正解　2　が正しい　　テキスト4章　P257、P274-275

総所得金額とは**総合課税**の対象となる所得金額の合計をいいます。事業所得、給与所得は総合課税ですが、**上場株式の譲渡所得**は**分離課税**ですので、総所得金額は350万円＋60万円＝410万円となります。
出題される可能性が高い分離課税には、**退職**所得、**土地等・建物の譲渡**所得、**上場株式等の譲渡**所得等があります。

第8問  [2020年1月]

個人事業主として飲食店を営む宮野さんの本年分の各種所得の金額が下記＜資料＞のとおりである場合、宮野さんの本年分の総所得金額として、正しいものはどれか。なお、＜資料＞に記載のない事項については一切考慮しないこととする。

＜資料＞

[宮野さんの本年分の所得の金額]
事業所得の金額　280万円
給与所得の金額　100万円（退職した勤務先から受給したものである）
退職所得の金額　500万円（退職した勤務先から受給したものである）

1．880万円
2．780万円
3．380万円

正解　**3**　が正しい　　　　　　　　　　　テキスト4章　P257、P272

総所得金額とは**総合課税**の対象となる所得金額の合計をいいます。事業所得、給与所得は総合課税ですが、**退職**所得は**分離**課税ですので、総所得金額は280万円＋100万円＝380万円となります。

第9問 重要度 B [2019年1月]

所得税における医療費控除に関する次の記述の空欄（ア）〜（ウ）にあてはまる語句の組み合わせとして、正しいものはどれか。

> ・医療費控除の金額は以下のとおり計算される。
> 「実際に支払った医療費の金額の合計額－保険金等で補てんされる金額－（ア）」
> ただし、納税者本人のその年の総所得金額等が200万円未満の場合は（ア）ではなく、総所得金額等の（イ）相当額となる。
> ・医療費控除の金額の上限は（ウ）である。

1. （ア）5万円　（イ）10％　（ウ）200万円
2. （ア）10万円　（イ）5％　（ウ）100万円
3. （ア）10万円　（イ）5％　（ウ）200万円

正解 3 が正しい　テキスト4章 P299

医療費控除額は「(医療費－保険金等で補填される金額)－**10万円**（ア）（総所得金額等が**200万円**未満の場合は総所得金額等×**5％**（イ））」により求めます。

例えば、総所得金額等が100万円である場合、医療費控除額は、(医療費－保険金等で補填される金額)－100万円×5％　となります。

なお、医療費控除の上限は**200万円**（ウ）となります。2つの「200万円」がポイントです。

以上より、3.が正解となります。

第10問

[2021年1月]

長岡さんが本年中に支払った医療費等が下記＜資料＞のとおりである場合、長岡さんの本年分の所得税の確定申告における医療費控除の金額として、正しいものはどれか。なお、長岡さんの本年分の所得は給与所得600万円のみであり、支払った医療費等はすべて長岡さんおよび生計を一にする妻のために支払ったもので、保険金等で補てんされたものはない。また、医療費控除の金額が最も大きくなるよう計算すること。

＜資料＞

・風邪を予防するために薬局で購入したビタミン剤の購入代金	25,000円
・骨折の治療のために整形外科へ支払った入院代	170,000円
・整形外科へ自家用車で通院するために要した駐車場代	8,000円

1．103,000円
2．95,000円
3．70,000円

正解 3 が正しい　　テキスト4章　P299-300

医療費控除額は「(**医療費**－保険金等で補填される金額)－**10万円**（総所得金額等が200万円未満の場合は総所得金額等×5％）」により求めます。

ビタミン剤→対象外（風邪薬等は対象）

入院代（17万円）→対象

自家用車の駐車場代、ガソリン代、有料道路の通行料金→対象外（**電車、バス、緊急時のタクシー代は対象**）

となるため、17万円－10万円＝7万円となります。

対象となる医療費、対象外の医療費をしっかり整理しておきましょう。

第11問   重要度 　　　　　　　　　　　　［2019年9月］

会社員の井上太一さんが、本年中に支払った医療費等が下記＜資料＞のとおりである場合、太一さんの本年分の所得税の確定申告における医療費控除の金額として、正しいものはどれか。なお、太一さんの所得は給与所得700万円のみであり、妻および長女は太一さんと生計を一にしている。また、医療費控除の金額が最も大きくなるよう計算すること。

＜資料＞

支払年月	医療等を 受けた人	内容	支払金額
本年2月	本人	人間ドック代（※1）	80,000円
本年5月	妻	入院費用（※2）	230,000円 （うち差額ベッド料60,000円）
本年7月	長女	健康増進のための ビタミン剤の購入代	10,000円

（※1）人間ドックの結果、特に重大な疾患等は発見されなかった。
（※2）保険金等により補てんされた金額はないものとする。また、自己の都合により差額ベッドを使用し、差額ベッド料を支払った。

1．70,000円
2．130,000円
3．160,000円

正解　　が正しい　　　　　　　　　　　　テキスト4章　P299-300

医療費控除額は「(**医療費**－保険金等で補填される金額)－**10万円**（総所得金額等が200万円未満の場合は総所得金額等×**5％**）」により求めます。

人間ドック代→特に**重大な疾病が発見されなかった**ため対象外（重大な疾病が発見され、引き続き治療した場合は対象）

入院代→**自己**の**都合**による**ベッド代**（6万円）は**対象外**ですが、その他部分（23万円－6万円＝17万円）は対象

ビタミン剤→対象外

となるため、17万円－10万円＝7万円となります。対象となる医療費、対象外の医療費をしっかり整理しておきましょう。

第12問  [2021年1月]

佐野さんは、個人でアパートの賃貸をしている青色申告者である。佐野さんの本年分の所得および所得控除が下記＜資料＞のとおりである場合、佐野さんの本年分の所得税額として、正しいものはどれか。なお、佐野さんに＜資料＞以外の所得はなく、復興特別所得税や税額控除、源泉徴収税額、予定納税等については一切考慮しないこととする。

＜資料＞

［本年分の所得］
不動産所得の金額　780万円
※必要経費や青色申告特別控除額を控除した後の金額である。

［本年分の所得控除］
所得控除の合計額　110万円

＜所得税額の計算方法＞

課税される所得金額×税率－控除額

＜所得税の速算表＞

課税される所得金額	税率	控除額
1,000円から　1,949,000円まで	5％	0円
1,950,000円から　3,299,000円まで	10％	97,500円
3,300,000円から　6,949,000円まで	20％	427,500円
6,950,000円から　8,999,000円まで	23％	636,000円
9,000,000円から　17,999,000円まで	33％	1,536,000円
18,000,000円から　39,999,000円まで	40％	2,796,000円
40,000,000円以上	45％	4,796,000円

（注）課税される所得金額の1,000円未満の端数は切捨て

1．912,500円
2．1,158,000円
3．1,340,000円

正解　**1**　が正しい　　　　　テキスト4章　P288、P315-316

第1段階　課税所得金額＝所得金額－所得控除＝780万円－110万円＝670万円
第2段階　所得税額＝課税所得金額×税率－控除額＝670万円×20％－42.75万円＝91.25万円　となります。
税率表の使い方をマスターしておきましょう。

第13問

[2020年9月]

給与所得者である浜松さんは、本年中に住宅ローンを利用して新築マンションを購入し、直ちに居住を開始した。浜松さんは所得税で住宅借入金等特別控除(以下「住宅ローン控除」という)の適用を受けたいと考え、FPで税理士でもある工藤さんに相談をした。工藤さんが行った住宅ローン控除に関する次の説明のうち、最も適切なものはどれか。

1. 「住宅ローンの返済期間が10年以上でなければ適用を受けることができません。」
2. 「住宅ローン控除の適用対象となる住宅の床面積は30㎡以上とされています。」
3. 「住宅ローン控除は、その年分の合計所得金額が3,000万円以下でなければ適用を受けることができません。」

正解 **1** が適切

テキスト4章 P308

1. **適切** 新築住宅の控除期間は**13年**ですが、借入金の償還期間は**10年**以上であることが要件となっています。
2. **不適切** 原則**50㎡**以上(2023年までに建築確認された新築住宅は40㎡以上)であることが要件となっています。
3. **不適切** 原則、合計所得金額**2,000万円以下**(2023年までに建築確認された新築住宅で、床面積40㎡以上50㎡未満の場合は1,000万円以下)であることが要件となっています。

 レック先生のワンポイント

( )内は期間限定ですので、まずは原則の要件、控除期間を押さえましょう。

299

第14問

[2021年9月]

下記<資料>の3人の会社員のうち、本年分の所得税において確定申告を行う必要がない者は誰か。なお、<資料>に記載のあるデータに基づいて解答することとし、記載のない条件については一切考慮しないこととする。

<資料：3人の収入等に関するデータ（本年12月31日時点）>

氏名	年齢	給与収入（年収）	勤務先	備考
飯田大介	35歳	500万円	SA食品会社	・勤務先の給与収入以外に一時所得の金額が10万円ある。 ・勤務先で年末調整を受けている。
山根正樹	40歳	800万円	SB銀行	・収入は勤務先の給与収入のみである。 ・勤務先で年末調整を受けている。 ・本年中に住宅を取得し、同年分から住宅借入金等特別控除の適用を受けたい。
伊丹正志	52歳	2,300万円	SC商事	・収入は勤務先の給与収入のみである。

※給与収入（年収）は本年分の金額である。

1．飯田大介
2．山根正樹
3．伊丹正志

正解　1　が正しい　　　　　　テキスト4章　P313

1. 確定申告を行う必要がない。給与所得者のうち、給与所得、退職所得以外の所得金額の合計額（源泉分離課税、源泉徴収で課税を終了するものを除く）が**20万円超**の者は**確定申告が必要**ですが、設問の場合は該当しません。

2. 確定申告を行う必要がある。**入居した年**の住宅借入金等特別控除については**確定申告によってのみ控除を受けることができます**。

3. 確定申告を行う必要がある。給与収入が**2,000万円を超える者**は確定申告が**必要**です。「所得」ではなく「収入」で判定します。

300

4章 ● タックスプランニング

実技試験

【日本FP協会】資産設計提案業務

実技試験[金財] 個人資産相談業務・保険顧客資産相談業務

第1問

[2021年5月 保険]

次の設例に基づいて、下記の各問（《問1》～《問3》）に答えなさい。

《設 例》

　会社員のAさんは、妻Bさん、長女Cさんおよび母Dさんとの4人家族である。Aさんは、本年中に購入した医薬品の費用について、セルフメディケーション税制（特定一般用医薬品等購入費を支払った場合の医療費控除の特例）の適用を受けたいと考えている。また、Aさんは、本年中に養老保険の満期保険金および個人年金保険（10年確定年金）の年金を受け取っている。

＜Aさんとその家族に関する資料＞

Aさん	（60歳）：	会社員
妻Bさん	（52歳）：	専業主婦。本年中の収入はない。
長女Cさん	（20歳）：	大学生。本年中に、アルバイトとして給与収入50万円を得ている。また、長女Cさんが負担すべき国民年金の保険料はAさんが支払っている。
母Dさん	（80歳）：	本年中に老齢基礎年金50万円および遺族厚生年金50万円を受け取っている。

＜Aさんの本年分の収入等に関する資料＞

- （1）給与収入の金額　　　　　　　　　：800万円
- （2）養老保険（月払）の満期保険金
  - 契約年月　　　　　　　　　　　：1990年7月
  - 契約者（＝保険料負担者）・被保険者：Aさん
  - 死亡保険金受取人　　　　　　　：妻Bさん
  - 満期保険金受取人　　　　　　　：Aさん
  - 満期保険金額　　　　　　　　　：500万円
  - 正味払込保険料　　　　　　　　：400万円
- （3）個人年金保険（10年確定年金）の年金収入：100万円（必要経費は70万円）
  - ※契約者（＝保険料負担者）・被保険者・年金受取人はAさんである。
  - ※配当金については考慮しないものとする。

※妻Bさん、長女Cさんおよび母Dさんは、Aさんと同居し、生計を一にしている。
※Aさんとその家族は、いずれも障害者および特別障害者には該当しない。
※Aさんとその家族の年齢は、いずれも本年12月31日現在のものである。
※上記以外の条件は考慮せず、各問に従うこと。

問 1 　　　　　　　　　　　　　　　　　　重要度

Ａさんの本年分の所得税における所得控除に関する次の記述のうち、最も不適切なものはどれか。

1) 「セルフメディケーション税制の適用を受ける場合、特定一般用医薬品等購入費の総額（保険金などで補填される金額を除く）が12,000円を超えるときに、その超える部分の金額（最高88,000円）を総所得金額等から控除することができます。」
2) 「会社員であるＡさんは、勤務先の年末調整においてセルフメディケーション税制の適用を受けることができます。」
3) 「Ａさんが支払っている長女Ｃさんの国民年金の保険料は、その全額がＡさんの社会保険料控除の対象となります。」

正解 **2** が不適切　　　　テキスト 4章　1) P299-301、2) P313、3) P296

1) 適切　　なお、通常の医療費控除額は「**(医療費－保険金等で補填される金額)－10万円**（総所得金額等が200万円未満の場合は総所得金額等×5％）」により求めます。

2) **不適切**　**医療費控除**を受けるには**確定申告が必要**となります。

3) 適切　　社会保険料控除は、納税者本人、生計を一にする配偶者、親族に係る社会保険料が対象となります。

問 2

Aさんの本年分の所得税における総所得金額は、次のうちどれか。

1）650万円
2）665万円
3）690万円

＜資料＞給与所得控除額

給与収入金額		給与所得控除額
万円超	万円以下	
	180	収入金額×40％−10万円（55万円に満たない場合は、55万円）
180 ～	360	収入金額×30％＋8万円
360 ～	660	収入金額×20％＋44万円
660 ～	850	収入金額×10％＋110万円
850 ～		195万円

正解 **2** が正しい　　　　　テキスト4章　P270、P276-277、P278

総所得金額とは**総合課税**の対象となる所得金額の合計額であり、設問の**給与所得、一時所得、雑所得**は**総合課税**の対象となります。

給与所得＝**収入金額−給与所得控除額**＝800万円−（800万円×10％＋110万円）＝610万円

一時所得＝**収入金額−収入を得るために支出した金額−特別控除（最高50万円）**＝500万円−400万円−50万円＝50万円

雑所得＝**収入金額−必要経費**＝100万円−70万円＝30万円

なお、一時所得は損益通算後に残った**一時所得の2分の1を総所得金額に算入**しますので、610万円＋50万円×1／2＋30万円＝665万円となります。

以上より、正解は2.となります。

| 問3 | ☑☑☑ | 重要度 A |

Aさんの本年分の所得税における所得控除に関する以下の文章の空欄①～③に入る数値の組合せとして、次のうち最も適切なものはどれか。

> ⅰ)「Aさんが適用を受けることができる配偶者控除の控除額は、（ ① ）万円です。」
> ⅱ)「長女Cさんは特定扶養親族に該当するため、Aさんが適用を受けることができる長女Cさんに係る扶養控除の控除額は、（ ② ）万円です。」
> ⅲ)「母Dさんは老人扶養親族の同居老親等に該当するため、Aさんが適用を受けることができる母Dさんに係る扶養控除の控除額は、（ ③ ）万円です。」

1) ① 26　② 58　③ 38
2) ① 38　② 58　③ 48
3) ① 38　② 63　③ 58

正解 **3** が適切　　　テキスト4章　① P290、②③ P293-294

①設問の場合、納税者本人の合計所得金額が**900万円以下**（前問解説参照）、**生計を一にする70歳未満の配偶者の収入はない**ため、配偶者控除の控除額は**38万円**となります。

②扶養控除は、生計を一にする16歳以上である親族等（配偶者以外）の合計所得金額が48万円以下である場合に適用を受けることができます。長女Cさん（20歳）は所得ゼロ（給与収入50万円＝給与所得ゼロ）であるため、控除を受けることができ、**特定扶養親族（19歳以上23歳未満）** に該当するため、**63万円**の控除を受けることができます。

③母Dさん（80歳）は雑所得ゼロ（老齢基礎年金50万円は公的年金等控除額110万円の範囲内、遺族厚生年金50万円は非課税）であるため、扶養控除の適用を受けることができ、70歳以上の同居の親に該当するため、同居老親等として**58万円**の控除を受けることができます。

以上より、正解は3.となります。

第2問

[2022年9月　個人]

次の設例に基づいて、下記の各問（《問1》〜《問3》）に答えなさい。

《設 例》

　会社員のＡさんは、妻Ｂさん、長男Ｃさんおよび長女Ｄさんとの4人家族である。本年5月に20歳になった長男Ｃさんの国民年金保険料は、Ａさんが毎月支払っている。

＜Ａさんとその家族に関する資料＞

Ａさん	（50歳）	：	会社員
妻Ｂさん	（47歳）	：	本年中に、パートタイマーとして給与収入80万円を得ている。
長男Ｃさん	（20歳）	：	大学生。本年中の収入はない。
長女Ｄさん	（14歳）	：	中学生。本年中の収入はない。

＜Ａさんの本年分の収入等に関する資料＞

（1）給与収入の金額　　：　　800万円

（2）不動産所得の金額　：　　30万円

（3）一時払養老保険（10年満期）の満期保険金

契約年月	：	2012年3月
契約者（＝保険料負担者）・被保険者	：	Ａさん
死亡保険金受取人	：	妻Ｂさん
満期保険金受取人	：	Ａさん
満期保険金額	：	320万円
一時払保険料	：	300万円

※妻Ｂさん、長男Ｃさんおよび長女Ｄさんは、Ａさんと同居し、生計を一にしている。
※Ａさんとその家族は、いずれも障害者および特別障害者には該当しない。
※Ａさんとその家族の年齢は、いずれも本年12月31日現在のものである。

※上記以外の条件は考慮せず、各問に従うこと。

306

| 問1 | | 重要度 |

Aさんの本年分の所得税における総所得金額は、次のうちどれか。

1) 640万円
2) 650万円
3) 660万円

＜資料＞給与所得控除額

給与収入金額		給与所得控除額
万円超	万円以下	
～	180	収入金額×40％－10万円（55万円に満たない場合は、55万円）
180 ～	360	収入金額×30％＋8万円
360 ～	660	収入金額×20％＋44万円
660 ～	850	収入金額×10％＋110万円
850 ～		195万円

正解 **1** が正しい　　テキスト4章　P257、P265、P270、P276-277

総所得金額とは**総合課税**の対象となる所得金額の合計額であり、設問の給与所得、不動産所得、一時所得は総合課税の対象となります。

給与所得＝**収入金額－給与所得控除額**＝800万円－（800万円×10％＋110万円）＝610万円

不動産所得＝30万円

一時所得＝**収入金額－収入を得るために支出した金額－特別控除（最高50万円）**＝（320万円－300万円）－20万円（特別控除）＝0円

以上より、総所得金額は610万円＋30万円＝640万円となり、正解は1.となります。

問2 重要度

Aさんの本年分の所得税における所得控除に関する以下の文章の空欄①～③に入る数値の組合せとして、次のうち最も適切なものはどれか。

> ⅰ）「妻Bさんの合計所得金額は48万円以下となりますので、Aさんは配偶者控除の適用を受けることができます。Aさんが適用を受けることができる配偶者控除の額は、（　①　）万円です。」
> ⅱ）「Aさんが適用を受けることができる扶養控除の額は、（　②　）万円です。」
> ⅲ）「Aさんが適用を受けることができる基礎控除の額は、（　③　）万円です。」

1） ① 38　　② 63　　③ 48
2） ① 38　　② 101　③ 38
3） ① 48　　② 101　③ 48

正解 **1** が適切　　テキスト4章　①P290、②P293-294、③P289

①配偶者控除は、**納税者本人の合計所得金額が1,000万円以下、生計を一にする配偶者の合計所得金額が48万円以下（給与収入のみである場合は103万円以下）**である場合に適用を受けることができます。
前問より合計所得金額が640万円、配偶者は47歳（一般の控除対象配偶者）であり、給与収入が103万円以下（80万円）であるため、配偶者控除の額は38万円となります。

②扶養控除は、生計を一にする**16歳以上**である親族等（配偶者以外）**の合計所得金額が48万円以下（給与収入のみである場合は103万円以下）**である場合に適用を受けることができます。長男Cさん（20歳）は特定扶養親族であるため**63万円**、14歳の長女Dさんは扶養控除の**対象外**となります。

③納税者本人の合計所得金額が**2,400万円以下**である場合、基礎控除額は**48万円**となります。

以上より、正解は1.となります。

問3 重要度

Aさんの本年分の所得税の課税に関する次の記述のうち、最も不適切なものはどれか。

1)「Aさんが本年中に支払った長男Cさんの国民年金保険料は、その全額を社会保険料控除として総所得金額等から控除することができます。」
2)「Aさんは、不動産所得の金額が20万円を超えるため、確定申告をしなければなりません。」
3)「確定申告書は、原則として、翌年2月16日から3月31日までの間に、Aさんの納税地（一般に住所地）を所轄する税務署長に提出してください。」

正解 3 が不適切　　　テキスト4章　1) P296、2) P313、3) P312

1)適切　納税者が**本人、生計を一にする配偶者、親族の社会保険料を支払った**場合、支払った**全額が社会保険料控除（所得控除）**の対象となります。

2)適切　給与所得者で、**給与所得・退職所得以外の所得金額（一時所得等は2分の1後の金額）が20万円を超える場合、所得税の確定申告をしなければなりません**。設問の場合は、不動産所得が30万円あるため、確定申告が必要です。

3)不適切　所得税の申告期限は所得があった年の**翌年2月16日から3月15日まで**（該当日が土日等の休業日の場合はその翌日）に、**納税地（一般に住所地）**を管轄する税務署長に提出します。

| 第3問 | [2019年5月　保険] |

次の設例に基づいて、下記の各問（《問1》～《問3》）に答えなさい。

《設 例》

　会社員のAさんは、妻Bさん、長男Cさんおよび長女Dさんとの4人家族である。Aさんは、本年中に一時払養老保険の満期保険金や終身保険の解約返戻金を受け取っている。Aさんとその家族に関する資料等は、以下のとおりである。

＜Aさんとその家族に関する資料＞

　Aさん　　　　（50歳）：会社員

　妻Bさん　　　（50歳）：専業主婦。本年中の収入はない。

　長男Cさん　　（20歳）：大学生。本年中の収入はない。長男Cさんが負担
　　　　　　　　　　　　　すべき国民年金の保険料はAさんが支払っている。

　長女Dさん　　（17歳）：高校生。本年中の収入はない。

＜Aさんの本年分の収入等に関する資料＞

　（1）給与収入の金額　　　　　　　　：800万円

　（2）一時払養老保険（10年満期）の満期保険金

　　　　契約年月　　　　　　　　　　：2008年6月

　　　　契約者（＝保険料負担者）・被保険者：Aさん

　　　　死亡保険金受取人　　　　　　：妻Bさん

　　　　満期保険金受取人　　　　　　：Aさん

　　　　満期保険金額　　　　　　　　：1,100万円

　　　　一時払保険料　　　　　　　　：1,000万円

　（3）終身保険の解約返戻金

　　　　契約年月　　　　　　　　　　：1991年7月

　　　　契約者（＝保険料負担者）・被保険者：Aさん

　　　　死亡保険金受取人　　　　　　：妻Bさん

　　　　解約返戻金額　　　　　　　　：490万円

　　　　正味払込保険料　　　　　　　：420万円

※妻Bさん、長男Cさんおよび長女Dさんは、Aさんと同居し、生計を一にしている。
※Aさんとその家族は、いずれも障害者および特別障害者には該当しない。
※Aさんとその家族の年齢は、いずれも本年12月31日現在のものである。

※上記以外の条件は考慮せず、各問に従うこと。

問1

重要度 A

Aさんの本年分の所得税の確定申告に関する次の記述のうち、最も適切なものはどれか。

1) 「一時払養老保険は金融類似商品に該当するため、Aさんが受け取った満期保険金に係る保険差益は源泉分離課税の対象となります。」
2) 「Aさんの場合、総所得金額に算入される一時所得の金額の合計額が20万円を超えるため、Aさんは所得税の確定申告をしなければなりません。」
3) 「会社員であるAさんが所得税の確定申告をする場合、確定申告書はAさんの勤務先を経由して、勤務先の住所地の所轄税務署長に提出することになります。」

正解 2 が適切　　テキスト4章　1) 2) P276-277、3) P312

1) **不適切**　源泉分離課税となるのは、「**一時払**等」「**5年以内受取り**」「養老保険・確定年金等に該当する一定の場合（終身年金、終身保険でない）」の全部に該当する場合です。一時払養老保険の満期保険金は**5年超**経過しているため、源泉分離課税とはならず、一時所得として総合課税の対象となります。なお、**終身保険の解約返戻金**は一時所得として**総合課税**の対象となります。

2) **適切**　一時所得＝**収入金額－収入を得るために支出した金額－特別控除（最高50万円）** ＝（1,100万円＋490万円）－（1,000万円＋420万円）－50万円＝120万円
一時所得の**2分の1を総所得金額に算入**しますので、設問の場合は、120万円×1／2＝60万円を総所得金額に算入することになります。
給与所得者で、給与所得・退職所得以外の所得金額（一時所得等は2分の1後の金額）が20万円を超える場合、所得税の確定申告をしなければなりません。

3) **不適切**　確定申告は「勤務先」ではなく「**住所地**」を管轄する所轄税務署長に提出します。勤務先を経由する必要もありません。

問2

Aさんの本年分の所得税における所得控除に関する以下の文章の空欄①～③に入る語句の組合せとして、次のうち最も適切なものはどれか。

ⅰ）Aさんは、長男Cさんが負担すべき国民年金の保険料を支払っている。その保険料は、Aさんの社会保険料控除の対象と（ ① ）。
ⅱ）Aさんが適用を受けることができる配偶者控除の控除額は、（ ② ）である。
ⅲ）Aさんが適用を受けることができる扶養控除の控除額は、（ ③ ）である。

1）① ならない　② 26万円　③ 101万円
2）① なる　　　② 26万円　③ 　63万円
3）① なる　　　② 38万円　③ 101万円

<資料>配偶者控除額の金額

居住者の合計所得金額			一般の控除対象配偶者	老人控除対象配偶者
万円超		万円以下		
	～	900	38万円	48万円
900	～	950	26万円	32万円
950	～	1,000	13万円	16万円

| 正解 | **3** | が適切 | テキスト4章　①P296、②P290、③P293-294 |

①納税者が、本人、生計を一にする**配偶者**、その他**親族**に係る社会保険料を支払った場合は、**社会保険料控除**の対象となります。なお、小規模企業共済等掛金控除は、納税者本人の掛金のみが控除の対象となります。

②設問の場合、納税者本人の合計所得金額が**900万円以下**（次の問題の解説参照）、生計を一にする配偶者の収入はないため、配偶者控除（70歳未満）の控除額は**38万円**となります。

③扶養控除は、生計を一にする16歳以上である親族等（配偶者以外）の合計所得金額が**48万円以下**である場合に適用を受けることができます。長男Cさん（20歳）は特定扶養親族に該当するため扶養控除の額は**63万円**、長女Dさん（17歳）は一般の控除対象扶養親族に該当するため扶養控除の額は**38万円**、合計63万円＋38万円＝101万円となります。

以上より、3.が正解となります。

問3   重要度

Aさんの本年分の所得税における総所得金額は、次のうちどれか。

1）670万円
2）730万円
3）740万円

＜給与所得控除額の速算表＞

収入金額	給与所得控除額
162.5万円以下	55万円（給与収入の額まで）
162.5万円超　180万円以下	収入金額×40％－　10万円
180万円超　360万円以下	収入金額×30％＋　8万円
360万円超　660万円以下	収入金額×20％＋　44万円
660万円超　850万円以下	収入金額×10％＋110万円
850万円超	195万円

正解 **1** が正しい　　　テキスト4章　P257、P270、P276-277

総所得金額とは**総合課税**の対象となる所得金額の合計額であり、設問の給与所得と一時所得は総合課税の対象となります。

給与所得＝**収入金額－給与所得控除額**＝800万円－（800万円×10％＋110万円）＝610万円

一時所得は、問1の解説より120万円、総所得金額に算入される金額は120万円×1／2＝60万円となりますので、

総所得金額は610万円＋60万円＝670万円となります。

第4問

[2019年5月 個人]

次の設例に基づいて、下記の各問（《問1》～《問3》）に答えなさい。

《設 例》

上場企業に勤務する会社員のＡさんは、妻Ｂさんおよび母Ｃさんとの3人暮らしである。Ａさんは、本年中に母Ｃさんの入院・手術・通院に係る医療費を支払ったため、医療費控除の適用を受ける予定である。なお、不動産所得の金額の前の「▲」は赤字であることを表している。

＜Ａさんとその家族に関する資料＞

Ａさん　　（57歳）： 会社員

妻Ｂさん　（55歳）： 本年中に、パートタイマーとして給与収入100万円を得ている。

母Ｃさん　（83歳）： 本年中の収入は公的年金（老齢基礎年金）のみであり、その収入金額は70万円である。

＜Ａさんの本年分の収入等に関する資料＞

（1）給与収入の金額　　　： 1,200万円

（2）不動産所得の金額　　： ▲50万円（土地等の取得に係る負債の利子はない）
（国内の不動産の貸付）

※妻Ｂさんおよび母Ｃさんは、Ａさんと同居し、生計を一にしている。
※Ａさんとその家族は、いずれも障害者および特別障害者には該当しない。
※Ａさんとその家族の年齢は、いずれも本年12月31日現在のものである。

※上記以外の条件は考慮せず、各問に従うこと。

Aさんの本年分の所得税における総所得金額は、次のうちどれか。

1）940万円
2）955万円
3）990万円

＜給与所得控除額の速算表＞

収入金額		給与所得控除額
	162.5万円以下	55万円（給与収入の額まで）
162.5万円超	180万円以下	収入金額×40％ － 10万円
180万円超	360万円以下	収入金額×30％ ＋ 8万円
360万円超	660万円以下	収入金額×20％ ＋ 44万円
660万円超	850万円以下	収入金額×10％ ＋ 110万円
850万円超		195万円

正解 **2** が正しい　　　　テキスト4章　P257、P265-266、P270

総所得金額とは**総合課税**の対象となる所得金額の合計額であり、設問の給与所得と不動産所得は総合課税の対象となります。

給与所得＝収入金額－給与所得控除額＝1,200万円－195万円＝1,005万円

不動産所得は▲50万円であり、土地等の取得に係る借入金の利子はないため、50万円の赤字は給与所得と損益通算できます。

以上より、総所得金額は1,005万円－50万円＝955万円となります。

問2 ☑☑☑　　　　　　　　　　　　　　　　　　重要度 A

Aさんの本年分の所得税における所得控除に関する以下の文章の空欄①~③に入る数値の組合せとして、次のうち最も適切なものはどれか。

> ⅰ)「妻Bさんの合計所得金額は（ ① ）万円を超えていないため、Aさんは配偶者控除の適用を受けることができます。Aさんが適用を受けることができる配偶者控除の控除額は、（ ② ）万円です。」
>
> ⅱ)「Aさんが適用を受けることができる母Cさんに係る扶養控除の控除額は、（ ③ ）万円です。」

1) ① 103　② 26　③ 48
2) ① 48　② 13　③ 58
3) ① 103　② 13　③ 63

<資料>配偶者控除額の金額

居住者の合計所得金額		一般の控除対象配偶者	老人控除対象配偶者
万円超	万円以下		
~	900	38万円	48万円
900 ~	950	26万円	32万円
950 ~	1,000	13万円	16万円

| 正解 | **2** | が適切 | テキスト 4 章　①② P290、③ P293-294 |

①配偶者控除は、納税者本人の合計所得金額が**1,000万円以下**、生計を一にする配偶者の合計所得金額が**48万円以下**（給与収入のみである場合は給与収入103万円以下）である場合に適用を受けることができます。

②前問より合計所得金額が**955万円**、配偶者は55歳（一般の控除対象配偶者）であり、給与収入が**103万円以下**であるため、＜資料＞より配偶者控除の額は13万円となります。

③扶養控除は、生計を一にする**16歳以上**である親族等（配偶者以外）の合計所得金額が**48万円以下**（給与収入のみである場合は103万円以下）である場合に適用を受けることができます。母Cさん（83歳）は**70歳以上**で、Aさんと**同居**し、生計を一にしているため、**同居老親等**に該当し、扶養控除の額は58万円となります。

以上より、2.が正解となります。

問 3 重要度

Ａさんの本年分の所得税における医療費控除に関する次の記述のうち、最も不適切なものはどれか。

1) 「通常の医療費控除額は、『(その年中に支払った医療費の総額－保険金などで補填される金額)－10万円』の算式により算出します。Ａさんが本年中に支払った医療費の総額が10万円を超えていない場合、医療費控除額は算出されません。」
2) 「Ａさんが通常の医療費控除の適用を受ける場合、セルフメディケーション税制（医療費控除の特例）の適用を受けることはできません。どちらか一方を選択して適用を受けることになります。」
3) 「通常の医療費控除の対象となる医療費の範囲には、診療等を受けるための公共交通機関（バス・電車等）による通院費は含まれません。」

正解 **3** が不適切　　　　　　　　　　テキスト4章　P299-301

1) 適切　医療費控除額は「(**医療費**－保険金等で補填される金額)－**10万円**（総所得金額等が200万円未満の場合は総所得金額等×5%）」により求めます。Ａさんの総所得金額等の金額は200万円以上であるため、10万円を超える医療費を支払っている場合は医療費控除額が算出されます。

2) 適切　通常の医療費控除とセルフメディケーション税制は**いずれか一方を選択**して適用を受けることができます。

3) 不適切　診療を受けるための**公共交通機関**による**通院費**は医療費控除の**対象**となります。なお、自家用車のガソリン代、駐車場代、有料道路料金は対象外です。

第5問

[2020年9月 個人]

次の設例に基づいて、下記の各問（《問1》～《問3》）に答えなさい。

《設 例》

個人事業主であるAさんは、開業後直ちに青色申告承認申請書と青色事業専従者給与に関する届出書を所轄税務署長に対して提出している青色申告者である。

＜Aさんとその家族に関する資料＞

Aさん　　（65歳）：個人事業主（青色申告者）

妻Bさん　（57歳）：Aさんの事業に専ら従事し、青色事業専従者給与（本年分：84万円）の支払を受けている。

＜Aさんの本年分の収入等に関する資料＞

（1）事業所得の金額　　　　　　　　：400万円（青色申告特別控除後）

（2）老齢基礎年金の年金額　　　　　：75万円

（3）上場株式の譲渡損失の金額（証券会社を通じて譲渡したものである）

　　　　　　　　　　　　　　　　　：30万円

※妻Bさんは、Aさんと同居し、生計を一にしている。
※Aさんおよび妻Bさんは、いずれも障害者および特別障害者には該当しない。
※Aさんおよび妻Bさんの年齢は、いずれも本年12月31日現在のものである。

※上記以外の条件は考慮せず、各問に従うこと。

問1　☑☑☑　重要度 C

所得税における青色申告制度に関する以下の文章の空欄①〜③に入る数値の組合せとして、次のうち最も適切なものはどれか。

> ⅰ）「事業所得に係る取引を正規の簿記の原則に従い記帳し、その記帳に基づいて作成した貸借対照表、損益計算書その他の計算明細書を添付した確定申告書をe-Taxによる申告（電子申告）または一定水準を満たす電子帳簿保存の要件を満たして法定申告期限内に提出することにより、事業所得の金額の計算上、青色申告特別控除として最高（ ① ）万円を控除することができます。なお、法定申告期限後の場合、控除額は（ ② ）万円に引き下げられます。」
>
> ⅱ）「青色申告者が受けられる税務上の特典として、青色申告特別控除のほかに、青色事業専従者給与の必要経費算入、純損失の（ ③ ）年間の繰越控除、純損失の繰戻還付、棚卸資産の評価について低価法を選択することができることなどが挙げられます。」

1) ① 65　② 55　③ 7
2) ① 65　② 10　③ 3
3) ① 55　② 10　③ 3

正解 2 が適切　　　テキスト4章　P318-319

①② 従来からの要件を全て満たし、**e-Tax**または一定水準を満たす電子帳簿保存を行うと、**65万円**の青色申告特別控除、e-Tax・一定水準を満たす電子帳簿保存を行わない場合は**55万円**の青色申告特別控除となります。なお、青色申告でも「貸借対照表を添付しない」「確定申告期限後に提出する」「事業的規模に満たない不動産の貸付けである」のいずれか1つにでも該当する場合の青色申告特別控除は**10万円**となります。

③損益通算をしても引き切れない純損失は翌年以降最長**3年**間繰り越すことができます。

以上より、正解は2.となります。

問2 ☑☑☑ 重要度 B

Aさんの本年分の所得税の課税に関する次の記述のうち、最も不適切なものはどれか。

1) 「妻Bさんは青色事業専従者として給与の支払を受けているため、Aさんは、妻Bさんについて配偶者控除の適用を受けることはできません。」
2) 「Aさんの場合、公的年金等の収入金額の合計額が110万円以下であるため、公的年金等に係る雑所得の金額は算出されません。」
3) 「Aさんの場合、上場株式の譲渡損失の金額を事業所得の金額と損益通算することができます。」

正解 **3** が不適切   テキスト4章 1) P319、2) P279、3) P283

1) 適切 **青色事業専従者給与の支払い**を受けている人は、所得・収入を問わず、**配偶者（特別）控除**、**扶養控除**の適用は**ありません**。合計所得金額48万円以下（給与収入103万円以下）という数値のみをチェックすると間違えます。

2) 適切 公的年金等控除額は、**65歳未満**は**最低60万円**、**65歳以上**は**最低110万円**認められます。最低額は覚えておくと安心です。

3) **不適切** 上場株式の譲渡損失は、特定公社債の譲渡益、上場株式の配当所得（申告分離課税を選択したものに限ります）、特定公社債の利子所得とは損益通算できますが、他の所得とは損益通算できません。

問3 重要度

Aさんの本年分の所得税における総所得金額は、次のうちどれか。

1) 400万円
2) 420万円
3) 450万円

正解 **1** が正しい　　　　　テキスト4章　P257、P267、P278

総所得金額とは**総合課税**の対象となる所得金額の合計額であり、設問の事業所得と雑所得（老齢基礎年金の年金額）は総合課税ですが、**上場株式の譲渡損失は分離課税**です。

事業所得＝400万円

雑所得は、公的年金等控除額110万円以下であるため、ゼロとなります。

以上より、総所得金額は400万円となり、1.が正解となります。

第5章 傾向と対策

不動産に関する法律と税金について幅広く出題されます。法令や税金に関する専門知識が必要なのでしっかり学習しましょう。
※金財の実技試験の保険顧客資産相談業務では、この分野は出題されません。

頻出される問題

＜学科試験＞　学科試験の主なキーワード
登記、甲区・乙区、公示価格・基準地価格・相続税路線価、手付金、媒介契約、定期借地権、定期借家権、区分所有法、市街化区域・市街化調整区域・開発許可、建築基準法（道路規制、用途地域、防火制限、建蔽率、容積率）、農地法、不動産取得税、固定資産税、概算取得費、長期譲渡・短期譲渡、3,000万円特別控除、軽減税率の特例、相続空家の譲渡、利回り、有効活用（等価交換方式、建設協力金方式）

＜実技試験＞
【日本FP協会】建築基準法に関する問題が高頻度で出題されます。登記や価格、貸家建付地や小規模宅地等の特例、不動産の譲渡所得等の税金もあわせて出題されます。

【金財】個人資産相談業務では、建蔽率や容積率の計算問題が定番です。不動産の保有・譲渡等の税金や土地の有効活用の問題もあわせて出題されます。

第5章 不動産

学科試験問題&解答
不動産の基本
不動産取引
不動産に関する法令
不動産の税金
不動産の有効活用と投資分析

実技試験問題&解答
［日本FP協会］　資産設計提案業務

［金財］　個人資産相談業務

学科試験［日本 FP 協会・金財］共通

不動産の基本

1　☑☑☑　重要度 **B**　[2019年9月]

都道府県地価調査の基準地の標準価格は、毎年（ ① ）を価格判定の基準日として調査され、都道府県知事により毎年（ ② ）頃に公表される。

1) ① 1月1日　　② 3月
2) ① 1月1日　　② 9月
3) ① 7月1日　　② 9月

2　☑☑☑　重要度 **B**　[2022年5月]

相続税路線価は、相続税や（ ① ）を算定する際の土地等の評価額の基準となる価格であり、地価公示法による公示価格の（ ② ）を価格水準の目安として設定される。

1) ① 不動産取得税　　② 70％
2) ① 贈与税　　② 70％
3) ① 贈与税　　② 80％

3　☑☑☑　重要度 **B**　[2018年9月]

土地・家屋に係る固定資産税の課税標準となる価格は、原則として、（　　）ごとの基準年度において評価替えが行われる。

1) 2年
2) 3年
3) 5年

3 が正しい　　　　　　　　　　　　　　　　　　　　テキスト5章　P333

①公示価格は**毎年1月1日**時点、基準地標準価格は**毎年7月1日**時点の価格です。
②公示価格は**3月**下旬、基準地標準価格は**9月**下旬に公表されます。
公示価格と基準地標準価格は基準日、公表時期が半年ずれています。

3 が正しい　　　　　　　　　　　　　　　　　　　　テキスト5章　P333

①なお、不動産取得税は**固定資産税評価額**が課税標準となります。
②**相続税路線価**は公示価格の**80%**、**固定資産税評価額**は公示価格の**70%**を価格水準目安として設定されます。

2 が正しい　　　　　　　　　　　　　　　　　　　　テキスト5章　P333

なお、公示価格、基準地価格、相続税路線価は**毎年**評価替えされます。

レック先生のワンポイント

4つの土地の価格

	対公示価格	基準日	評価替え
公示価格	－	1月1日	毎年
基準地標準価格	100%	7月1日	毎年
相続税路線価	80%	1月1日	毎年
固定資産税評価額	70%	1月1日	3年ごと

4 [2018年9月]

不動産の登記事項証明書の交付請求ができる者は、対象不動産の所有者に限られる。

5 [2019年1月]

不動産の登記記録において、所有権に関する登記事項は（ ① ）に記録され、抵当権に関する登記事項は（ ② ）に記録される。

1）① 権利部（甲区）　② 権利部（乙区）
2）① 権利部（甲区）　② 表題部
3）① 権利部（乙区）　② 権利部（甲区）

6 [2019年1月]

不動産登記には公信力が認められていないため、登記記録上の権利者が真実の権利者と異なっている場合に登記記録を信頼して取引をしても、原則として法的に保護されない。

テキスト5章 P338

不動産登記は、**誰でも**閲覧、交付を受けることができます。

1 が正しい

テキスト5章 P335

不動産の物理的概要は表題部、**所有権**に関する事項は権利部**甲区**、**所有権以外**の権利に関する事項（抵当権、賃借権等）は権利部**乙区**に記録されます。

登記記録の内容

表題部	土地　所在、地番、地目、地積など 建物　所在、地番、家屋番号、種類、構造、床面積など
権利部（甲区）	所有権に関する事項
権利部（乙区）	所有権以外に関する事項（賃借権、抵当権等）

テキスト5章 P337

よく出題される問題です。不動産登記を調べて、その内容を信じて取引してトラブルにあっても、**法的に保護されない**ので、不動産登記以外の調査（現地調査等）も大切です。

不動産登記の公信力と対抗力

公信力	公信力はない（不動産登記を信用して取引し、トラブルにあった場合、原則、保護されない）
対抗力	登記された権利は第三者に対抗できる 　例外 　　借地権は借地上の建物を登記すると第三者に対抗できる 　　借家権は建物の引渡しを受けていれば第三者に対抗できる

不動産取引

7 ☑☑☑ 重要度 A [2020年1月]

アパートやマンションの所有者が、当該建物の賃貸を自ら業として行う場合には、宅地建物取引業の免許を取得する必要がある。

8 ☑☑☑ 重要度 A [2018年5月]

宅地建物取引業者は、買主が宅地建物取引業者ではない宅地・建物の売買の媒介に際して、当該宅地・建物の買主に対して、売買契約が成立するまでの間に、宅地建物取引士をして、宅地建物取引業法第35条に規定する重要事項について、これらの事項を記載した書面を交付して説明させなければならない。

9 ☑☑☑ 重要度 A [2019年1月]

宅地建物取引業法の規定によれば、宅地建物取引業者が依頼者と締結する宅地または建物の売買の媒介契約のうち、専任媒介契約の有効期間は、最長で6カ月である。

10 ☑☑☑ 重要度 A [2020年9月]

宅地または建物の売買または交換の媒介契約のうち、（ ① ）では、依頼者は他の宅地建物取引業者に重ねて媒介の依頼をすることが禁じられているが、（ ② ）では、依頼者は他の宅地建物取引業者に重ねて媒介の依頼をすることができる。

1）① 専任媒介契約　　② 一般媒介契約
2）① 一般媒介契約　　② 専任媒介契約
3）① 専任媒介契約　　② 専属専任媒介契約

テキスト5章 P340

宅地・建物を**自ら貸借**することは、宅地建物取引業に該当しないため、免許は不要です。

テキスト5章 P341

重要事項説明は「**契約成立前**」に行います。
「契約後遅滞なく」で出題されることがありますので、「いつ」に着目して問題文をしっかり読みましょう。

テキスト5章 P342

専任媒介契約、専属専任媒介契約の有効期間は**3カ月**とされ、3カ月を超える場合は3カ月として有効（**超える部分は無効**）となります。
専任媒介契約と専属専任媒介契約の違いを整理しておきましょう。

1 が正しい　　　　　　　　　　　　　　　　　　　　　テキスト5章 P342

一般媒介契約は宅建業者、依頼者ともに**自由度が高い**契約であり、**最も厳しい**制限を受けるのが**専属専任媒介契約**です。
他の宅建業者に依頼できないのは専任媒介契約、専属専任媒介契約ですので、①は2）が不適切、②は2）、3）が不適切ですので、1）が正解となります。

11 ☑☑☑ 重要度 A　　　　　　　　　　　　　　　　[2022年5月]

宅地建物取引業者は、自ら売主となる宅地または建物の売買契約の締結に際して、買主が宅地建物取引業者でない場合、売買代金の額の2割を超える額の手付金を受領することができない。

12 ☑☑☑ 重要度 B　　　　　　　　　　　　　　　　[2019年5月]

不動産取引において、買主が売主に解約手付を交付したときは、相手方が契約の履行に着手するまでは、買主はその手付を放棄することで、売主はその手付を現実に提供することで、それぞれ契約を解除することができる。

13 ☑☑☑ 重要度 B　　　　　　　　　　　　　　　　[2018年9月]

民法の規定によれば、不動産の売買契約において、売買の目的物の種類や品質について不適合がある場合、買主は、不適合を知ったときから2年以内に通知をしないと、不適合を理由とする履行の追完請求等をすることができない。

テキスト5章 P344

なお、2割を超える手付金を受領した場合、**2割を超える部分が無効**となります。

テキスト5章 P344

手付解除は「**相手方が**履行に着手するまで」に限ります。この点は正しいです。しかし、買主は**手付放棄**により、売主は**手付金の倍額**を現実に提供することで解除できます。売主の提供する額が「手付」としている点が誤っています。

レック先生のワンポイント

手付金

特に定めがない場合	解約手付として扱われる
手付解除の要件	・相手方が契約履行に着手するまで 　買主：手付金の放棄 　売主：手付金の倍額を現実に提供
宅建業者が売主、宅建業者以外が買主の場合	売買代金の2割を超える手付金を受領することはできない

テキスト5章 P345

民法改正により、内容が変わりました。売買の目的物の種類や品質について不適合を知ったときから**1年**以内に相手に通知しないと、不適合を理由とする、追完請求、代金の減額請求、損害賠償責任、契約の解除をすることはできません。「1年」がポイントです。

不動産に関する法令

14　☑☑☑　重要度 C　　　　　　　　　　　　　　　　[2018 年 5 月]

借地借家法では、借地権設定契約を締結する場合の存続期間は、堅固建物では30年以上、非堅固建物では20年以上とされている。

15　☑☑☑　重要度 A　　　　　　　　　　　　　　　　[2019 年 5 月]

借地借家法の規定によれば、事業用定期借地権等の設定を目的とする契約は、公正証書によって締結しなければならない。

16　☑☑☑　重要度 A　　　　　　　　　　　　　　　　[2018 年 5 月]

借地借家法第23条に規定される「事業用定期借地権等」は、専ら事業の用に供する建物の所有を目的とするものであり、居住の用に供する建物の所有を目的として設定することはできない。

テキスト5章 P348-349

借地借家法では、普通借地権の当初の存続期間は建物の種類を問わず、**30年以上**です。なお、最初の更新は**20年以上**、その後の更新は**10年以上**とされています。
定期借地権も含めて「存続期間」を整理しておきましょう。

テキスト5章 P349

事業用定期借地権等は**公正証書**で契約、一般定期借地権は**書面**で契約することが要件となっています。
なお、普通借地権、建物譲渡特約付借地権は書面での契約は要件とされません。

テキスト5章 P349

事業用定期借地権等は「**居住用以外**」と理解しましょう。マイホーム、賃貸アパート、社宅・寮いずれも対象外です。
一般定期借地権と事業用定期借地権等の「契約方法」「建物用途」の違いを整理しておきましょう。

一般定期借地権と事業用定期借地権等

	一般定期借地権	事業用定期借地権等
契約方法	書面で契約	公正証書で契約
期間	50年以上	10年以上50年未満
その他	原則、更地で返還	原則、更地で返還 居住用建物には利用できない

17 　☑☑☑　重要度 A　　　　　　　　　　[2022年1月]

借地借家法において、事業用定期借地権等は、専ら事業の用に供する建物の所有を目的とし、存続期間を（　　）として設定する借地権である。

1）10年以上20年未満
2）10年以上50年未満
3）50年以上

18 　☑☑☑　重要度 B　　　　　　　　　　[2020年9月]

借地借家法の規定では、定期建物賃貸借契約（定期借家契約）において、貸主に正当の事由があると認められる場合でなければ、貸主は、借主からの契約の更新の請求を拒むことができないとされている。

19 　☑☑☑　重要度 C　　　　　　　　　　[2019年1月]

借地借家法の規定によれば、建物の賃貸借契約（定期建物賃貸借契約を除く）において、（　　）未満の期間を賃貸借期間として定めた場合、期間の定めがない賃貸借とみなされる。

1）1年
2）1年6カ月
3）2年

336

2 が正しい　　　　　　　　　　　　　　　　　　　テキスト5章　P349

なお、一般定期借地権は**50年以上**です。

　　　　　　　　　　　　　　　　　テキスト5章　P351

普通借家契約は借主からの更新請求があったとき、正当事由がない限り拒むことはできませんが、定期借家契約は**更新がない**ため、期間が満了すると当然に終了します。なお、再契約はすることができます。

1 が正しい　　　　　　　　　　　　　　　　　　　テキスト5章　P350-351

普通借家契約について期間を定める場合は**1年以上**で定めなければなりませんが、**定期**借家契約は1年未満の期間を含めて、**自由**に定めることができます。普通借家契約と定期借家契約の共通点、相違点を整理しておきましょう。

普通借家契約と定期借家契約

	普通借家契約	定期借家契約
更新	あり 貸主が拒絶するには正当事由が必要	なし 再契約は可能
契約方法	口頭も有効	書面で契約
期間	定める場合は1年以上 1年未満で定めると期間の定めがないものとされる	自由に定められる

20 ☑☑☑ 重要度 B [2022年9月]

借地借家法において、定期建物賃貸借契約（定期借家契約）では、契約当事者の合意があっても、存続期間を1年未満とすることはできない。

21 ☑☑☑ 重要度 B [2020年9月]

建物の区分所有等に関する法律（区分所有法）の規定によれば、集会において、区分所有者および議決権の各3分の2以上の多数により、区分所有建物を取り壊し、その敷地上に新たに建物を建築する旨の決議をすることができる。

22 ☑☑☑ 重要度 B [2019年5月]

建物の区分所有等に関する法律の規定によれば、規約の変更は、区分所有者および議決権の各5分の4以上の多数による集会の決議によらなければならない。

テキスト5章　P351

定期建物賃貸借契約の**存続期間に制限はありません**。

　　　　　　　　　　　　　　　　　　　　　テキスト5章　P354

建替え決議は、区分所有者（頭数）と議決権（面積割合）の各**5分の4**以上の賛成が必要です。「全員」「4分の3」等でひっかける問題も出題されます。

　　　　　　　　　　　　　　　　　　　　　テキスト5章　P354

規約（ルール）の設定（決める）・変更（変える）・廃止（なくす）は、重要であるため、多数（区分所有者（頭数）と議決権（面積割合）の各**4分の3**以上）の賛成が必要です。
建替えの「**5分の4**」以上と合わせて押さえておきたい数値です。

区分所有法で定める集会の決議の定数

規約の設定・変更等	区分所有者・議決権の各4分の3以上の賛成
建替え	区分所有者・議決権の各5分の4以上の賛成

23　☑☑☑　重要度 B　[2018年5月]

都市計画法の規定によれば、市街化調整区域は、（　　　）とされている。

1) 既に市街地を形成している区域
2) 市街化を抑制すべき区域
3) 優先的かつ計画的に市街化を図るべき区域

24　☑☑☑　重要度 B　[2019年9月]

都市計画法の規定によれば、都市計画区域または準都市計画区域内において所定の開発行為をしようとする者は、原則として、あらかじめ都道府県知事等の許可を受けなければならないとされている。

25　☑☑☑　重要度 B　[2020年1月]

都市計画法の規定によれば、市街化区域内で行う開発行為は、その規模にかかわらず、都道府県知事等の許可を受けなければならない。

26　☑☑☑　重要度 B　[2019年5月]

建築基準法の規定によれば、住宅は、工業地域内および準工業地域内においても建築することができる。

2 が正しい　　　　　　　　　　　　　　　　　　　　テキスト 5 章　P355

市街化区域は選択肢１と選択肢３（既に市街地を形成している区域およびおおむね10年以内に優先的かつ計画的に市街化を図るべき区域）です。

　　　　　　　　　　　　　　　　　　　　テキスト 5 章　P357

開発行為とは、主に建築物の建築、特定工作物の建設の用に供する目的で行う土地の区画形質の変更をいいます。都市部の土地の開発は原則、勝手にやらないでください、ということです。

✕　　　　　　　　　　　　　　　　　　　　　　　　テキスト 5 章　P357

開発許可は原則、都道府県知事の許可を必要としますが、**市街化区域**内における原則**1,000㎡未満**の開発行為は、許可**不要**となっています。

　　　　　　　　　　　　　　　　　　　　テキスト 5 章　P358

住宅・老人ホームは**工業専用**地域には建築できませんが、準工業地域や工業地域等、他の用途地域では建築できます。
なお、診療所はどの用途地域でも建築できます。

27   [2021年1月]

都市計画区域内にある幅員4m未満の道で、建築基準法第42条第2項により道路とみなされるものについては、原則として、その中心線からの水平距離で（　　）後退した線がその道路の境界線とみなされる。

1) 2 m
2) 3 m
3) 4 m

28   [2019年1月]

建築基準法の規定によれば、建蔽率の限度が80％の近隣商業地域内で、かつ、防火地域内にある耐火建築物については、建蔽率に関する制限の規定は適用されない。

29   [2018年5月]

幅員6mの市道に12m接し、面積が300㎡である敷地に、建築面積が120㎡、延べ面積が180㎡の2階建ての住宅を建築する場合、この住宅の建蔽率は、（　　）となる。

1) 40％
2) 60％
3) 100％

342

1 が正しい テキスト 5 章　P359-360

都市計画区域内の敷地は幅員4m以上の道路に2m以上接しなければなりません。ただし、幅員4m未満の道で、建築基準法第42条第2項により道路とみなされるものは、原則、道路中心線から水平距離**2m**後退した線が道路境界線とみなされます。両側に向かって2m×2＝4mの幅を将来、確保できるように敷地の一部が道路とみなされ（セットバック）、後退した部分（**セットバック**した**部分**）は建蔽率、容積率の計算上、**敷地面積に算入できません**。

 テキスト 5 章　P363

「建蔽率80％以外の地域の**防火**地域内の**耐火**建築物等」「**準防火**地域内の**耐火**建築物等、**準耐火**建築物等」は**10％**加算、**特定行政庁**が**指定**する**角地**である場合も**10％**加算となります。

---

1 が正しい テキスト 5 章　P361

建蔽率は「**建築面積÷敷地面積×100**（％）」により求めます。
120㎡÷300㎡×100＝40％。
なお、容積率は「**延べ面積÷敷地面積×100**（％）」により求めます。
180㎡÷300㎡×100＝60％。
問われているのは「建蔽率」「容積率」のどちらであるかをしっかり読みましょう。

レック先生のワンポイント

建ぺい率と容積率

	定義	最高限度の計算方法
建蔽率	建築面積の敷地面積に対する割合	敷地面積×建蔽率＝建築面積
容積率	延べ面積の敷地面積に対する割合	敷地面積×容積率＝延べ面積

30 [2020年9月]

幅員6mの市道に12m接する200㎡の敷地に、建築面積が120㎡、延べ面積が180㎡の2階建ての住宅を建築する場合、この住宅の容積率は、（　　）となる。

1) 60%
2) 66%
3) 90%

31 [2019年9月]

建築物が防火地域および準防火地域にわたる場合においては、原則として、その全部について（　　）内の建築物に関する規定が適用される。

1) 防火地域
2) 準防火地域
3) 敷地の過半が属する地域

32 [2020年9月]

建築基準法の規定によれば、建築物の敷地が2つの異なる用途地域にまたがる場合、その全部について、建築物の用途制限がより厳しい地域における建築物の用途に関する規定が適用される。

3 が正しい　　　　　　　　　　　　　　　　　　　テキスト5章　P365

容積率は「**延べ面積÷敷地面積×100（％）**」により求めます。
180㎡÷200㎡×100＝90％。
なお、建蔽率は「**建築面積÷敷地面積×100（％）**」により求めます。
120㎡÷200㎡×100＝60％。
問われているのは「建蔽率」「容積率」のどちらであるかをしっかり読みましょう。

1 が正しい　　　　　　　　　　　　　　　　　　　テキスト5章　P367

防火制限が異なる地域にわたる場合、原則として**厳しい方**（問題では防火地域）の制限が適用されます。
なお、異なる**用途地域**にわたる場合は、敷地の**過半**の属する地域の制限、**建蔽率・容積率**が異なる地域にわたる場合は**加重平均**（別々に敷地面積×建蔽率・容積率を計算する）となります。
違いを整理しておきましょう。

　　　　　　　　　　　　　　　　　　　テキスト5章　P367

異なる用途地域にわたる場合は、敷地の**過半**の属する地域の制限が適用されます。
厳しい方が適用されるのは、**防火**制限です。

制限の異なる制限が適用される場合

用途制限	敷地の過半の属する地域（広い方）の制限を敷地全体に適用
防火制限	原則、厳しい方の制限を適用
建蔽率、容積率	加重平均（別々に計算して合計）

33 [2019年1月]

建築基準法の規定によれば、第一種低層住居専用地域内における建築物の高さは、原則として10ｍまたは20ｍのうち当該地域に関する都市計画において定められた建築物の高さの限度を超えてはならない。

34 [2019年1月]

農地法の規定によれば、所有する農地を自宅の建築を目的として宅地に転用する場合、原則として（①）の許可を受けなければならないが、市街化区域内にある農地において、あらかじめ（②）に届出のある場合は、この限りでない。

1）① 都道府県知事等　　② 農業委員会
2）① 都道府県知事等　　② 市町村長
3）① 農業委員会　　　　② 市町村長

テキスト5章 P368

絶対高さ制限は、第一種・第二種低層住居専用地域、田園住居地域に適用され、原則10mまたは12mが限度とされます。

1 が正しい　　　　　　　　　　　　　　　　テキスト5章 P369-370

農地法は農地（食料・食糧）確保を念頭においた法律です。農地を潰す（転用する）場合には、原則、**都道府県知事**等の**許可**が必要ですが、市街化区域にある農地は、市街化を優先するため、許可ではなく、あらかじめ**農業委員会**への**届出**をするのみでよいとされます。

農地法で定める権利移動・転用等の原則（許可）と例外（届出）

	原則	市街化区域内の場合
3条（権利移動）	農業委員会の許可が必要	例外なし
4条（転用） 5条（転用目的の権利移動）	都道府県知事等の許可が必要	あらかじめ農業委員会への届出で足りる（許可不要）

不動産の税金

35 ☑☑☑ 重要度 B　　　　　　　　　　　　　　　　[2018年9月]

不動産取得税は、生前贈与により不動産を取得したときには課されない。

36 ☑☑☑ 重要度 B　　　　　　　　　　　　　　　　[2019年5月]

新築の戸建て住宅の取得に対する不動産取得税の課税標準の算定上、「不動産取得税の課税標準の特例」の適用を受けることにより、固定資産税評価額から最高で1,500万円を控除することができる。

37 ☑☑☑ 重要度 B　　　　　　　　　　　　　　　　[2019年9月]

固定資産税における小規模住宅用地（住宅用地で住宅1戸当たり200㎡以下の部分）の課税標準については、当該住宅用地に係る固定資産税の課税標準となるべき価格の5分の1の額とする特例がある。

テキスト5章　P373

売買、交換、**贈与**、新築、増改築等により所有権を取得すると、不動産取得税が**課税**されます。**相続**による取得は**非課税**です。特に、「贈与」は課税、「相続」は非課税、がポイントです。

テキスト5章　P374

新築住宅の不動産取得税の課税標準の算定において、要件を満たすと、固定資産税評価額から**1,200万円**（認定長期優良住宅は1,300万円）を控除できます。控除額1,200万円がポイントです。

テキスト5章　P378

住宅用地の住宅1戸当たり**200㎡**までの部分の課税標準は、固定資産税評価額の**6分の1**となります（200㎡超の部分は3分の1。住宅床面積の10倍まで）。試験では主に「200㎡」「6分の1」の部分が出題されます。

固定資産税と都市計画税

	固定資産税	都市計画税
課税対象	土地・家屋・償却資産	原則、市街化区域内にある土地・家屋
納税義務者	1月1日時点の固定資産課税台帳に登録されている所有者	
税額（原則）	固定資産税評価額×1.4%	固定資産税評価額×0.3%
200㎡以下の住宅用地の課税標準	固定資産税評価額の6分の1	固定資産税評価額の3分の1

38 ☑☑☑ 重要度 B [2021年9月]

「住宅用地に対する固定資産税の課税標準の特例」は、自己の居住用家屋の敷地である宅地にのみ適用されるため、賃貸アパートの敷地である宅地については適用されない。

39 ☑☑☑ 重要度 B [2019年5月]

認定長期優良住宅ではない2階建ての新築住宅に係る固定資産税については、「新築された住宅に対する固定資産税の減額」の適用を受けることにより、新たに固定資産税が課されることとなった年度から3年度分に限り、床面積（①）㎡までの部分に相当する税額が（②）に減額される。

1）① 50　　② 4分の1
2）① 100　　② 3分の1
3）① 120　　② 2分の1

40 ☑☑☑ 重要度 B [2020年1月]

土地の譲渡所得のうち、その土地を譲渡した日の属する年の1月1日における所有期間が10年以下のものについては、短期譲渡所得に区分される。

テキスト5章 P378

固定資産税および都市計画税における住宅用地の課税標準の軽減措置は、**敷地上の建物が住宅**であれば、自己居住用に限らず、賃貸アパートでも**適用**されます。

3 が正しい　　　　　　　　　　　　　　　　　　　　　テキスト5章 P378

新築住宅の固定資産税の減額は、当初一定期間に限られます。
一方、**住宅用地**の課税標準の軽減措置（住宅1戸当たり**200㎡まで**の部分の課税標準を**6分の1**にする特例等）は期限はありません。

テキスト5章 P382

譲渡する年の**1月1日時点**の所有期間が**5年超**であれば**長期**譲渡、**5年以下**であれば**短期譲渡**となります。
なお、総合課税の譲渡所得の所有期間は「譲渡年の1月1日」ではなく「譲渡日」時点で判定しますので、気をつけましょう。

41 [2020年1月]

個人が土地・建物を譲渡したことによる譲渡所得の金額の計算において、譲渡した土地・建物の取得費が不明である場合、譲渡収入金額の（　　）相当額を取得費とすることができる。

1）3％
2）5％
3）10％

42 [2022年1月]

相続により取得した土地について、「相続財産に係る譲渡所得の課税の特例」（相続税の取得費加算の特例）の適用を受けるためには、当該土地を、当該相続の開始があった日の翌日から相続税の申告期限の翌日以後（　　）を経過する日までの間に譲渡しなければならない。

1）2年
2）3年
3）5年

43 [2021年1月]

自己が居住していた家屋を譲渡する場合、その家屋に自己が居住しなくなった日から（①）を経過する日の属する年の（②）までの譲渡でなければ、「居住用財産を譲渡した場合の3,000万円の特別控除」の適用を受けることができない。

1）① 1年　　② 12月31日
2）① 3年　　② 3月15日
3）① 3年　　② 12月31日

2 が正しい　　　　　　　　　　　　　　　　　　　　テキスト5章　P381

取得費が5％より低い場合も、譲渡収入金額の**5％**を取得費とすることができます。

レック先生のワンポイント

不動産の短期譲渡・長期譲渡の所有期間判定と税率

	所有期間（譲渡年1月1日時点）	税率
短期譲渡	5年以下	所得税30.63％、住民税9％
長期譲渡	5年超	所得税15.315％、住民税5％

※復興特別所得税を含む

---

2 が正しい　　　　　　　　　　　　　　　　　　　　テキスト5章　P383

相続により取得した財産を相続税の申告期限の翌日以後**3年**以内に売却した場合に、その譲渡した財産に対応して支払った相続税を取得費に加算することができる制度です。

---

3 が正しい　　　　　　　　　　　　　　　　　　　　テキスト5章　P383

マイホームの譲渡の特例の共通要件として「居住しなくなった日から**3年後の年末**までに譲渡すること」「**配偶者、直系血族**、生計を一にする親族に対する譲渡で**ない**こと」等があります。

44 ☑☑☑ 重要度 B [2019年1月]

「居住用財産を譲渡した場合の3,000万円の特別控除」は、自己が居住していた家屋を配偶者や子に譲渡した場合には、適用を受けることができない。

45 ☑☑☑ 重要度 C [2022年5月]

個人が自宅の土地および建物を譲渡し、「居住用財産を譲渡した場合の長期譲渡所得の課税の特例」（軽減税率の特例）の適用を受けた場合、当該譲渡に係る課税長期譲渡所得金額のうち、（ ① ）以下の部分については、所得税および復興特別所得税（ ② ）、住民税4％の税率で課税される。

1) ① 6,000万円　　② 10.21％
2) ① 1億円　　② 10.21％
3) ① 1億円　　② 15.315％

46 ☑☑☑ 重要度 B [2021年5月]

「居住用財産を譲渡した場合の3,000万円の特別控除」の適用を受けるためには、譲渡した居住用財産の所有期間が譲渡した日の属する年の1月1日において10年を超えていなければならない。

47 ☑☑☑ 重要度 C [2021年5月]

個人が自宅の土地および建物を譲渡し、「特定の居住用財産の買換えの場合の長期譲渡所得の課税の特例」の適用を受けるためには、譲渡した年の1月1日において当該譲渡資産の所有期間が（ ① ）を超えていることや、当該譲渡資産の譲渡対価の額が（ ② ）以下であることなどの要件を満たす必要がある。

1) ① 5年　　② 1億円
2) ① 5年　　② 1億6,000万円
3) ① 10年　　② 1億円

テキスト5章　P383

マイホームの譲渡の特例の共通要件として「居住しなくなった日から**3年後の年末まで**に譲渡すること」「**配偶者**、**直系血族**、生計を一にする親族に対する譲渡で**ない**こと」等は押さえておきましょう。

1　が正しい　　　　　　　　　　　　　　　　　　テキスト5章　P384-385

なお、この特例は、譲渡年の**1月1日時点**の所有期間が**10年超**であることが要件となっています。

　　　　　　　　　　　　　　　　　　　　　　　テキスト5章　P384

居住用財産の3,000万円特別控除は、**所有期間要件がありません。**

3　が正しい　　　　　　　　　　　　　　　　　　　テキスト5章　P385

①居住用財産を譲渡した場合の軽減税率の特例、特定居住用財産の買換えの場合の長期譲渡所得の課税の特例の所有期間要件は、譲渡した年の1月1日時点で**10年超**であることが要件です。
なお、居住用財産を譲渡した場合の譲渡損失の損益通算および繰越控除の所有期間要件は、譲渡した年の1月1日時点で5年超であることが要件です。
②譲渡対価が**1億円以下**であることが要件となっています。

48   [2018年9月]

「特定居住用財産の譲渡損失の損益通算及び繰越控除の特例」の適用を受けた場合、損益通算を行っても控除しきれなかった譲渡損失の金額について繰越控除が認められるのは、譲渡の年の翌年以後、最長で（　　）以内である。

1）3年
2）5年
3）10年

49   [2021年9月]

被相続人の居住用家屋およびその敷地を相続により取得した被相続人の長男が、当該家屋およびその敷地を譲渡し、「被相続人の居住用財産（空き家）に係る譲渡所得の特別控除の特例」の適用を受けた場合、譲渡所得の金額の計算上、最高（　　）を控除することができる。

1）2,000万円
2）3,000万円
3）5,000万円

50   [2020年9月]

「被相続人の居住用財産（空き家）に係る譲渡所得の特別控除の特例」の適用を受けるためには、譲渡の対価の額が5,000万円以下でなければならない。

1 が正しい　　　　　　　　　　　　　　　　テキスト 5 章　P388

なお、居住用財産の買換え等の場合の譲渡損失の損益通算および繰越控除も、繰越期間は最長で**3年**以内です。

2 が正しい　　　　　　　　　　　　　　　　テキスト 5 章　P389

居住用財産と同じく、3,000万円の特別控除を受けられます。

レック先生のワンポイント

被相続人の居住用財産（空き家）に係る譲渡所得の特別控除の主な要件

- 相続開始から3年後の年末までに譲渡
- 譲渡対価が1億円以下
- 旧耐震基準（1981年5月31日までに建築されたもの）の戸建て住宅であること（区分建物登記されていないこと）
- 新耐震基準に適合するリフォームをしてから売却すること、または家屋を取り壊して売却すること

✕　　　　　　　　　　　　　　　　　　　テキスト 5 章　P389-390

被相続人の居住用財産（空き家）に係る譲渡所得の特別控除は、譲渡対価が**1億円以下**であることが要件とされます。

51 [2018年5月]

「被相続人の居住用財産（空き家）に係る譲渡所得の特別控除の特例」の適用を受けるためには、相続税の申告期限までに当該譲渡を行わなければならない。

不動産の有効活用と投資分析

52 [2021年1月]

投資総額1億円で購入した賃貸用不動産の年間収入の合計額が1,000万円、年間費用の合計額が350万円である場合、この投資の純利回り（ＮＯＩ利回り）は、（　　）である。

1）3.5％
2）6.5％
3）10.0％

53 [2022年5月]

土地の有効活用において、一般に、土地所有者が入居予定の事業会社から建設資金を借り受けて、事業会社の要望に沿った店舗等を建設し、その店舗等を事業会社に賃貸する手法を、（　　）という。

1）等価交換方式
2）建設協力金方式
3）事業用定期借地権方式

× テキスト5章 P389-390

被相続人の居住用財産（空き家）に係る譲渡所得の特別控除は**相続開始から3年後の年末まで**に譲渡しなければなりません。

なお、マイホームの譲渡所得の特別控除は住まなくなってから3年後の年末までに譲渡しなければなりません。

2 が正しい テキスト5章 P394-395

ＮＯＩ利回りは「**純収益（年間収入－年間費用）÷投資金額×100**」により求めます。

（1,000万円－350万円）÷1億円×100＝6.5％。学科試験でよく出題されます。

2 が正しい テキスト5章 P393-394

なお、等価交換方式、事業用定期借地権方式は、土地所有者の資金調達は不要です。

54    [2020年9月]

土地の有効活用方式のうち、一般に、土地所有者が土地の全部または一部を拠出し、デベロッパーが建設費等を拠出して、それぞれの出資比率に応じて土地・建物に係る権利を取得する方式を、（　　）という。

1）事業受託方式
2）建設協力金方式
3）等価交換方式

55  [2021年9月]

土地の有効活用において、一般に、土地所有者が入居予定の事業会社から建設資金を借り受けて、事業会社の要望に沿った店舗等を建設し、その店舗等を事業会社に賃貸する手法を、事業用定期借地権方式という。

3 が正しい　　　　　　　　　　　　　　　　　テキスト5章　P392-394

1）デベロッパー（不動産開発業者）が土地活用の企画、建物の設計・施工、完成後の管理・運営で携わる方式です。
2）事業受託方式は土地所有者が建物の建築資金を別途調達しますが、建設協力金方式では、入居予定のテナントから建設資金の一部または全部を借り入れることができます。
3）等価交換方式は、土地を出資するのみで、土地所有者の**建築資金の負担はありません**。建築資金はデベロッパーが負担し、出資比率で土地、建物を分け合う方式です。

レック先生のワンポイント

土地有効活用事業方式と土地所有者の建物建設資金の調達の要不要

	土地所有者の建物建設資金の調達
事業受託方式	必要
建設協力金方式	テナントから調達
等価交換方式	不要（デベロッパーが負担）
定期借地権方式	不要（借地権者が負担）

　　　　　　　　　　　　　　　　　　　　　　　テキスト5章　P394

問題は「建設協力金方式」の説明です。事業用定期借地権方式では、**借地権者が事業用建物を建築**し、**賃貸借終了後、借地権者が建物を取り壊して、更地にして返還**します。

実技試験[日本FP協会] 資産設計提案業務

第1問

[2019年9月]

土地の登記記録に関する次の記述のうち、誤っているものはどれか。

＜土地登記記録の構成＞

土地登記記録	表題部	（ア）	
	権利部	甲区	（イ）
		乙区	（ウ）

1. 土地を最初に取得した者がする所有権保存登記は、（ア）に記録される。
2. 土地が売買により取得された場合、買主がする所有権移転登記は、（イ）に記録される。
3. 工場を建設する際に、金融機関から融資を受け、土地を担保として抵当権が設定される場合、抵当権設定登記は、（ウ）に記録される。

正解 **1** が誤り　　　　　　　　　　　　テキスト5章　P335

1. 誤り
2. 正しい
3. 正しい

所有権に関する登記（保存登記（選択肢1）、移転登記（選択肢2））は権利部（**甲区**）（イ）に記録されます。

抵当権（選択肢3）等その他の権利は権利部（**乙区**）（ウ）に記録されます。

なお、表題部は土地・建物の物理的概要が記録されます。

第2問 重要度 C　　　［2022年1月］

公的な土地評価に関する下表の空欄（ア）〜（ウ）にあてはまる語句の組み合わせとして、最も適切なものはどれか。

価格の種類	公示価格	相続税路線価	固定資産税評価額
所管	（ア）	＊＊＊	（イ）
評価時点	−	公示価格の（ウ）程度	公示価格の70％程度
実施目的	一般の土地取引の指標等	相続税等の財産評価の基礎	固定資産税等の課税標準の基礎

※問題作成の都合上、表の一部を空欄（＊＊＊）としている。

1．（ア）総務省　　　　（イ）市町村（東京23区は東京都）　　（ウ）70％
2．（ア）国土交通省　　（イ）市町村（東京23区は東京都）　　（ウ）80％
3．（ア）国土交通省　　（イ）国税庁　　　　　　　　　　　　（ウ）90％

正解　**2**　が適切　　　　　　　　　　　　　　　　テキスト5章　P333

（ア）（イ）公示価格は**国土交通省**、固定資産税評価額は**市町村（東京23区は東京都）**が所管しています。

（ウ）相続税路線価は公示価格の**80％**程度、固定資産税評価額は公示価格の**70％**程度で評価されます。

以上より、正解は2．となります。

 レック先生のワンポイント

公示価格、基準地標準価格、相続税路線価、固定資産税評価額の各価格の特徴は学科試験でもよく出題されます。

第3問  [2022年5月]

下表は、定期借地権について、まとめた表である。下表の空欄（ア）～（ウ）にあてはまる数値または語句の組み合わせとして、適切なものはどれか。

価格の種類	一般定期借地権	事業用定期借地権等	建物譲渡特約付借地権
借地借家法	第22条	第23条	第24条
存続期間	（ア）年以上	10年以上50年未満	30年以上
契約方法	公正証書等の書面	（イ）	制限なし
契約終了時の建物	原則として借地人は建物を取り壊して土地を返還する	原則として借地人は建物を取り壊して土地を返還する	（ウ）が建物を買い取る

1．（ア）30　　（イ）公正証書　　（ウ）借地人
2．（ア）50　　（イ）制限なし　　（ウ）土地所有者
3．（ア）50　　（イ）公正証書　　（ウ）土地所有者

正解 3 が適切　　　　　テキスト5章　P349

（ア）一般定期借地権の存続期間は**50年以上**です。

（イ）**事業用定期借地権は「公正証書」**、**一般定期借地権は「公正証書等の書面」**で契約します。

（ウ）建物譲渡特約付借地権は、存続期間終了時に土地所有者が建物を買い取ることで借地契約が終了します。

以上より、正解は3.となります。

第4問 　　　　　　　　　　　　　　　　　　[2021年5月]

建築基準法の用途制限に従い、下表の用途地域において建築可能な建築物の組み合わせとして、正しいものはどれか。

	用途地域	建築物の種類
（ア）	第一種低層住居専用地域	小学校、病院
（イ）	商業地域	カラオケボックス、パチンコ店
（ウ）	工業地域	共同住宅、ホテル

1．（ア）
2．（イ）
3．（ウ）

正解　**2**　が正しい　　　　　　　　　　　　　　テキスト5章　P358

（ア）誤り。第一種低層住居専用地域は、幼稚園、小学校、中学校、高校は建築できますが、**大学や病院は建築できません**。なお、診療所はどの用途地域も建築できますが、病院は第一種・第二種低層住居専用地域、田園住居地域、工業地域、工業専用地域には建築できません。

（イ）**正しい**。商業地域は、**最も制限が緩い用途地域**であり、カラオケボックス、パチンコ店も建築できます。

（ウ）誤り。**工業地域は、共同住宅は建築できますが**、ホテルは建築できません。なお、**住宅、共同住宅は工業専用地域以外の用途地域では建築できます**。

以上より、正解は2.となります。

第5問 [2019年1月]

下記＜資料＞の建築基準法に定める道路およびそれに接する建築物の敷地に関する次の記述の空欄（ア）～（ウ）にあてはまる数値の組み合わせとして、正しいものはどれか。なお、記載のない条件については一切考慮しないこととする。

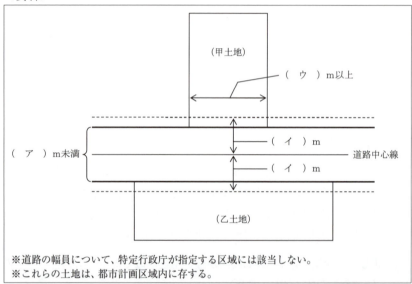

＜資料＞の道路は、建築基準法上の道路とみなされる2項道路であり、建築基準法が施行されるに至った際、すでに両側に建築物が立ち並んでいる幅員（ ア ）m未満の道路である。＜資料＞の場合、道路中心線から水平距離（ イ ）m後退した線がこの道路の境界線とみなされる。また、甲土地を建築物の敷地として利用する場合、甲土地は（ ウ ）m以上道路に接していなければならない。

1．（ア）6　（イ）3　（ウ）3
2．（ア）4　（イ）2　（ウ）4
3．（ア）4　（イ）2　（ウ）2

| 正解 | **3** | が正しい | テキスト5章　P360 |

都市計画区域内の建築物の敷地は、幅員**4m**以上の道路に**2m**（ ウ ）以上接していなければなりません。幅員4m（ ア ）未満の道路については、原則として、道路中心線から水平距離**2m**（ イ ）後退した線が道路境界線となります。

現状で幅員4m未満の道路も、建替えのタイミングで道路を拡幅することで、将来的に4mの幅を確保することができます。

以上より、3.が正解となります。

第6問   [2020年1月]

米田さんは、下記＜資料＞の甲土地を購入し、自宅を建築することを考えている。甲土地の建築面積の最高限度を算出する基礎となる敷地面積として、正しいものはどれか。なお、この土地の存する区域は特定行政庁が指定する区域に該当しないものとし、その他記載のない条件については一切考慮しないこととする。

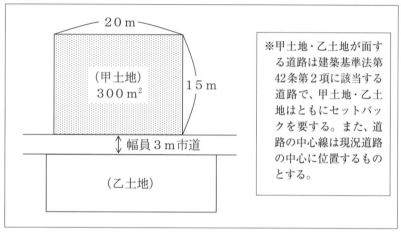

1. 290㎡
2. 280㎡
3. 240㎡

正解 **1** が正しい　　　　　　　　　　　　テキスト5章　P360

前面道路の幅員が4m未満である場合、原則として道路中心線から**2m**の位置が道路と敷地の境界線とされます。設問の場合、現状で道路中心線から1.5mの位置まで道路ですので、あと**0.5m後退**します。甲土地の敷地面積は、(15m－0.5m)×20m＝290㎡となります。

| 第7問 | | | [2020年9月] |

建築基準法に従い、下記＜資料＞の土地に建築物を建築する場合、その土地に対する建築物の建築面積の最高限度として、正しいものはどれか。なお、記載のない条件については一切考慮しないこととする。

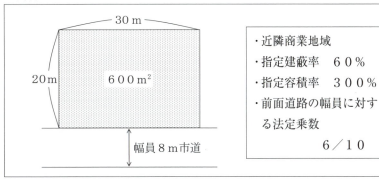

1. 360㎡
2. 1,800㎡
3. 2,880㎡

正解　1　が正しい　　　　　　　　　　テキスト5章　P361-362

建築面積の最高限度は「**敷地面積×建蔽率**」により求めます。600㎡×60％＝360㎡。
なお、延べ面積の最高限度は「**敷地面積×容積率**」により求めます。
前面道路の幅員が12m未満であるため、都市計画で定める容積率または前面道路幅員により求める容積率の低い方が適用されます。
指定容積率300％＜8×6/10＝480％であるため、600㎡×300％＝1,800㎡となります。

 レック先生のワンポイント

「建築面積」と「延べ面積」、どっちを求める問題かをしっかり読みましょう。

第8問  ［2021年1月］

建築基準法に従い、下記＜資料＞の土地に建築物を建築する場合の延べ面積（床面積の合計）の最高限度として、正しいものはどれか。なお、記載のない条件については一切考慮しないこととする。

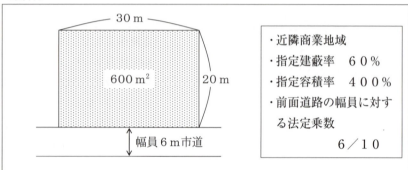

1. 360㎡
2. 2,160㎡
3. 2,400㎡

正解 **2** が正しい　　　　　　　　　　　　　　テキスト5章　P365-366

延べ面積の最高限度は「敷地面積×容積率」により求めます。前面道路の幅員が12m未満である場合、都市計画で定める容積率または前面道路幅員により求める容積率の低い方が適用されます。
指定容積率400％＞6×6/10＝360％であるため、600㎡×360％＝2,160㎡となります。

 レック先生のワンポイント

「建築面積」「延べ面積」のどちらを求める問題か、落ち着いて問題を読みましょう。

第9問  ［2021年1月］

米田さんは、下記＜資料＞の物件の購入を検討している。この物件の購入金額（消費税を含んだ金額）として正しいものはどれか。なお、＜資料＞に記載されている金額は消費税を除いた金額であり、消費税率は10％として計算すること。また、売買に係る諸経費については一切考慮しないこととする。

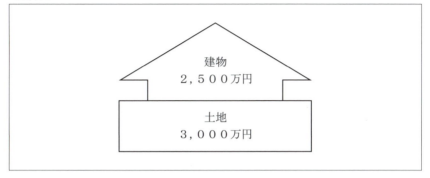

1. 5,750万円
2. 5,800万円
3. 6,050万円

正解 1 が正しい テキスト5章　P376

不動産（土地・建物）の売買において消費税（10％）が課税されるのは、**建物部分のみ**です。
消費税率は10％ですので、2,500万円×1.1＋3,000万円＝5,750万円となります。

第10問  [2020年9月]

下記は、不動産の取得および保有に係る税金についてまとめた表である。下表の空欄（ア）～（ウ）にあてはまる語句の組み合わせとして、正しいものはどれか。

税金の種類	課税主体	納税義務者（原則）	課税標準（原則）
不動産取得税	都道府県	不動産の取得者。ただし、（ア）により取得した場合は非課税	固定資産税評価額
登録免許税	国	登記を受ける者	抵当権設定登記等を除き、（イ）
固定資産税	（ウ）	1月1日現在の固定資産の所有者	固定資産税評価額

1．（ア）贈与　（イ）相続税評価額　　（ウ）市町村（東京23区は東京都）
2．（ア）相続　（イ）固定資産税評価額　（ウ）市町村（東京23区は東京都）
3．（ア）贈与　（イ）固定資産税評価額　（ウ）都道府県

正解 **2** が正しい　　テキスト5章　ア）P373、イ）P376、ウ）P377

（ア）不動産取得税は、**贈与**で取得すると**課税**されますが、**相続**で取得しても**課税されません。**

（イ）**固定資産税評価額**は、不動産取得税、登録免許税、固定資産税、都市計画税の課税標準として使用します。

（ウ）固定資産税、都市計画税は、**市町村**（東京23区は東京都）が課税します。固定資産税評価額も**市町村**（東京23区は東京都）の所管です。

以上より、正解は2.となります。

第11問　[2022年9月]

山田さんは、別荘として利用していた土地および建物を売却する予定である。売却に係る状況が下記＜資料＞のとおりである場合、所得税における次の記述の空欄（ア）、（イ）にあてはまる数値または語句の組み合わせとして、最も適切なものはどれか。

＜資料＞

- 取得日：２０１３年１月１０日
- 売却予定日：２０２３年９月３０日
- 譲渡価額：３，０００万円
- 購入価額：２，５００万円
- 取得費：２，０００万円
- 譲渡費用：２００万円

※特別控除額はないものとする。
※所得控除は考慮しないものとする。

山田さんがこの土地および建物を売却した場合の譲渡所得の金額は（　ア　）万円となり、課税（　イ　）譲渡所得金額として扱われる。

1．（ア）３００　　（イ）短期
2．（ア）８００　　（イ）短期
3．（ア）８００　　（イ）長期

| 正解 | 3 | が適切 |

テキスト5章　P380-382

土地、建物の譲渡所得において、譲渡する年の**1月1日**時点の所有期間が**5年以下の場合は短期譲渡所得**、**5年超の場合は長期譲渡所得**と扱います。
設問の場合、長期譲渡（イ）に該当します。別荘の譲渡所得は「**譲渡収入金額－（取得費＋譲渡費用）**」により求めます。
3,000万円－（2,000万円＋200万円）＝800万円（ア）となります。
以上より、正解は3. となります。

レック先生のワンポイント

所有期間は5年超でも、譲渡する年の1月1日時点の所有期間が5年以下となるような「ひっかけ問題」に気をつけましょう。

第12問   ［2020年9月］

宮本さんは、20年前に購入し、現在居住している自宅の土地および建物を売却する予定である。売却に係る状況が下記＜資料＞のとおりである場合、所得税における課税長期譲渡所得の金額として、正しいものはどれか。

＜資料＞

- 譲渡価額（合計）：7,000万円
- 取得費（合計）：2,800万円
- 譲渡費用（合計）：200万円

※居住用財産を譲渡した場合の3,000万円特別控除の特例の適用を受けるものとする。
※所得控除は考慮しないものとする。

1. 4,000万円
2. 1,200万円
3. 1,000万円

正解 3 が正しい　　　　　　　テキスト5章　P380、P383-384

マイホームの譲渡所得は「**譲渡価額 －（取得費＋譲渡費用）－ 特別控除（3,000万円を限度）**」により求めます。

7,000万円－（2,800万円＋200万円）－3,000万円＝1,000万円

実技試験[金財] 個人資産相談業務

第1問
[2022年9月 個人]

次の設例に基づいて、下記の各問(《問1》~《問3》)に答えなさい。

――――《設 例》――――

Aさん(52歳)は、数年前に父親が死亡し、実家(甲土地および建物)を相続により取得した。父親が1人で暮らしていた実家の建物(築50年)は、父親が亡くなってから空き家となっている。

Aさんは、実家のある都市とは別の都市に所有するマンションに家族と居住しており、実家に戻る予定はないため、実家の建物を取り壊し、甲土地を売却することを検討している。しかし、先日、不動産会社を通じて、大手ドラッグストアのX社から、「新規出店のため、甲土地について事業用定期借地権の設定契約を締結してもらえないか」との提案を受けたことから、甲土地の有効活用にも興味を抱くようになった。

<甲土地の概要>

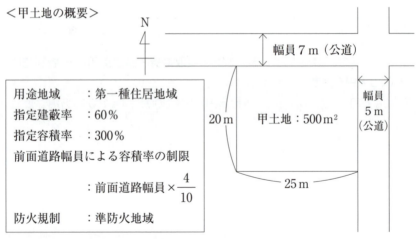

・甲土地は、建蔽率の緩和について特定行政庁が指定する角地である。
・指定建蔽率および指定容積率とは、それぞれ都市計画において定められた数値である。
・特定行政庁が都道府県都市計画審議会の議を経て指定する区域ではない。

※上記以外の条件は考慮せず、各問に従うこと。

| 問 1 | ☑☑☑ | 重要度 |

甲土地に耐火建築物を建築する場合の①建蔽率の上限となる建築面積と②容積率の上限となる延べ面積の組合せとして、次のうち最も適切なものはどれか。

1) ① 350㎡　② 1,400㎡
2) ① 400㎡　② 1,400㎡
3) ① 400㎡　② 1,500㎡

正解 2 が適切　　テキスト5章　① P361-363、② P365-366

①建築面積の最高限度は「**敷地面積×建蔽率**」により求めます。

設問では、準防火地域内に耐火建築物を建築するため10％加算、**特定行政庁が指定する角地に該当するため10％加算**、合計20％の加算となり、建蔽率は60％＋20％＝80％となります。したがって、建築面積の最高限度は500㎡×80％＝400㎡となります。

建蔽率緩和の条件について、設問で「**特定行政庁が指定する角地**であるか否か」「**防火地域**内に**耐火建築物等**を建築する場合であるか」「**準防火地域**内に**耐火建築物等**または**準耐火建築物等**を建築する場合であるか」を読み取りましょう。

②延べ面積の最高限度は「**敷地面積×容積率**」によって求めます。

なお、**前面道路（2つ以上ある場合は幅の広い方）の幅員が12m未満**である場合、**指定容積率と前面道路の幅員に応じて求めた容積率の低い方が適用**されます。

設問の場合、指定容積率300％＞7×4／10＝28／10 → 280％を適用

したがって、延べ面積の最高限度は500㎡×280％＝1,400㎡となります。

以上より、正解は2.となります。

問2 重要度 B

「被相続人の居住用財産（空き家）に係る譲渡所得の特別控除の特例」（以下、「本特例」という）に関する以下の文章の空欄①～③に入る語句または数値の組合せとして、次のうち最も適切なものはどれか。

> ⅰ）「被相続人の居住用家屋およびその敷地を取得した相続人が、その家屋や敷地を譲渡し、本特例の適用を受けた場合、最高（①）万円の特別控除の適用を受けることができます。本特例の対象となる家屋は、1981年5月31日以前に建築されたもので、マンションなどの区分所有建物登記がされている建物は対象になりません。」
>
> ⅱ）「本特例の適用を受けるためには、譲渡価額が（②）円以下であること、2027年12月31日までに行われる譲渡で相続開始日から同日以後（③）を経過する日の属する年の12月31日までに譲渡することなど、所定の要件を満たす必要があります。」

1) ① 3,000　② 　1億　③ 3年
2) ① 3,000　② 6,000万　③ 5年
3) ① 5,000　② 　1億　③ 5年

正解 **1** が適切　　　　　　　　　　テキスト 5章　P389-390

①被相続人の居住用財産（空き家）に係る譲渡所得の特別控除を適用できる場合、譲渡所得金額の計算上、最高で**3,000万円**を差し引くことができます。

②「譲渡対価1億円以下」は、複数人がその家屋またはその敷地等を譲渡する場合は、全員分を合計して判定します。

③相続開始後3年を経過する年の12月31日まで、かつ特例適用期限（現行では2027年12月31日）までに譲渡することが要件となっています。

以上より、正解は1.となります。

378

問 3 重要度

事業用定期借地権方式に関する次の記述のうち、最も不適切なものはどれか。

1）「事業用定期借地権方式は、X社が甲土地を契約で一定期間賃借し、X社が甲土地上に店舗を建築する方式です。Aさんは、土地を手放さずに安定した地代収入を得ることができ、契約期間満了時には土地が更地で返還されます。」
2）「Aさんが、甲土地についてX社と事業用定期借地権の設定契約を締結する場合、その契約は、公正証書によってしなければなりません。」
3）「Aさんと事業用定期借地権の設定契約を締結したX社が、甲土地上に店舗を建築し、その賃貸期間中にAさんの相続が開始した場合、相続税額の計算上、甲土地は貸家建付地として評価されます。」

正解 **3** が不適切 テキスト5章 P349

1）適切　事業用定期借地権方式は、一定期間土地を賃貸する手法であり、**契約の更新がなく、**安定した地代収入を得ることができます。終了後、**借地人による建物買取請求もありません。**

2）適切　事業用定期借地権は、**公正証書で契約**することが要件となっています。

3）**不適切**　事業用定期借地権で貸し付けている宅地は、相続税の計算上、**貸宅地**として評価されます。**貸家建付地は、土地所有者が建物を建てて、貸し付けている場合の宅地の評価**です。

第2問

[2020年1月]

次の設例に基づいて、下記の各問（《問1》～《問3》）に答えなさい。

《設 例》

会社員のAさん（58歳）の母親Bさん（82歳）は、15年前に夫（Aさんの父親）の相続により取得したM市内の自宅（甲土地400㎡、建物（木造2階建て）160㎡）において1人で生活をしている。自宅は7年前にリフォームをしており、キッチン・バス等の水回りの設備は比較的新しい。

先日、Aさんは、母親Bさんから「大きな家で生活するのは大変なので、自宅を売却して、元気なうちに有料老人ホームに入居したい。ただ、夫方の祖父の代から所有する甲土地を売却することに後ろめたさを感じる」と相談を受けた。

Aさんが知人の不動産会社の社長に相談したところ、「甲土地は最寄駅に近く、戸建住宅・分譲マンション等の需要は高い。数年先に売却しても、価格が大幅に下がることはないだろう。当面は売却せず、定期借家契約で賃貸することを検討してみてはどうか」とアドバイスを受けた。

<甲土地の概要>

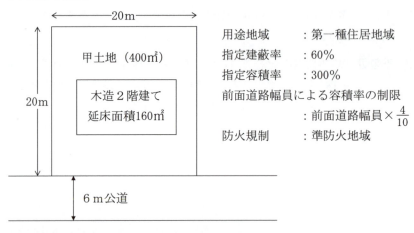

・指定建蔽率および指定容積率とは、それぞれ都市計画において定められた数値である。
・特定行政庁が都道府県都市計画審議会の議を経て指定する区域ではない。
※上記以外の条件は考慮せず、各問に従うこと。

問 1 重要度

甲土地に耐火建築物を建築する場合の①建蔽率の上限となる建築面積と②容積率の上限となる延べ面積の組合せとして、次のうち最も適切なものはどれか。

1) ① 240㎡　② 576㎡
2) ① 280㎡　② 960㎡
3) ① 400㎡　② 1,200㎡

正解 **2** が適切　　　　テキスト5章　① P361-363、② P365-366

①建築面積の最高限度は「敷地面積×建蔽率」により求めます。

設問では、準防火地域内に耐火建築物を建築するため10％緩和されますので、建蔽率は60％＋10％＝70％となり、建築面積の最高限度は400㎡×70％＝280㎡となります。

建蔽率緩和の条件について、設例で「特定行政庁が指定する角地であるか否か」「防火地域内に耐火建築物等を建築する場合であるか」「準防火地域内に耐火建築物等または準耐火建築物等を建築する場合であるか」を読み取りましょう。

②最大延べ面積は「敷地面積×容積率」によって求めます。

なお、前面道路（2つ以上ある場合は幅の広い方）の幅員が12m未満である場合、指定容積率と前面道路の幅員に応じて求めた容積率の低い方が適用されます。

設問の場合、指定容積率300％＞6×4／10＝24／10　→ 240％を適用

最大延べ面積は400㎡×240％＝960㎡となります。

以上より、正解は2.となります。

問2 重要度

定期借家契約に関する次の記述のうち、最も適切なものはどれか。

1)「定期借家契約は、契約の更新がなく、期間満了により賃貸借契約が終了し、確実に建物の明渡しを受けることができます。なお、期間満了後に、当事者間で再度定期借家契約を締結することはさしつかえありません。」
2)「定期借家契約では2年未満の契約期間の設定はできませんが、最長期間の制限はありません。自宅の売却予定時期に応じて、契約期間を設定することができます。」
3)「定期借家契約を締結する際は、公正証書により行わなければなりません。」

正解 **1** が適切   テキスト5章 P351

1) 適切　定期借家契約は更新はできませんが、再契約をすることはできます。

2) 不適切　定期借家契約の期間は自由に定めることができます。

3) 不適切　定期借家契約は書面によって行うことが要件となっています。
なお、定期借地契約の場合には、事業用定期借地権等は公正証書に限定され、一般定期借地権は書面で行うことが要件となっています。

問3

現時点において母親Bさんが自宅（甲土地および建物）を売却した場合の課税関係に関する次の記述のうち、最も不適切なものはどれか。

1) 「所定の要件を満たせば、その所有期間の長短を問わず、居住用財産を譲渡した場合の3,000万円の特別控除の特例の適用を受けることができます。」
2) 「取得費が不明な場合には、概算取得費として収入金額の5％相当額を取得費とすることができます。」
3) 「居住用財産を譲渡した場合の長期譲渡所得の課税の特例の適用を受けた場合、課税長期譲渡所得金額の6,000万円以下の部分については、所得税および復興特別所得税15.315％、住民税5％の軽減税率が適用されます。」

正解 **3** が不適切　　テキスト5章　1) P384、2) P381、3) P384-385

1) **適切**　自宅を譲渡した場合の3,000万円特別控除は**所有期間要件がありません。**

2) **適切**　取得費が不明である場合、譲渡収入金額の**5％**を取得費とすることができます。

3) **不適切**　所有期間10年超であり、居住用財産の長期譲渡所得の課税の特例の適用を受けた場合、3,000万円特別控除後の部分のうち、6,000万円以下の部分は所得税（復興特別所得税を含む）は**10.21％**、住民税は**4％**となります。
不動産の譲渡所得において所得税（復興特別所得税を含む）15.315％、住民税5％となるのは**通常の長期**譲渡所得です。

第3問

[2019年5月]

次の設例に基づいて、下記の各問（《問1》～《問3》）に答えなさい。

《設 例》

　会社員のAさん（57歳）は、11年前に父親の相続により取得した甲土地を所有している。Aさんは、現在、甲土地を青空駐車場として賃貸しているが、収益が少ないため、甲土地の売却を検討している。
　他方、知人の不動産会社の社長からは、「甲土地は地下鉄の駅から近く、利便性が高い。賃貸マンションを建築するなどの有効活用の方法を検討してみてはどうか」とアドバイスを受けた。

＜甲土地の概要＞

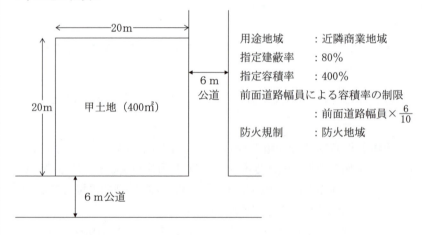

・甲土地は、建蔽率の緩和について特定行政庁が指定する角地である。

・指定建蔽率および指定容積率とは、それぞれ都市計画において定められた数値である。
・特定行政庁が都道府県都市計画審議会の議を経て指定する区域ではない。
※上記以外の条件は考慮せず、各問に従うこと。

| 問 1 | | 重要度 |

甲土地に賃貸マンション（耐火建築物）を建築する場合の①建蔽率の上限となる建築面積と②容積率の上限となる延べ面積の組合せとして、次のうち最も適切なものはどれか。

1) ① 360㎡　② 1,296㎡
2) ① 400㎡　② 1,440㎡
3) ① 400㎡　② 1,600㎡

正解 **2** が適切　　　テキスト5章　① P361-363、② P365-366

①建築面積の最高限度は「**敷地面積×建蔽率**」により求めます。

設問では、建蔽率**80％**の**防火**地域内に**耐火**建築物を建築するため、建蔽率は**100％**となりますので、建築面積の最高限度は400㎡×100％＝400㎡となります。

その他、建蔽率について、「**特定行政庁が指定する角地**である」「建蔽率80％以外の地域で**防火地域**内に**耐火建築物等**を建築する」「**準防火地域**内に**耐火建築物等**または**準耐火建築物等**を建築する場合」も**10％緩和**されます。

②最大延べ面積は「**敷地面積×容積率**」によって求めます。

なお、前面道路（2つ以上ある場合は幅の**広い方**）の幅員が**12ｍ未満**である場合、指定容積率と前面道路の幅員に応じて求めた容積率の**低い方**が適用されます。

設問の場合、指定容積率400％＞6×6／10＝36／10　→　360％を適用

最大延べ面積は400㎡×360％＝1,440㎡となります。

以上より、正解は2.となります。

問 2　　重要度 C

甲土地の売却に関する次の記述のうち、最も適切なものはどれか。

1) 「Aさんが甲土地を譲渡した場合、譲渡所得の金額の計算上、取得費は、父親の相続に係る相続税の課税価格の計算の基礎に算入された金額（相続税評価額）となります。」
2) 「Aさんが甲土地を譲渡した場合、譲渡した日の属する年の1月1日において所有期間が5年を超えていますので、当該譲渡による譲渡所得については、長期譲渡所得に区分されます。」
3) 「Aさんが甲土地を譲渡した場合、譲渡所得金額が6,000万円以下の部分について、所得税および復興特別所得税10.21％、住民税4％の軽減税率が適用されます。」

正解 **2** が適切　　テキスト5章　1) P381、2) P382、3) P384-385

1) **不適切**　被相続人の取得費を引き継ぎます。

2) **適切**　不動産の譲渡所得の計算上、所有期間は**譲渡する年の1月1日時点**で判定します。

3) **不適切**　甲土地は**青空駐車場**であり、所有期間が**5年超**であるため、長期譲渡所得に該当し、所得税（復興特別所得税を含む）**15.315％**、住民税**5％**となります。なお、選択肢の10.21％、4％は、所有期間10年超の居住用財産（自宅）を譲渡した場合の軽減税率の特例（譲渡所得6,000万円以下の部分）の税率です。

問3 重要度 A

甲土地の有効活用に関する以下の文章の空欄①〜③に入る語句の組合せとして、次のうち最も適切なものはどれか。

ⅰ)「Aさんが甲土地に賃貸マンションを建築した場合、相続税の課税価格の計算上、甲土地は（ ① ）として評価されます。また、甲土地が貸付事業用宅地等に該当すれば、小規模宅地等についての相続税の課税価格の計算の特例の適用を受けることができます。貸付事業用宅地等は、200㎡までの部分について（ ② ）の減額が受けられます。」

ⅱ)「Aさんが甲土地に賃貸マンションを建築した場合、甲土地に係る固定資産税は、住宅1戸につき200㎡までの部分（小規模住宅用地）について課税標準となるべき価格を（ ③ ）の額とする特例の適用を受けることができます。」

1) ① 貸宅地　　② 50％　　③ 3分の1
2) ① 貸家建付地　② 50％　　③ 6分の1
3) ① 貸家建付地　② 80％　　③ 3分の1

正解 **2** が適切　　テキスト6章 ①② P441-445、テキスト5章 ③ P378

①賃貸マンションの**敷地**は**貸家建付地**、**建物**は**貸家**として評価されます。

②貸付事業用宅地等は**200㎡**までの部分について**50％**減額されます。

③住宅1戸あたり200㎡までの部分（小規模住宅用地）について課税標準となるべき価格は、固定資産税では**6分の1**（都市計画税では3分の1）となります。

以上より、正解は2.となります。

第4問

[2019年1月]

次の設例に基づいて、下記の各問（《問1》～《問3》）に答えなさい。

《設 例》

　会社員のＡさん（55歳）は、現在、会社の借上げ社宅（マンション）に妻と2人で暮らしているが、定年退職後の生活を見据えて、妻の趣味であるガーデニングを楽しむための戸建て住宅を購入したいと考えている。具体的には、現在の住まいから徒歩圏内にある甲土地および建物の購入を検討している。
　甲土地および建物の概要は、以下のとおりである。

＜甲土地および建物の概要＞

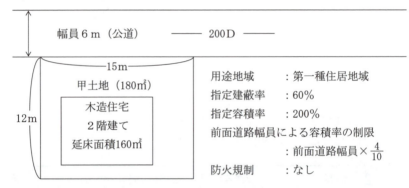

・指定建蔽率および指定容積率とは、それぞれ都市計画において定められた数値である。
・特定行政庁が都道府県都市計画審議会の議を経て指定する区域ではない。
※上記以外の条件は考慮せず、各問に従うこと。

問1

甲土地の①建蔽率の上限となる建築面積と②容積率の上限となる延べ面積の組合せとして、次のうち最も適切なものはどれか。

1) ① 108㎡　② 216㎡
2) ① 108㎡　② 360㎡
3) ① 144㎡　② 432㎡

正解 2 が適切　　テキスト5章　①P361-363、②P365-366

①建築面積の最高限度は「**敷地面積×建蔽率**」により求めます。

設問では、**防火地域・準防火地域に該当せず、特定行政庁の指定する角地にも該当しない**ため、そのまま計算し、建築面積の最高限度は180㎡×60％＝108㎡となります。

②最大延べ面積は「**敷地面積×容積率**」によって求めます。

なお、前面道路の幅員が**12m未満**である場合、指定容積率と前面道路の幅員に応じて求めた容積率の**低い**方が適用されます。

設問の場合、指定容積率200％＜6×4／10＝24／10 → 200％を適用

最大延べ面積は180㎡×200％＝360㎡となります。

以上より、正解は2.となります。

問2 重要度 C

不動産の価格に関する以下の文章の空欄①〜③に入る語句または数値の組合せとして、次のうち最も適切なものはどれか。

> ⅰ）土地の価格には、「実勢価格（取引価格）」「公示価格」「基準地標準価格」「相続税路線価」「固定資産税評価額」の5つがあるといわれ、このうち相続税路線価は（ ① ）の8割程度に設定されている。（ ① ）は、毎年1月1日を基準日として、国土交通省の土地鑑定委員会が判定し、3月に公表されるものである。
>
> ⅱ）《設例》の図では相続税路線価が表示されているが、この道路に示された「200 D」とは、1㎡当たりの価額が（ ② ）万円、借地権割合が（ ③ ）％であることを示している。

1) ① 実勢価格（取引価格）　② 20　③ 50
2) ① 公示価格　② 20　③ 60
3) ① 公示価格　② 200　③ 70

正解 **2** が適切　　テキスト5章 ①P333、テキスト6章 ②③P442-443

①相続税路線価は**公示**価格の**8**割程度、固定資産税評価額は**公示**価格の**7**割程度に設定されています。

②③路線価図の数値はその路線に面する宅地の1㎡あたりの価格（**千円単位**）、英字は借地権割合を示します。設問の場合、1㎡あたり20万円、借地権割合60％です（A：90％、B：80％、C：70％、D：60％、E：50％、F：40％、G：30％）。

以上より、正解は2.となります。

 レック先生のワンポイント

> 借地権割合は覚えなくても、よく出題される①、②から正解を導き出すことができます。

問3 重要度 C

不動産登記簿の見方およびその調査に関する次の記述のうち、最も不適切なものはどれか。

1)「甲土地の購入の検討にあたっては、登記簿で権利関係を確認してください。所有権に関する登記事項は、権利部（甲区）で確認することができます。」

2)「全部事項証明書（登記簿謄本）は、誰でも交付を受けることができます。交付にあたっては、土地の地番、建物の家屋番号を確認のうえ、申請してください。」

3)「甲土地の全部事項証明書（登記簿謄本）を取得するためには、甲土地が所在する市区町村役場にその交付の申請をする必要があります。各自治体のホームページからオンライン請求することも可能です。」

正解 **3** が不適切　　テキスト5章　1) P335、2) 3) P338

1) 適切　**所有権**に関する事項は権利部（**甲区**）、所有権以外の権利に関する事項は権利部（**乙区**）に記録されます。

2) 適切　不動産登記は**誰でも**調査できます。

3) **不適切**　不動産登記は**法務局**で調査できます。登記事項証明書の申請は窓口、郵送のほか、オンライン請求することもできます。

第5問

[2021年5月]

次の設例に基づいて、下記の各問（《問1》〜《問3》）に答えなさい。

《設 例》

会社員のAさん（60歳）の母親は、本年1月22日に死亡した。母親が所有していたM市内の不動産のうち、自宅（Aさんの実家）および自宅に隣接する賃貸アパートを母親と同居していたAさんの兄が取得し、Aさんは月極駐車場として活用している甲土地を取得した。遺産分割協議は円滑に行われ、相続税の申告および納税は完了している。

先日、Aさんは、友人の不動産会社の社長から「ドラッグストアを展開するX社からM市内で駐車場を確保できる甲土地に出店したいと頼まれている。また、地元のマンション開発業者Y社からは、住宅エリアとしても人気のある甲土地での等価交換方式によるマンション建設の提案を受けている。そのほかの可能性を含め、甲土地の有効活用を検討してみないか」とアドバイスされた。

<甲土地の概要>

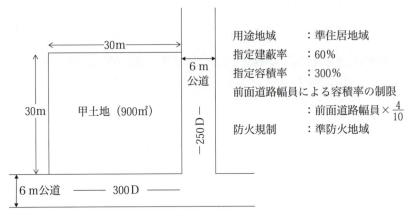

- 甲土地は、建蔽率の緩和について特定行政庁が指定する角地である。
- 指定建蔽率および指定容積率とは、それぞれ都市計画において定められた数値である。
- 特定行政庁が都道府県都市計画審議会の議を経て指定する区域ではない。

※上記以外の条件は考慮せず、各問に従うこと。

問1 重要度

甲土地に賃貸マンション（耐火建築物）を建築する場合の①建蔽率の上限となる建築面積と②容積率の上限となる延べ面積の組合せとして、次のうち最も適切なものはどれか。

1) ① 630㎡　② 2,700㎡
2) ① 720㎡　② 2,160㎡
3) ① 720㎡　② 2,700㎡

正解 **2** が適切　　テキスト5章　① P361-363、② P365-366

①建築面積の最高限度は「**敷地面積×建蔽率**」により求めます。
　設問では、**準防火地域**内に**耐火建築物**を建築するため**10％緩和**、**特定行政庁が指定する角地**であるため**10％緩和**となります。以上より、建蔽率は60％＋10％＋10％＝80％となり、建築面積の最高限度は900㎡×80％＝720㎡となります。

②延べ面積の最高限度は「敷地面積×容積率」により求めます。
　なお、**前面道路（2つ以上ある場合は幅の広い方）の幅員が12m未満**である場合、指定容積率と前面道路の幅員に応じて求めた容積率の**低い方**が適用されます。

設問の場合、指定容積率300％＞6×4／10＝24／10　→　240％を適用したがって、最大延べ面積は900㎡×240％＝2,160㎡となります。
以上より、正解は2.となります。

問2 ☑☑☑ 重要度 A

甲土地の有効活用に関する以下の文章の空欄①〜③に入る語句または数値の組合せとして、次のうち最も適切なものはどれか。

> ⅰ）「Aさんが自己建設方式により甲土地に賃貸マンションを建築した場合、相続税の課税価格の計算上、甲土地は貸家建付地として評価されます。貸家建付地の価額は、『自用地価額×（ ① ）』の算式により評価されます。甲土地の借地権割合は（ ② ）％です。」
>
> ⅱ）「甲土地が貸付事業用宅地等に該当すれば、小規模宅地等についての相続税の課税価格の計算の特例の適用を受けることができます。貸付事業用宅地等は、（ ③ ）㎡までの部分について50％の減額が受けられます。」

1) ① 借地権割合×賃貸割合　　　　　　　② 70　③ 400
2) ①（1－借地権割合×賃貸割合）　　　　② 70　③ 200
3) ①（1－借地権割合×借家権割合×賃貸割合）② 60　③ 200

正解 **3** が適切　　テキスト6章　① P444、② P442-443、③ P445

①土地所有者が所有する賃貸マンションの敷地は貸家建付地として評価され、「**自用地価額×（1－借地権割合×借家権割合×賃貸割合）**」で求めます。

②路線価図の路線部分の英字部分は借地権割合を示し、「D」は借地権割合60％であることを示します。借地権割合はA：90％、B：80％、C：70％、D：60％‥と10％ずつ逓減していき、G：30％となります。

③貸付事業用宅地等は**200㎡**までの部分について**50％**減額されます。

以上より、正解は3.となります。

394

問3

甲土地の有効活用に関する次の記述のうち、最も不適切なものはどれか。

1)「等価交換方式により、マンションを建築する手法が考えられます。Aさんとしては、自己資金を使わず、マンション住戸を取得することができます。」
2)「事業用定期借地権方式により、甲土地を一定期間賃貸する手法が考えられます。甲土地を手放さず、安定した地代収入を得ることができます。」
3)「建設協力金方式により、甲土地上に建築した店舗をテナントに貸し出す手法が考えられます。契約期間満了後、借主であるテナントが建物を撤去し、甲土地は更地で返還されます。」

正解 **3** が不適切　　　　　　　　　　テキスト5章　P393-394

1) 適切　等価交換方式は、土地所有者は土地を出資し、出資持分に応じた建物（または土地付建物）を取得する有効活用手法であり、**資金調達を必要としません。**

2) 適切　定期借地権方式は、一定期間土地を賃貸する手法であり、**契約の更新がなく、安定した地代収入**を得ることができます。

3) 不適切　建設協力金方式は、**テナントから建設協力金を拠出**してもらい、テナントの要望に合わせた建物を**土地所有者が建築**する有効活用手法です。建物は土地所有者の所有物であるため、契約期間満了後、テナントが建物を撤去する必要はありません。契約期間満了後、テナントが建物を撤去して、更地で返還するのは、一般定期借地権方式、事業用定期借地権方式等です。

第6章 傾向と対策

相続と贈与に関する分野です。人が亡くなった場合の法律や税金（相続税）、生存中に財産を贈与する場合の法律や税金（贈与税）のしくみを学びます。

頻出される問題

＜学科試験＞　学科試験の主なキーワード
相続分・遺留分、相続放棄、相続税の申告期限、自筆証書遺言・公正証書遺言、相続税（生前贈与、生命保険金、債務控除、基礎控除、配偶者の税額軽減、2割加算）、贈与契約（書面贈与、口頭贈与、死因贈与）、贈与税（基礎控除、配偶者控除、住宅資金、教育資金の非課税制度、相続時精算課税制度）、財産評価（貸家建付地、貸家、上場株式、生命保険契約に関する権利、非上場株式、小規模宅地等の特例）

＜実技試験＞
【日本FP協会】相続人・相続分のそれぞれの規定と、贈与税（基礎控除・配偶者控除、相続時精算課税制度）、相続手続きの期限、遺言の種類と特徴が出題されます。

【金財】「相続税の総額」を中心に生命保険金の非課税、基礎控除、小規模宅地等の特例が出題されます。合わせて相続開始後の手続、遺言や遺留分等もよく出題されます。

第6章 相続・事業承継

学科試験問題＆解答
- 相続の基礎知識
- 相続税
- 贈与税
- 財産の評価

実技試験問題＆解答
- ［日本FP協会］　資産設計提案業務
- ［金財］　個人資産相談業務・保険顧客資産相談業務

※金財の実技試験は、「個人資産相談業務」「保険顧客資産相談業務」の2つがありますが、共通する科目での出題傾向は似ています。
本書では効率よくかつ幅広く論点を学習するため、2つの試験問題を分けず、横断式で出題しています。

学科試験[日本FP協会・金財] 共通

相続の基礎知識

1 重要度 B [2018年9月]

相続において、実子と養子または嫡出子と嫡出でない子の区別によって、相続人の順位に違いはない。

2 重要度 B [2019年9月]

特別養子縁組によって養子となった者については、原則として、養子縁組の成立と同時に、実方の父母との法律上の親族関係が終了する。

3 重要度 A [2018年5月]

被相続人に配偶者がなく、遺族が被相続人の子と母の計2人である場合、その相続に係る子の法定相続分は3分の2、母の法定相続分は3分の1である。

テキスト6章 P405

実子と養子、嫡出子と嫡出でない子は**相続人順位も同じ**で、**相続分も同じ**です。

テキスト6章 P405

普通養子縁組では、実親と養親の両方との親族関係が継続しますが、**特別**養子縁組では、実親との親族関係は終了し、**養親**との親族関係**のみ**となります。相続税の計算上、普通養子は人数の制限がありますが、特別養子に人数の制限がなく、実子と扱う理由はここにあります。

レック先生のワンポイント

普通養子と特別養子

	普通養子	特別養子
親子関係	実親と養親の両方	養親のみ
相続税法上※	実子がいれば1人まで いなければ2人まで	実子扱い

※死亡保険金、死亡退職金の非課税、基礎控除、相続税の総額等

テキスト6章 P407

第1順位は**子**、第2順位は**直系尊属**、第3順位は**兄弟姉妹**で、**先順位**の相続人が**いる**場合は**次順位**の者は**相続人になりません**。子と母が遺族である場合、子が全部を相続し、母は相続できません。

4   [2021年1月]

下記の＜親族関係図＞において、Aさんの相続における父Cさんの法定相続分は、（　）である。

＜親族関係図＞

1) 6分の1
2) 4分の1
3) 3分の1

5   [2018年9月]

下記の〈親族関係図〉において、Aさんの相続における妻Bさんの法定相続分は、（　）である。

＜親族関係図＞

1) 2分の1
2) 3分の2
3) 4分の3

400

1　① が正しい
テキスト6章　P407

配偶者は必ず相続人になります。一方、血族相続人は第1順位は**子**、第2順位は**直系尊属**、第3順位は**兄弟姉妹**で、**先順位**の相続人が**いる場合**は**次順位**の者は**相続人になりません**。

問題の場合、妻Bさんと父Cさん、母Dさんが相続人になります。配偶者と直系尊属が相続人である場合、配偶者の相続分は**2／3**、直系尊属の相続分は**1／3**となります。

なお、直系尊属が2人いるため、相続分は1／3を2等分して、1／6となります。

2　② が正しい
テキスト6章　P407

配偶者は必ず相続人になります。一方、血族相続人は第1順位は**子**、第2順位は**直系尊属**、第3順位は**兄弟姉妹**で、**先順位**の相続人が**いる場合**は**次順位**の者は**相続人になりません**。

問題の場合、父母がいますので、弟は相続人になりません。配偶者と直系尊属が相続人である場合、配偶者の相続分は**2／3**、直系尊属の相続分は**1／3**となります。なお、父と母の相続分は1／3を2等分して、各1／6となります。

レック先生のワンポイント

相続人と相続分

優先順位	相続人	相続分
第1順位	配偶者と子	配偶者1／2、子1／2
第2順位	配偶者と直系尊属	配偶者2／3、直系尊属1／3
第3順位	配偶者と兄弟姉妹	配偶者3／4、兄弟姉妹1／4

6  [2019年9月]

下記の＜親族関係図＞において、Aさんの相続における弟Cさんの法定相続分は、（　　）である。

＜親族関係図＞

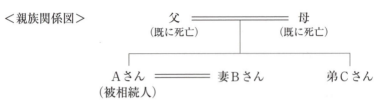

1）4分の1
2）3分の1
3）2分の1

7   [2020年1月]

下記の＜親族関係図＞において、遺留分算定の基礎となる財産の価額が9,000万円であり、相続人が合計4人である場合、二男Eさんの遺留分の金額は、（　　）となる。

＜親族関係図＞

1）　750万円
2）1,125万円
3）1,500万円

402

1 が正しい

テキスト6章 P407

配偶者は必ず相続人になります。一方、血族相続人は第1順位は**子**、第2順位は**直系尊属**、第3順位は**兄弟姉妹**です。

問題の場合、子も直系尊属もいませんので、弟が相続人になります。配偶者と兄弟姉妹が相続人である場合、配偶者の相続分は**3／4**、兄弟姉妹の相続分は**1／4**となります。

法定相続分は色々なパターンで出題されますので、過去問題を多く解きましょう。

1 が正しい

テキスト6章 P407、P411-412

配偶者は必ず相続人になります。一方、血族相続人は第1順位は子であるため、問題の場合、配偶者と子3人が相続人になります。配偶者と子が相続人である場合、配偶者の相続分は**1／2**、子の相続分は**1／2**となり、子が3人いるため、相続分は1／2を3等分して、各1／6となります。

なお、遺留分とは兄弟姉妹以外の相続人が主張できる最低保証分をいい、配偶者と子が相続人である場合、**相続財産の1／2が遺留分**となります。二男Eさんの遺留分は1／6×1／2＝1／12ですので、9,000万円×1／12＝750万円となります。

相続分と遺留分のどちらを出題しているか、問題文をしっかり確認しましょう。

レック先生のワンポイント

遺留分

遺留分権利者	相続人である配偶者、子（代襲相続人である孫を含む）、直系尊属 （兄弟姉妹にはない）
遺留分割合	原則　1／2 例外　相続人が直系尊属のみ　1／3

8 ☑☑☑ 重要度 **C** [2019年5月]

相続人が相続の放棄をする場合は、原則として、自己のために相続の開始があったことを知った時から10カ月以内に、家庭裁判所にその旨を申述しなければならない。

9 ☑☑☑ 重要度 **B** [2018年5月]

公正証書遺言を作成した公証人は、遺言者の相続の開始を知った後、その遺言書を家庭裁判所に提出して検認を請求しなければならない。

10 ☑☑☑ 重要度 **B** [2021年9月]

公正証書遺言を作成する場合、証人（①）以上の立会いが必要であるが、遺言者の推定相続人は、この証人になること（②）。

1）① 1人　　② ができる
2）① 2人　　② ができる
3）① 2人　　② はできない

✕

テキスト6章 P409

相続の限定承認・放棄をするためには相続の開始があったことを知ったときから**3カ月**以内に家庭裁判所に申述しなければなりません。

被相続人の相続税の申告期限（**10カ月**）、所得税の申告期限（**4カ月**）と合わせてよく出題されます。

✕

テキスト6章 P409-410

公正証書遺言は、**公証役場**に保管されているため、遺言者の死亡後、家庭裁判所の検認は**不要**です。自筆証書遺言は、**法務局**に保管されている場合は家庭裁判所の検認は**不要**で、**その他**の場合は遅滞なく検認が**必要**です。

---

3 が正しい

テキスト6章 P410-411

推定相続人、受遺者、**その配偶者や直系血族等**は公正証書遺言の証人になることができません。

11 　☑☑☑　重要度 B　　　　　　　　　　　　　　　　　[2020年1月]

自筆証書遺言を作成する場合において、自筆証書に添付する財産目録については、自書によらずにパソコンで作成しても差し支えない。

12 　☑☑☑　重要度 C　　　　　　　　　　　　　　　　　[2022年9月]

協議分割は、共同相続人全員の協議により遺産を分割する方法であり、その分割割合については、必ずしも法定相続分に従う必要はない。

相続税

13 　☑☑☑　重要度 B　　　　　　　　　　　　　　　　　[2018年9月]

生命保険契約において、契約者（＝保険料負担者）および被保険者がAさん、死亡保険金受取人がAさんの配偶者Bさんである場合、Aさんの死亡によりBさんが受け取る死亡保険金は、相続税の課税対象となる。

テキスト6章　P410

全文、署名は**自筆**が**原則**ですが、**財産目録**は**コピー**や**パソコン**で作成できます。

自筆証書遺言と公正証書遺言

	自筆証書遺言	公正証書遺言
作成方法	原則、全文、日付、署名は自筆 目録はコピー可 (全ページ署名押印が必要)	公証人が筆記
証人・立会人	不要	作成時に2人以上必要
遺言者死亡後の 家庭裁判所の検認	原則、必要 法務局保管の場合は不要	不要

テキスト6章　P408

なお、遺言による**指定分割**も**法定相続分に従う必要はありません**が、協議分割が成立しないときの家庭裁判所による審判分割は法定相続分によります。

テキスト6章　P415

個人契約において、**契約者（＝保険料負担者）および被保険者が同じ**である場合、死亡保険金は**相続税**の対象となります。
なお、**相続人**が受け取る場合は、**「500万円×法定相続人の数」の金額が非課税**となりますが、相続人以外（相続を放棄した者等）が受け取る場合は非課税限度額は適用できません。

14   [2018年5月]

相続税の計算において、相続人が受け取った死亡保険金の非課税限度額は、「（①）×法定相続人の数」の算式により算出するが、相続人のうち相続の放棄をした者がいる場合、当該法定相続人の数は、相続を放棄した者を（②）人数とされる。

1） ① 500万円　　② 含む
2） ① 500万円　　② 含まない
3） ① 600万円　　② 含む

15   [2020年9月]

相続税額の計算上、被相続人が生前に購入した墓碑の購入代金で、相続開始時において未払いであったものは、債務控除の対象となる。

16 [2018年9月]

相続税の課税価格の計算上、相続人が負担した葬式の際の香典返戻費用は、相続財産の価額から控除することができる。

1 が正しい　　テキスト6章　P417

契約者（保険料負担者）かつ被保険者が被相続人、死亡保険金受取人が相続人である場合は、死亡保険金は**相続税**の対象となり、「**500万円×法定相続人の数**」の金額が非課税となります。

非課税金額の計算においては、相続の放棄があってもなかったもの（相続放棄者を**含む**）とした人数となります。

なお、相続人以外（例：相続を放棄した者）が受け取った場合は非課税限度額は適用できません。

レック先生のワンポイント

民法上の相続人・相続分と相続税法上の法定相続人・法定相続分

	相続放棄	普通養子
民法上	除く	全員が相続人
相続税法上（※）	含む （放棄がなかったものとする）	実子あり‥1人まで 実子なし‥2人まで

※死亡保険金・死亡退職金の非課税、基礎控除、相続税の総額、配偶者の税額軽減等

×　　テキスト6章　P418

墓碑は相続税**非課税財産**であり、この**未払金**も**債務控除できません**。
財産も評価ゼロ、債務控除もマイナスゼロとなります。

×　　テキスト6章　P418

受け取る**香典**は通常、**贈与税非課税**ですので、**香典返戻費用**も**債務控除できません**。プラスもゼロ、マイナスもゼロと考えましょう。

17   [2019年9月]

初七日や四十九日などの法会に要した費用は、相続税の課税価格の計算上、葬式費用として控除することができる。

18   [2019年5月]

本年中に相続または遺贈により財産を取得した者が、その相続開始前（ ① ）以内に暦年課税方式により被相続人から贈与により取得した財産があるときは、その財産の（ ② ）における時価により評価した金額を、原則として相続税の課税価格に加算する。

1) ① 3年　　② 相続時
2) ① 3年　　② 贈与時
3) ① 5年　　② 相続時

テキスト6章　P418

通夜・本葬費用は債務控除の対象となりますが、初七日、四十九日の法会費用は債務控除できません。

債務控除

債務控除できる	債務控除できない
本葬・通夜費用で通常必要なもの 被相続人の借入債務 確定している未払金（税金、医療費）	墓地等の未払金 団信付ローン 香典返戻費用 法会費用 遺言執行費用

2 が正しい　　　テキスト6章　①P415-416、②P432

①暦年課税方式による生前贈与加算は、「相続または遺贈により財産を取得した者」「相続開始前3年以内の贈与」の2つの要件がありますが、相続時精算課税制度による生前贈与加算は、この2つの要件はなく、相続、遺贈による財産の取得がなくても、相続開始前3年超の贈与も加算されます。
②贈与時の価額で加算される点は、暦年課税方式による贈与、相続時精算課税制度による贈与とも同じです。

なお、2027年以降の相続から加算範囲が徐々に広がる（2024年以降の贈与が対象）ことで、加算対象が相続開始前3年超となり、2031年以降に発生する相続からは相続開始前7年以内が対象となります。2027年以降、相続税の課税価格に加算される価額は以下のとおりです。
　相続開始前3年以内の贈与財産：贈与時の価額
　相続開始前3年より前の贈与財産：贈与時の価額の合計額－100万円

19 重要度 C [2019年9月]

「配偶者に対する相続税額の軽減」の適用を受けた場合、配偶者の相続税の課税価格が、相続税の課税価格の合計額に対する配偶者の法定相続分相当額または1億6,000万円のいずれか多い金額までであれば、原則として、配偶者の納付すべき相続税額は算出されない。

20 重要度 A [2020年9月]

下記の＜親族関係図＞において、被相続人Aさんの相続における相続税額の計算上、遺産に係る基礎控除額は、（　　）である。

＜親族関係図＞

1) 4,200万円
2) 4,800万円
3) 8,000万円

21 重要度 B [2021年1月]

相続により、被相続人の（　　）が財産を取得した場合、その者は相続税額の2割加算の対象となる。

1) 兄弟姉妹
2) 父母
3) 孫（子の代襲相続人）

テキスト6章　P420-421、P423

「**法定相続分**」が「1／2」、「**多い**」が「少ない」になっているひっかけ問題に気をつけましょう。

2 が正しい　　　　　　　　　　　　　　　　　　テキスト6章　P419

相続税の計算における遺産に係る基礎控除額は「**3,000万円＋600万円×法定相続人の数**」により求めます。設問の場合、法定相続人の数は3人（妻Bさん、兄Cさん、弟Dさん）であるため、3,000万円＋600万円×3人＝4,800万円となります。

レック先生のワンポイント

相続税の遺産に係る基礎控除・非課税限度額

遺産に係る基礎控除	3,000万円＋600万円×法定相続人の数
死亡保険金、死亡退職金の非課税	相続人が受け取る場合、それぞれ別々で、500万円×法定相続人の数

1 が正しい　　　　　　　　　　　　　　　　　　テキスト6章　P422

配偶者、子、父母（選択肢2）、代襲相続人である孫（選択肢3）**以外**が相続、遺贈により財産を取得すると2割加算が適用されます。つまり、**兄弟姉妹**（選択肢1）、祖父母、**代襲相続人でない孫**等は2割加算の対象となります。

レック先生のワンポイント

2割加算

2割加算対象外	配偶者、子、父母、代襲相続人である孫
2割加算対象	兄弟姉妹、祖父母、代襲相続人でない孫（孫養子を含む）

22 ☑☑☑ 重要度 C [2018年5月]

相続税の申告書の提出は、原則として、その相続の開始があったことを知った日の翌日から（　）以内にしなければならない。

1）4カ月
2）6カ月
3）10カ月

23 ☑☑☑ 重要度 C [2021年1月]

相続税額の計算において、「配偶者に対する相続税額の軽減」の適用を受けることにより、納付すべき相続税額が算出されない場合、相続税の申告書を提出する必要はない。

24 ☑☑☑ 重要度 C [2020年9月]

国内に住所を有するAさんが死亡した場合、Aさんの相続における相続税の申告書の提出先は、Aさんの死亡の時における住所地の所轄税務署長である。

25 ☑☑☑ 重要度 C [2018年9月]

相続税は、相続税の申告書の提出期限までに金銭により一時に納付することが原則であるが、所定の要件を満たせば、延納による納付方法も認められる。

贈与税

26 ☑☑☑ 重要度 B [2022年1月]

贈与は、当事者の一方が財産を無償で相手方に与える意思表示をすれば、相手方が受諾しなくても、その効力が生じる。

3 が正しい　　　　　　　　　　　　　　　　　　　　　テキスト6章　P424

被相続人の相続税の申告期限は相続開始があったことを知った日の翌日から**10カ月**以内、**所得税**の申告期限は**4カ月**以内です。
相続の限定承認・**放棄**（相続の開始があったことを知ったときから**3カ月**以内）と合わせてよく出題されます。

✗　　　　　　　　　　　　　　　　　　　　　　　　　　テキスト6章　P424

配偶者の税額軽減や**小規模宅地等**についての相続税の課税価格の計算の特例を適用した結果、相続税がゼロとなる場合でも、相続税の申告は**必要**です。

○　　　　　　　　　　　　　　　　　　　　　　　　　　テキスト6章　P424

贈与税の申告先は、**受贈者**（もらう側）の住所地の所轄税務署長、**相続税**の申告先は、相続人（もらう側）ではなく、**被相続人**の住所地の所轄税務署長となります。

○　　　　　　　　　　　　　　　　　　　　　　　　　　テキスト6章　P425

相続税、贈与税ともに一時に納付できない場合は、分割払い（**延納**）が認められます。なお、物納は**相続税のみ**で認められます。

✗　　　　　　　　　　　　　　　　　　　　　　　　　　テキスト6章　P426

贈与契約は諾成契約ですので、贈与する意思表示と贈与を受ける**意思表示が合致して成立**します。

27 ☑☑☑ 重要度 B [2018年5月]

贈与契約における財産の取得時期は、原則として、書面による贈与の場合は
(①)、書面によらない贈与の場合は(②)とされる。

1) ① 贈与契約の効力が発生した時　② 贈与の履行があった時
2) ① 贈与の履行があった時　　　　② 贈与の意思表示をした時
3) ① 贈与契約の効力が発生した時　② 贈与の意思表示をした時

28 ☑☑☑ 重要度 B [2022年9月]

死因贈与は、贈与者が財産を無償で与える意思を表示することのみで成立し、贈与
者の死亡によって効力を生じる。

29 ☑☑☑ 重要度 B [2020年9月]

個人が死因贈与によって取得した財産は、課税の対象とならない財産を除き、
( )の課税対象となる。

1) 贈与税
2) 相続税
3) 所得税

1 が正しい

テキスト6章　P426

書面による贈与は契約書で定めた効力の発生時に取得したこととなり、原則として、契約を解除できません。

一方、**書面によらない**贈与は**履行前**であれば**解除できます**。書面による贈与と書面によらない贈与の違いを整理しておきましょう。

×

テキスト6章　P426

贈与契約は遺言とは異なり、**双方の意思表示が一致することで成立**します。なお、**受贈者が先に死亡した場合、死因贈与は無効**となります。

2 が正しい

テキスト6章　P426

死因贈与は、通常の贈与とは異なり、「死んだらあげる」という死亡を前提としていますので、**相続税**の課税対象となります。

30 重要度 B [2019 年 1 月]

個人が法人から贈与を受けた財産は、贈与税の課税対象となる。

31   重要度 B [2019 年 9 月]

子が父から時価300万円の株式を50万円で譲渡を受けた場合、原則として父から子への贈与があったものとみなされ、贈与税の課税対象となる。

32   重要度 B [2022 年 9 月]

個人間において著しく低い価額の対価で財産の譲渡が行われた場合、原則として、その譲渡があった時の譲受財産の時価と支払った対価との差額に相当する金額について、贈与税の課税対象となる。

33   重要度 B [2021 年 1 月]

「直系尊属から住宅取得等資金の贈与を受けた場合の贈与税の非課税」は、相続時精算課税と併用して適用を受けることができる。

テキスト6章 P426

相続税は原則、個人（被相続人）が死亡して個人（相続人）が財産を取得するときにかかる税金であり、贈与税はその補完税ですので、同じように**個人が個人から**贈与により財産を取得するときに課税されます。
個人が法人から財産の贈与を受けると**所得税**の課税対象（給与所得または一時所得）となります。

レック先生のワンポイント

贈与と贈与税・所得税

個人から個人への贈与	贈与税
法人から個人への贈与	所得税

テキスト6章 P426

個人から個人への贈与が**贈与税**の対象となります。問題は見た目では譲渡ですが、時価よりも250万円安く譲渡しているため、250万円が贈与税の対象となります。**法人から個人**への贈与であれば贈与税ではなく、**所得税**の対象となりますので、問題をよく読みましょう。

○

テキスト6章 P426

通常は、**相続税評価額と支払った対価との差額が贈与税の対象**となりますが、**土地等、建物や上場株式は通常の取引価額との差額**が贈与税の課税対象となります。

○

テキスト6章 P434-435

「直系尊属から住宅取得等資金の贈与を受けた場合の贈与税の非課税」は、基礎控除（110万円）または相続時精算課税の特別控除（2,500万円）と**併用できます**。

34 ☑☑☑ 重要度 B [2019年5月]

「直系尊属から住宅取得等資金の贈与を受けた場合の贈与税の非課税」の適用を受けることができる受贈者は、贈与を受けた日の属する年の1月1日において（ ① ）以上であり、その年分の所得税に係る合計所得金額が（ ② ）以下（住宅床面積が40㎡以上50㎡未満である場合は（ ③ ）以下）であるなどの要件を満たす者とされている。

1) ① 18歳 　　② 3,000万円 　　③ 1,000万円
2) ① 18歳 　　② 2,000万円 　　③ 1,000万円
3) ① 25歳 　　② 1,000万円 　　③ 500万円

35 ☑☑☑ 重要度 B [2020年9月]

「直系尊属から教育資金の一括贈与を受けた場合の贈与税の非課税」は、受贈者の贈与を受けた年の前年分の所得税に係る合計所得金額が1,000万円を超える場合、適用を受けることができない。

36 ☑☑☑ 重要度 B [2019年9月]

「直系尊属から教育資金の一括贈与を受けた場合の贈与税の非課税」の適用を受けた場合、受贈者1人につき（　　　）までは贈与税が非課税となる。

1) 1,000万円
2) 1,500万円
3) 2,000万円

2 が正しい

テキスト6章 P434-435

①成年者が対象と理解しましょう。

②③原則は2,000万円以下、取得に係る住宅の床面積が40㎡以上50㎡未満の場合は1,000万円以下と所得要件が厳しくなっています。

○

テキスト6章 P436

贈与を受ける年ではなく、贈与を受ける年の**前年**の合計所得金額で判定します。

なお、「直系尊属から住宅取得等資金の贈与を受けた場合の贈与税の非課税」の所得要件は贈与を受ける年の所得で判定します。

2 が正しい

テキスト6章 P436

教育資金の一括贈与を受けた場合の贈与税の非課税は受贈者1人につき**1,500万円**まで、**結婚・子育て**資金の一括贈与を受けた場合の贈与税の非課税は受贈者1人につき**1,000万円**までです。

37 ☑☑☑ 重要度 B [2020年1月]

贈与税の配偶者控除は、婚姻期間が（ ① ）以上である配偶者から居住用不動産の贈与または居住用不動産を取得するための金銭の贈与を受け、所定の要件を満たす場合、贈与税の課税価格から基礎控除額とは別に（ ② ）を限度として控除することができるものである。

1） ① 15年　　② 2,000万円
2） ① 20年　　② 2,000万円
3） ① 20年　　② 2,500万円

38 ☑☑☑ 重要度 C [2021年5月]

子が同一年中に父と母のそれぞれから贈与を受けた場合、その年分の暦年課税による贈与税額の計算上、課税価格から控除する基礎控除額は、最高で220万円である。

2 が正しい

テキスト6章 P430

① 贈与税の配偶者控除には**20年**以上の婚姻期間要件がありますが、相続税の配偶者の税額軽減には婚姻期間要件はなく、法律婚の状態にあることが要件となっています。
② 贈与税の配偶者控除は**基礎控除110万円とは別**に適用できますので、最高で2,110万円まで贈与税がかかりません。なお、**2,500万円**は**相続時精算課税制度**の**特別控除**です。

レック先生のワンポイント

相続税・贈与税の配偶者の特例

配偶者の特例	婚姻期間	特例の内容
配偶者に対する相続税額の軽減	問わない	配偶者の取得する財産（課税価格）が法定相続分または1億6,000万円のいずれか多い方までは相続税がかからない
贈与税の配偶者控除	20年以上	基礎控除110万円とは別に2,000万円を控除できる

×

テキスト6章 P428

贈与税の基礎控除は受贈者側において**年間110万円**です。

39 ☑☑☑ 重要度 **B** [2021年1月]

本年中に相続時精算課税の適用を受けた場合、特定贈与者ごとに特別控除額として累計（ ① ）までの贈与には贈与税が課されず、その額を超えた部分については一律（ ② ）の税率により贈与税が課される。

1) ① 1,500万円　　② 15％
2) ① 1,500万円　　② 20％
3) ① 2,500万円　　② 20％

40 ☑☑☑ 重要度 **B** [2021年9月]

子が父親からの贈与により取得した財産について相続時精算課税の適用を受けた場合、その適用を受けた年以後、子は父親からの贈与により取得した財産について暦年課税を選択することはできない。

3 が正しい　　　　　　　　　　　　　　　　　　テキスト6章　P432

相続時精算課税制度は、「相続時」に、生前に支払った贈与税を「精算」する「課税」制度です。つまり、支払う贈与税は、相続発生後に支払う相続税の仮払いの位置づけとなります。

特定贈与者ごとに累計で**2,500万円**までは贈与税がかからず、超える部分は一律**20%**の贈与税が課税されます。

なお、**2024年以降、年間110万円までは贈与税がかかりません。**

　レック先生のワンポイント

相続時精算課税制度

贈与者	60歳以上（1月1日時点）の父母・祖父母 住宅資金の場合は年齢不問
受贈者	原則、18歳以上（1月1日時点）の子・孫
特別控除額	2,500万円
贈与税額	（課税価格－2,500万円）×20% 2024年以降、 贈与税額＝｛(課税価格－年間110万円)－特別控除2,500万円の残額｝×20%
相続税の課税価格への加算	非課税財産を除き、相続時精算課税制度により贈与を受けた財産の全部（2024年以降の贈与は年間110万円以下の部分を除く）について、原則、**贈与時**の価額で加算

○　　　　　　　　　　　　　　　　　　　　　　テキスト6章　P432

なお、他の者からの贈与については、**暦年課税を選択**できます。

41 [2019年1月]

贈与税の申告書は、原則として、贈与を受けた年の翌年の（①）から3月15日までの間に、（②）の納税地の所轄税務署長に提出しなければならない。

1) ① 2月1日　　② 受贈者
2) ① 2月1日　　② 贈与者
3) ① 2月16日　　② 受贈者

42 [2019年1月]

贈与税の納付については、納期限までに金銭で納付することを困難とする事由があるなど、所定の要件を満たせば、延納または物納によることが認められている。

財産の評価

43 [2021年5月]

国税庁が公表している路線価図において、路線に「300 C」と付されている場合、「C」の記号は、借地権割合が（　　）であることを示している。

1) 60％
2) 70％
3) 80％

1 ❶が正しい　　　　　　　　　　　　　　　　　テキスト6章　P438

贈与税は2月1日から3月15日まで、所得税は2月16日から3月15日まで、個人事業者の消費税は3月31日までです。

贈与税の申告先は、**受贈者**（もらう側）の納税地の所轄税務署長、相続税の申告先は、相続人（もらう側）ではなく、**被相続人**の住所地の所轄税務署長となります。

相続税と贈与税の申告・納税

税種	申告先（原則）	延納	物納
相続税	被相続人の住所地	できる	できる
贈与税	受贈者の住所地	できる	できない

❷ ✗　　　　　　　　　　　　　　　　　　　　テキスト6章　P438

相続税、贈与税ともに一時に納付できない場合は、分割払い（**延納**）が認められますが、物納は**相続税のみ**で認められています。

2 ❷が正しい　　　　　　　　　　　　　　　　テキスト6章　P442-443

A：90％、B：80％、C：70％、D：60％、E：50％、F：40％、G：30％となっています。

44 ☑☑☑ 重要度 C [2020年9月]

賃貸アパート等の貸家の用に供されている家屋の相続税評価額は、（　　）の算式により算出される。

　　1）自用家屋としての評価額×（1－借家権割合×賃貸割合）
　　2）自用家屋としての評価額×（1－借地権割合×賃貸割合）
　　3）自用家屋としての評価額×（1－借地権割合×借家権割合×賃貸割合）

45 ☑☑☑ 重要度 B [2019年1月]

相続税の計算において、被相続人が所有している宅地に被相続人名義の賃貸マンションを建築して賃貸の用に供していた場合、当該宅地は貸宅地として評価される。

1 が正しい　　　　　　　　　　　　　　　　　　　テキスト6章　P444

貸家の相続税評価額は、「自用家屋としての評価額×（1－借家権割合×賃貸割合）」により求めます。
なお、土地所有する者が貸家を建築した場合の敷地（貸家建付地）は「自用地評価額×（1－借地権割合×借家権割合×賃貸割合）」により求めます。

×　　　　　　　　　　　　　　　　　　　　　　テキスト6章　P441

土地所有者が賃貸マンション（貸家）を建築する場合、土地は「貸家が建っている土地」、つまり貸家建付地として評価されます。

レック先生のワンポイント

宅地の評価額

自用地	路線価方式（市街地的形態を形成する地域）＝路線価×奥行価格補正率×面積 倍率方式（路線価方式以外の地域）＝固定資産税評価額×国税局長が定める倍率
普通借地権	自用地×借地権割合
貸宅地	自用地×（1－借地権割合）
貸家建付地	自用地×（1－借地権割合×借家権割合×賃貸割合）

6章●相続・事業承継

学科試験

46 [2021年1月]

自用地としての価額が5,000万円、借地権割合が70％、借家権割合が30％、賃貸割合が100％の貸家建付地の相続税評価額は、（　　　）である。

1) 1,500万円
2) 3,500万円
3) 3,950万円

47 [2018年9月]

宅地が「小規模宅地等についての相続税の課税価格の計算の特例」における特定居住用宅地等に該当する場合、宅地のうち400㎡までを限度面積として、評価額の80％相当額を減額した金額を、相続税の課税価格に算入すべき価額とすることができる。

48 [2021年5月]

被相続人の配偶者が、被相続人の居住の用に供されていた宅地を相続により取得した後、当該宅地を相続税の申告期限までに売却した場合、当該宅地は、相続税の課税価格の計算上、特定居住用宅地等として「小規模宅地等についての相続税の課税価格の計算の特例」の適用を受けることができない。

3 が正しい　　　　　　　　　　　　　　　　テキスト6章　P444

貸家建付地の相続税評価額は「**自用地評価額×（1－借地権割合×借家権割合×賃貸割合）**」により求めます。
5,000万円×（1－70％×30％×100％）＝3,950万円

（参考）
選択肢1　貸宅地の評価額
自用地評価額×（1－借地権割合）＝5,000万円×（1－70％）＝1,500万円
選択肢2　普通借地権の評価額
自用地評価額×借地権割合＝5,000万円×70％＝3,500万円

　　　　　　　　　　　　　　　　テキスト6章　P445-446

特定居住用宅地等は**330㎡**（≒100坪）を限度に、**80％**の減額を適用できます。
特定事業用宅地等は**400㎡**を限度に**80％**の減額、
貸付事業用宅地等は**200㎡**を限度に**50％**の減額となります。

 レック先生のワンポイント

小規模宅地等についての相続税の課税価格の計算の特例の限度面積・減額割合

特定事業用宅地等 特定同族会社事業用宅地等	400㎡まで80％減
特定居住用宅地等	330㎡まで80％減
貸付事業用宅地等	200㎡まで50％減

　　　　　　　　　　　　　　　　テキスト6章　P445-446

被相続人の居住の用に供されていた宅地等を**配偶者が相続で取得**した場合、**申告期限までの居住継続要件、所有継続要件を満たさなくても、小規模宅地等の特例を適用**できます。

49 ☑☑☑ 重要度 A [2020年9月]

相続人が相続により取得した宅地が「小規模宅地等についての相続税の課税価格の計算の特例」における特定事業用宅地等に該当する場合、その宅地のうち（①）までを限度面積として、評価額の（②）相当額を減額した金額を、相続税の課税価格に算入すべき価額とすることができる。

1) ① 200㎡　② 50%
2) ① 330㎡　② 80%
3) ① 400㎡　② 80%

50 ☑☑☑ 重要度 A [2021年9月]

相続により特定居住用宅地等と貸付事業用宅地等の2つの宅地を取得した場合、適用対象面積の調整はせず、それぞれの適用対象面積の限度まで「小規模宅地等についての相続税の課税価格の計算の特例」の適用を受けることができる。

51 ☑☑☑ 重要度 C [2019年5月]

相続財産の評価において、相続開始時に保険事故が発生していない生命保険契約に関する権利の価額は、原則として、既払込保険料相当額によって評価する。

3 が正しい　　　　　　　　　　　　　　　　　テキスト6章　P445-446

1）**貸付**事業用宅地等の減額対象面積、減額割合です。
2）特定**居住**用宅地等の減額対象面積、減額割合です。
3）特定**事業**用宅地等の減額対象面積、減額割合です。
どれが出題されても確実に得点できるようにしておきましょう。

　　　　　　　　　　　　　　テキスト6章　P445-446

特定居住用宅地等と特定事業用等宅地等に適用する場合は**面積調整が不要（完全併用可能）**ですが、貸付事業用宅地等と特定事業用等宅地等・特定居住用宅地等に適用する場合には、**面積調整が必要**です。

　　　　　　　　　　　　　　　テキスト6章　P449

契約者（保険料負担者）が死亡したものの、被保険者は生存している場合、生命保険は続いており、この契約者の地位を引き継ぐ権利を「生命保険契約に関する権利」といいます。
契約者の地位を引き継いだ人が解約すると受け取ることができる金額が「**解約返戻金**」であるため、「**解約返戻金相当額**」で評価します。

52 [2019年9月]

本年9月1日に死亡したAさんが所有していた上場株式Xを相続により取得した場合の1株当たりの相続税評価額は、下記の<資料>によれば、（　　）である。

<資料>上場株式Xの価格

本年7月の毎日の最終価格の平均額	850円
本年8月の毎日の最終価格の平均額	900円
本年9月の毎日の最終価格の平均額	1,000円
本年9月1日の最終価格	1,000円

1）　850円
2）　900円
3）　1,000円

53 [2020年1月]

取引相場のない株式の相続税評価において、純資産価額方式とは、評価会社の株式の価額を、評価会社と事業内容が類似した上場会社の株価および配当金額、利益金額、純資産価額を基にして算出する方式である。

54 [2019年1月]

取引相場のない株式の相続税評価において、同族株主以外の株主等が取得した株式については、特例的評価方式である配当還元方式により評価することができる。

1 が正しい　　　　　　　　　　　　　　　　　　　　テキスト6章　P447

株価変動により不利にならないように配慮されています。具体的には「課税時期の終値」「課税時期の属する月の平均」「課税時期の属する月の前月の平均」「課税時期の属する月の前々月の平均」の4つのうち、最も**低い**価額となります。

✕　　　　　　　　　　　　　　　　　　　　　　　　　　テキスト6章　P448

問題文は、**類似業種比準**価額方式の求め方です。純資産価額方式は、相続税評価額による時価純資産をもとにして算出します。

　　　　　　　　　　　　　　　　　テキスト6章　P448

取引相場のない株式（非上場株式）について、通常、**同族株主等**が取得する場合は**原則**的評価方式（類似業種比準価額、純資産価額、併用方式）、
同族株主以外が取得する場合は、**特例**的評価方式（**配当還元**方式）で評価されます。

実技試験[日本FP協会] 資産設計提案業務

第1問 ☑☑☑ **重要度 B** [2021年1月]

相続開始後の各種手続きにおける下記＜資料＞の空欄（ア）、（イ）にあてはまる語句の組み合わせとして、正しいものはどれか。 なお、記載のない事項については一切考慮しないこととする。

＜資料＞

手続きの種類	手続きの期限
相続の放棄または限定承認	相続の開始を知った時から（ ア ）以内に家庭裁判所に申述書を提出
相続税の申告と納付	相続の開始を知った日の翌日から（ イ ）以内に被相続人の死亡時の住所地の所轄税務署長に提出

1. （ア）1ヵ月 （イ） 6ヵ月
2. （ア）3ヵ月 （イ） 6ヵ月
3. （ア）3ヵ月 （イ）10ヵ月

正解 3 が正しい テキスト6章 P409、P424

相続開始後の手続きの3点セット（相続の限定承認・放棄、所得税の準確定申告期限、相続税の申告期限）は頻出論点です。

（ア）相続の限定承認・放棄は「**3カ月**以内」、（イ）相続税の申告は「**10カ月**以内」、所得税の準確定申告は「**4カ月**以内」です。

以上より、正解は3.となります。

第2問  [2019年9月]

本年9月2日に相続が開始された谷口啓二さん（被相続人）の＜親族関係図＞が下記のとおりである場合、民法上の相続人および法定相続分の組み合わせとして、正しいものはどれか。なお、記載のない事項については一切考慮しないこととする。

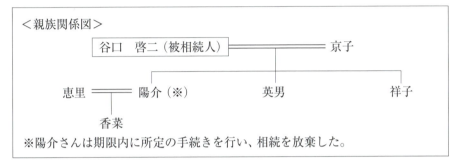

1. 京子1／2　　英男1／4　　祥子1／4
2. 京子1／3　　英男1／3　　祥子1／3
3. 京子1／2　　英男1／6　　祥子1／6　　香菜1／6

正解 **1** が正しい　　　　　　　　　　　　　　　テキスト6章　P404-407

相続の放棄がなければ、配偶者（京子さん）、子である陽介さん、英男さん、祥子さんが相続人となりますが、陽介さんが**相続放棄**をした場合、**代襲相続はなく**、子は英男さんと祥子さんの2人が相続人となります。配偶者と子が相続人である場合、法定相続分は**配偶者1／2、子1／2**であり、子2人で等分するため、各1／4となります。

 レック先生のワンポイント

代襲相続があるケース（子・兄弟姉妹の死亡等）と代襲相続がないケース（相続放棄）をしっかり理解しましょう。

第3問  ［2019年1月］

本年11月20日に相続が開始された吉田大介さん（被相続人）の＜親族関係図＞が下記のとおりである場合、民法上の相続人および法定相続分の組み合わせとして、正しいものはどれか。なお、記載のない条件については一切考慮しないこととする。

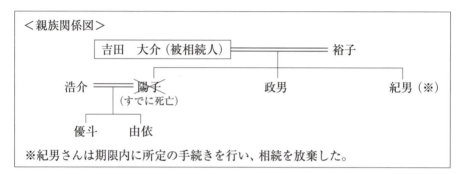

＜親族関係図＞

※紀男さんは期限内に所定の手続きを行い、相続を放棄した。

1. 裕子1／2　　政男1／2
2. 裕子1／2　　政男1／4　　優斗1／8　　由依1／8
3. 裕子1／2　　政男1／6　　優斗1／6　　由依1／6

| 正解 | **2** が正しい | テキスト6章　P407 |

子が既に**死亡**している場合、**子の子（孫）**が代わりに**相続人**になります。また、**相続放棄した者は**いなかったものとみなされますので、相続人は、配偶者（裕子さん）、子（政男さん）、孫（優斗さん、由依さん）となります。
相続分は、配偶者1／2、子1／2、子の相続分は政男さんと死亡した陽子さんで等分するため1／4となり、陽子さんの相続分を優斗さん、由依さんが等分するため、各1／8となります。

 レック先生のワンポイント

子が死亡した場合と放棄した場合の違いを整理しておきましょう。

第4問　重要度 A　［2020年1月］

本年11月20日に相続が開始された山根博子さん（被相続人）の＜親族関係図＞が下記のとおりである場合、民法上の相続人および法定相続分の組み合わせとして、正しいものはどれか。なお、記載のない条件については一切考慮しないこととする。

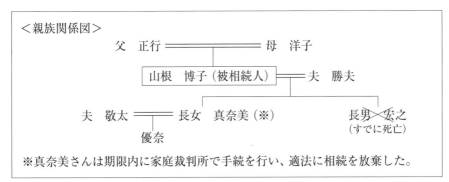

※真奈美さんは期限内に家庭裁判所で手続を行い、適法に相続を放棄した。

1. 勝夫2／3　　正行1／6　　洋子1／6
2. 勝夫1／2　　正行1／4　　洋子1／4
3. 勝夫1／2　　正行1／6　　洋子1／6　　優奈1／6

正解　1　が正しい　　テキスト6章　P404-407

相続の放棄がなければ、夫（勝夫さん）、長女（真奈美さん）が相続人となりますが、長女（真奈美さん）が**相続放棄**をした場合、**代襲相続はない**ため、次順位の相続人である父（正行さん）と母（洋子さん）が相続人となります。配偶者と直系尊属が相続人である場合、法定相続分は配偶者2／3、直系尊属1／3であり、直系尊属である父と母で等分するため、各1／6となります。

　レック先生のワンポイント

子や兄弟姉妹が死亡している場合には、代襲相続がありますが、相続放棄の場合は代襲相続がありませんので気をつけましょう。

第5問 [2020年9月]

本年9月2日に相続が開始された関根直人さん（被相続人）の＜親族関係図＞が下記のとおりである場合、民法上の相続人および法定相続分の組み合わせとして、正しいものはどれか。なお、記載のない条件については一切考慮しないこととする。

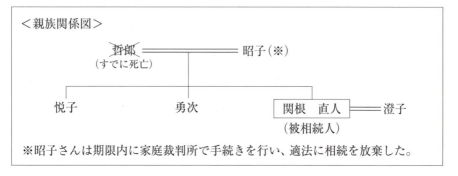

1. 澄子1／2　悦子1／4　勇次1／4
2. 澄子2／3　悦子1／6　勇次1／6
3. 澄子3／4　悦子1／8　勇次1／8

正解 **3** が正しい　　テキスト6章 P404-407

相続の放棄がなければ、配偶者（澄子さん）と母（昭子さん）が相続人となりますが、母（昭子さん）が**相続放棄**をしたため、兄弟姉妹である悦子さん、勇次さんが相続人となります。配偶者と兄弟姉妹が相続人である場合、法定相続分は、配偶者3／4、兄弟姉妹1／4となり、兄弟姉妹で等分するため、悦子さん、勇次さんの相続分は各1／8となります。

レック先生のワンポイント

相続放棄した人がいる場合、同順位の人がいれば、同順位の人が相続し、いなければ次順位の人が相続する点がポイントです。

第6問   [2020年9月]

下記は、普通方式による遺言の特徴等についてまとめた表である。下表の空欄（ア）～（ウ）にあてはまる数値または語句の組み合わせとして、正しいものはどれか。なお、問題作成の都合上、表の一部を空欄（＊＊＊）としている。

種類	自筆証書遺言	公正証書遺言	秘密証書遺言
遺言可能年齢	（ア）歳以上		
証人	不要	（イ）の証人が必要	
検認	＊＊＊	（ウ）	＊＊＊

1．（ア）１５　（イ）２人以上　（ウ）不要
2．（ア）１５　（イ）３人以上　（ウ）不要
3．（ア）２０　（イ）２人以上　（ウ）必要

正解　1　が正しい　　　テキスト6章　P409-411

（ア）遺言は**15歳**以上で意思能力があればできます。

（イ）遺言の証人は複数（**2人**以上）必要です。

（ウ）**公正**証書遺言は、遺言者の死亡後、家庭裁判所の検認は**不要**です。なお、**自筆**証書遺言は、**法務局に保管**していれば検認は**不要**、**それ以外**の場合は**必要**です。

以上より、正解は1.となります。

第7問 　　　［2022年9月］

妹尾勇二さん（78歳）は、将来発生するであろう自身の相続について、遺産分割等でのトラブルを防ぐために公正証書遺言の作成を検討しており、ＦＰの塩谷さんに相談をした。公正証書遺言に関する塩谷さんの次の説明のうち、最も適切なものはどれか。

1. 「すでに作成した公正証書遺言を撤回したい場合、自筆証書遺言では撤回することはできません。」
2. 「公正証書遺言を作成する場合、証人の立会いは必要ありません。」
3. 「公正証書遺言を作成した場合、相続発生後、家庭裁判所に対してその検認を請求する必要はありません。」

正解　**3**　が適切　　　　　　　　　　　　　　　テキスト6章　P409-411

1. **不適切**　方式を問わず、**新しい遺言書を作成すれば、以前に作成した遺言書を撤回できます。**
2. **不適切**　**公正証書遺言**を作成する際、**2人以上の証人の立会いが必要**です。
3. **適切**　なお、**自筆証書遺言**は、**原則**として相続発生後、**家庭裁判所の検認が必要**ですが、**法務局に保管した場合は家庭裁判所の検認が不要**です。

第8問   ［2022年5月］

近藤恭子さん（60歳）は、母親である杉田保子さん（85歳）の相続について、FPで税理士でもある村瀬さんに相談をした。相続税の債務控除に関する村瀬さんの次の説明のうち、最も適切なものはどれか。なお、保子さんの相続人は、債務控除の適用要件を満たしているものとする。

1. 「保子さんが生前に受けた治療に係る医療費で未払いとなっているものは、債務控除の対象となります。」
2. 「保子さんが生前に購入した墓碑の購入代金で未払いとなっているものは、債務控除の対象となります。」
3. 「保子さんのご葬儀の際に受け取った香典の返戻に要する費用は、債務控除の対象となります。」

正解 **1** が適切   テキスト6章 P418

1. **適切**　被相続人に係る**未払いの費用（医療費、借入金、税金等）**は原則として**債務控除の対象**となります。

2. **不適切**　**墓碑は相続税非課税**ですので、その購入代金の未払い分も**債務控除の対象外**となります。

3. **不適切**　葬儀の参加者等から受け取る**お香典は、通常、贈与税非課税**ですので、その**返戻費用も、債務控除の対象外**となります。

第9問

[2019年9月]

大垣康夫さん（30歳）が本年中に贈与を受けた財産の価額と贈与者は以下のとおりである。康夫さんの本年分の贈与税額として、正しいものはどれか。なお、本年中において、康夫さんはこれ以外の財産の贈与を受けておらず、相続時精算課税制度は選択していないものとする。

・康夫さんの父からの贈与　現金450万円
・康夫さんの祖母からの贈与　現金100万円
※上記の贈与は、住宅取得等資金や教育資金、結婚・子育てに係る資金の贈与ではない。

＜贈与税の速算表＞
（イ）18歳以上の者が直系尊属から贈与を受けた財産の場合（原則）

基礎控除後の課税価格		税率	控除額
	200万円以下	10%	－
200万円超	400万円以下	15%	10万円
400万円超	600万円以下	20%	30万円
600万円超	1,000万円以下	30%	90万円
1,000万円超	1,500万円以下	40%	190万円
1,500万円超	3,000万円以下	45%	265万円
3,000万円超	4,500万円以下	50%	415万円
4,500万円超		55%	640万円

（ロ）上記（イ）以外の場合

基礎控除後の課税価格		税率	控除額
	２００万円以下	１０％	－
２００万円超	３００万円以下	１５％	１０万円
３００万円超	４００万円以下	２０％	２５万円
４００万円超	６００万円以下	３０％	６５万円
６００万円超	１,０００万円以下	４０％	１２５万円
１,０００万円超	１,５００万円以下	４５％	１７５万円
１,５００万円超	３,０００万円以下	５０％	２５０万円
３,０００万円超		５５％	４００万円

1. ８０万円
2. ６７万円
3. ５８万円

正解　**3**　が正しい　　　　　テキスト 6 章　P428-429

暦年課税方式による贈与税は**（課税価格 − 基礎控除１１０万円）× 税率 − 控除額**により求めます。康夫さんは30歳、康夫さんの父、祖母は直系尊属であるため、本問では（イ）の贈与に該当します。

（450万円 + 100万円 − 110万円）× 20％ − 30万円 = 58万円となります。

 レック先生のワンポイント

なお、**夫婦**間、**兄弟姉妹**間、**第三者**間の贈与は**（ロ）**の表を使って計算します。

445

第10問  ［2020年1月］

皆川真紀子さんは、夫から本年5月に居住用不動産（財産評価額2,700万円）の贈与を受けた。真紀子さんは、この居住用不動産の贈与について、贈与税の配偶者控除の適用を受けることを検討している。真紀子さんが贈与税の配偶者控除の適用を最高限度額まで受けた場合の本年分の贈与税の配偶者控除および基礎控除後の課税価格として、正しいものはどれか。なお、贈与税の配偶者控除の適用を受けるための要件はすべて満たしているものとする。また、真紀子さんは本年中に、当該贈与以外の贈与を受けていないものとする。

1. 90万円
2. 590万円
3. 700万円

正解 **2** が正しい　　　テキスト6章 P430-431

贈与税の配偶者控除を適用できる場合、贈与税の**基礎控除110万円とは別に2,000万円**を課税価格から控除できます。設問の場合、2,700万円－(2,000万円＋110万円)＝590万円となります。

第11問  [2019年9月]

下記は、贈与税の配偶者控除の適用要件および控除額についてまとめた表である。下表の空欄（ア）、（イ）にあてはまる数値の組み合わせとして、正しいものはどれか。

対象となる贈与	居住用不動産の贈与または居住用不動産を取得するための金銭の贈与
婚姻期間の要件	贈与者である配偶者との婚姻期間が（ ア ）年以上であることが必要である。
申告要件	一定の事項を記載した贈与税の申告書を提出することが必要である。
控除額	基礎控除とは別に、最大（ イ ）万円が課税価格から控除される。

1. （ア）10　（イ）1,000
2. （ア）10　（イ）2,000
3. （ア）20　（イ）2,000

正解 **3** が正しい　　　　　　　　　　テキスト6章　P430-431

贈与税の配偶者控除は婚姻期間**20年**（ア）以上の夫婦間で居住用不動産または居住用不動産の購入資金の贈与において適用でき、贈与税の**基礎控除110万円とは別に最高2,000万円**（イ）を課税価格から控除できます。
以上より、正解は3.となります。

 レック先生のワンポイント

相続税の配偶者の税額軽減（婚姻期間要件なし）と紛らわしいので、整理しておきましょう。

第12問 [2020年9月]

FPで税理士でもある長谷川さんは、山田周平さん（67歳）から相続時精算課税制度に関する相談を受けた。周平さんからの相談内容に関する記録は、下記＜資料＞のとおりである。この相談に対する長谷川さんの回答の空欄（ア）～（ウ）にあてはまる数値の組み合わせとして、正しいものはどれか。

＜資料＞

［相談記録］
相談日：本年9月2日
相談者：山田周平様（67歳）
相談内容：本年中に相続時精算課税制度を活用して、周平様のご子息である雄太様（30歳）に事業用資金として現金3,000万円を贈与したいと考えている。この贈与について相続時精算課税制度を適用した場合の贈与税の計算における控除額や税率について知りたい。なお、雄太様は、周平様からの贈与について相続時精算課税制度の適用を受けたことはない。

［長谷川さんの回答］
「ご相談のあった贈与について相続時精算課税制度の適用を受ける場合、原則として、贈与をした年の1月1日において、贈与者である親や祖父母が（ア）歳以上、受贈者である子や孫が18歳以上であることが必要とされます。周平様と雄太様はこれらの要件を満たしていますので、所定の手続きをし、特別控除として最大（イ）万円の控除を受けることができます。今回贈与を考えている現金の金額は3,000万円であり、（イ）万円を超えています。この超えた部分については、（ウ）％の税率を乗じて計算した贈与税が課されます。」

1. （ア）65　（イ）2,000　（ウ）20
2. （ア）60　（イ）2,500　（ウ）20
3. （ア）65　（イ）2,500　（ウ）10

正解 **2** が正しい　　　　　　　　　　　　テキスト6章　P432-433

相続時精算課税制度は**60歳**以上（ア）の父母・祖父母から18歳以上の子・孫に対する贈与において、累計で**2,500万円**（イ）までは贈与税がかからず、2,500万円を超える部分は一律**20%**（ウ）の贈与税が課税される制度です。以上より、正解は2.となります。

なお、2024年以降、特別控除前に年間110万円を控除できます。
贈与税額＝｛（課税価格－年間110万円）－特別控除2,500万円の残額｝×20%

第13問 重要度 C [2021年5月]

下記＜資料＞の宅地の借地権（普通借地権）について、路線価方式による相続税評価額として、正しいものはどれか。なお、奥行価格補正率は1.0とし、記載のない条件については一切考慮しないこととする。

＜資料＞

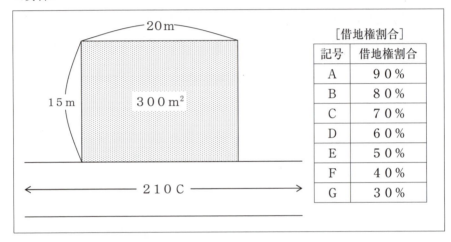

1. 18,900千円
2. 44,100千円
3. 63,000千円

正解 **2** が正しい　　　　　　　　　　テキスト6章　P442-443

自用地評価額は、**路線価×奥行価格補正率×面積**により求めます。210千円×1.0×300㎡＝63,000千円となります（選択肢3）。

貸宅地の評価額は「**自用地評価額×（1－借地権割合）**」により求め、63,000千円×（1－70％）＝18,900千円（選択肢1）、

普通借地権の評価額は「**自用地評価額×借地権割合**」により求め、63,000千円×70％＝44,100千円（選択肢2）となります。

以上より、正解は2.となります。

レック先生のワンポイント

貸家建付地の評価額も含めて、宅地の評価方法の計算式は整理しておきましょう。

実技試験［金財］ 個人資産相談業務・保険顧客資産相談業務

第1問

[2021年1月 保険]

次の設例に基づいて、下記の各問（《問1》～《問3》）に答えなさい。

《設 例》

Aさん（74歳）は、妻Bさん（70歳）、長女Cさん（42歳）および長男Dさん（40歳）との4人暮らしである。Aさんは、妻Bさんには自宅を、長女Cさんには賃貸アパートを相続させたいと考えており、遺言の作成を検討している。また、Aさんは、現在、一時払終身保険への加入を検討している。

＜Aさんの家族構成（推定相続人）＞

妻Bさん	：	Aさんと自宅で同居している。
長女Cさん	：	会社員。Aさん夫妻と同居している。
長男Dさん	：	会社員。Aさん夫妻と同居している。

＜Aさんが保有する主な財産（相続税評価額）＞

現預金	：	1億3,000万円
自宅（敷地300㎡）	：	3,000万円（注）
自宅（建物）	：	1,000万円
賃貸アパート（敷地300㎡）	：	3,000万円（注）
賃貸アパート（建物）	：	2,000万円

（注）「小規模宅地等についての相続税の課税価格の計算の特例」適用前の金額

＜Aさんが加入を検討している一時払終身保険の内容＞

契約者（＝保険料負担者）・被保険者	：	Aさん
死亡保険金受取人	：	妻Bさん
死亡保険金額	：	2,500万円

※上記以外の条件は考慮せず、各問に従うこと。

452

問1

遺言に関する次の記述のうち、最も不適切なものはどれか。

1)「公正証書遺言は、証人2人以上の立会いのもと、遺言者が遺言の趣旨を公証人に口授し、公証人がこれを筆記して作成するものです。相続開始後に円滑に手続を進めるために、妻Bさんや長女Cさんを証人にすることをお勧めします。」
2)「自筆証書遺言は、遺言者が、その遺言の全文、日付および氏名を自書し、これに押印して作成するものですが、自筆証書遺言に添付する財産目録については、パソコン等で作成することも認められています。」
3)「自筆証書遺言は、所定の手続により、法務局(遺言書保管所)に保管することができます。法務局(遺言書保管所)に保管された自筆証書遺言は、相続開始時、家庭裁判所での検認が不要となります。」

正解 **1** が不適切　　テキスト6章 P409-411

1) **不適切**　公正証書遺言の作成は**2人**以上の証人が必要となります。なお、**推定相続人**、**受遺者**、その配偶者や直系血族等は**証人**となることは**できません**。

2) 適切　自筆証書遺言は全文、日付、氏名を**自書**し、押印して作成しますが、**財産目録**は**パソコン等での作成**も認められます。

3) 適切　**法務局に保管**している自筆証書遺言は、遺言者の死亡後、検認は**不要**です。その他の自筆証書遺言は、遺言者の死亡後、遺言の発見後は遅滞なく家庭裁判所の検認を受けなければなりません。

453

問 2 ☑☑☑   重要度 **A**

Aさんの相続等に関する以下の文章の空欄①～③に入る数値の組合せとして、次のうち最も適切なものはどれか。

ⅰ）「妻Bさんおよび長女Cさんが相続財産の大半を取得した場合、長男Dさんの遺留分を侵害する可能性があります。仮に、遺留分を算定するための財産の価額が2億円である場合、長男Dさんの遺留分の金額は（ ① ）万円です。」

ⅱ）「Aさんが加入を検討している一時払終身保険の死亡保険金は、みなし相続財産として相続税の課税対象となります。Aさんの相続開始後、妻Bさんが受け取る死亡保険金2,500万円のうち、相続税の課税価格に算入される金額は、（ ② ）万円となります。」

ⅲ）「Aさんの相続が開始し、妻Bさんが特定居住用宅地等に該当する自宅の敷地を相続により取得し、その敷地の全部について『小規模宅地等についての相続税の課税価格の計算の特例』の適用を受けた場合、自宅の敷地（相続税評価額3,000万円）について、相続税の課税価格に算入すべき価額を（ ③ ）万円とすることができます。」

1）①2,500 　② 500 　③2,400
2）①5,000 　②1,000 　③2,400
3）①2,500 　②1,000 　③ 600

正解 **3** が適切

テキスト6章 ①P411-412、②P417、③P445

①法定相続分は、妻Bさん1／2、長女Cさん、長男Dさんは各1／4となります。また、配偶者と子が相続人である場合の**遺留分は相続財産の1／2**となります。

以上より、妻Bさんの遺留分は1／4、長女Cさん、長男Dさんの遺留分は各1／8となります。

したがって、長男Dさんの遺留分は2億円×1／8＝2,500万円となります。

②**相続税**の対象となる死亡保険金を**相続人が受け取る**場合は「**500万円×法定相続人の数**」の金額が非課税となります。設問の法定相続人の数は3人ですので、500万円×3人＝1,500万円が非課税となり、死亡保険金2,500万円のうち、課税価格に算入される金額は2,500万円－1,500万円＝1,000万円となります。

③特定居住用宅地等に該当する自宅の敷地を配偶者が相続により取得した場合は、**330㎡**までの部分について評価額が**80％**減額されます。設問の場合、自宅敷地は300㎡であり、敷地全体が80％減額となるため、3,000万円×（1－0.8）＝600万円となります。

以上より、正解は3.となります。

レック先生のワンポイント

小規模宅地等の特例について、減額される金額を出題するパターンもあれば、課税価格に算入される金額を出題するパターンもあります。

問3 ☑☑☑ 重要度

仮に、Aさんの相続が現時点で開始し、Aさんの相続に係る課税遺産総額（課税価格の合計額－遺産に係る基礎控除額）が1億8,000万円であった場合の相続税の総額は、次のうちどれか。

1) 3,300万円
2) 3,400万円
3) 5,500万円

＜資料＞相続税の速算表（一部抜粋）

法定相続分に応ずる取得金額			税率	控除額
万円超		万円以下		
	～	1,000	10%	－
1,000	～	3,000	15%	50万円
3,000	～	5,000	20%	200万円
5,000	～	10,000	30%	700万円
10,000	～	20,000	40%	1,700万円
20,000	～	30,000	45%	2,700万円

正解 **2** が正しい　　　　　　　　テキスト6章　P407、P420-421

相続税の総額は、課税遺産総額を**法定相続人**が**法定相続分**どおりに財産を取得するものとして、取得金額を求め、その取得金額に税率を乗じて税額を求めます。

設問の場合、妻Bさんの法定相続分は**1／2**、長女Cさん、長男Dさんの法定相続分はそれぞれ**1／4**（1／2×1／2）です。

課税遺産総額に法定相続分を乗じて、相続税率を乗じると以下のとおりとなります。

配偶者の相続税　　：1億8,000万円×1／2＝9,000万円
　　　　　　　　　　 9,000万円×30％－700万円＝2,000万円

子2人分の相続税：1億8,000万円×1／4＝4,500万円
　　　　　　　　　（4,500万円×20％－200万円）×2人＝1,400万円

相続税の総額＝2,000万円＋1,400万円＝3,400万円

レック先生のワンポイント

相続税の計算は次の4ステップで求めましょう。
第1ステップ　**法定相続人**の**法定相続分**を求めます。
第2ステップ　**課税遺産総額×法定相続分**を計算します。
第3ステップ　第2ステップで求めた金額に**相続税率**を乗じて、相続税を求めます。
第4ステップ　全部の金額を**合計**します。

第2問

［2019年9月　個人］

次の設例に基づいて、下記の各問（《問1》～《問3》）に答えなさい。

《設 例》

　Aさん（80歳）は、妻Bさん（73歳）との2人暮らしである。Aさん夫妻には、2人の子がいるが、二男Dさんは既に他界している。Aさんは、孫Gさん（22歳）および孫Hさん（20歳）に対して、相応の資産を承継させたいと考えている。

＜Aさんの親族関係図＞

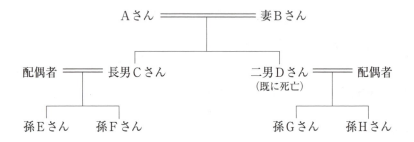

＜Aさんが保有する主な財産（相続税評価額）＞

現預金	：	6,000万円
自宅（敷地330㎡）	：	8,000万円（注）
自宅（建物）	：	1,000万円
賃貸マンション（敷地400㎡）	：	1億円（注）
賃貸マンション（建物）	：	8,000万円

（注）「小規模宅地等についての相続税の課税価格の計算の特例」適用前の金額

※上記以外の条件は考慮せず、各問に従うこと。

| 問1 | ☑☑☑ | 重要度 |

現時点において、Aさんの相続が開始した場合に関する以下の文章の空欄①〜③に入る語句の組合せとして、次のうち最も適切なものはどれか。

> ⅰ）「Aさんが本年分の所得税について確定申告書を提出しなければならない者に該当する場合、相続人は、原則として、相続の開始があったことを知った日の翌日から（ ① ）以内に準確定申告書を提出しなければなりません。」
> ⅱ）「相続税の申告書の提出期限は、原則として、相続の開始があったことを知った日の翌日から（ ② ）以内です。なお、申告書の提出先は（ ③ ）の住所地の所轄税務署長になります。」

1) ①4カ月 ②10カ月 ③被相続人
2) ①3カ月 ②10カ月 ③相続人
3) ①3カ月 ②1年 ③被相続人

正解 **1** が適切 テキスト4章 ①② P313、テキスト6章 ③ P424

①②被相続人の**所得税**の申告期限は、相続開始があったことを知った日の翌日から**4カ月**以内、**相続税**の申告期限は**10カ月**以内です。相続の**限定承認・放棄**（相続の開始があったことを知ったときから**3カ月**以内）と合わせてよく出題されます。

③相続税の申告先は、**被相続人**の住所地の所轄税務署長です。贈与税は**受贈者**（もらう側）の住所地の所轄税務署長に申告します。違いを整理しておきましょう。

以上より、正解は1.となります。

 レック先生のワンポイント

相続開始後の手続の3点セットの数値は整理しておきましょう。
・相続の限定承認・放棄　「**3カ月**」
・所得税の準確定申告　　「**4カ月**」
・相続税の申告　　　　　「**10カ月**」

Aさんの相続が現時点で開始し、Aさんの相続に係る課税遺産総額（課税価格の合計額－遺産に係る基礎控除額）が2億円であった場合の相続税の総額は、次のうちどれか。

1）3,750万円
2）3,900万円
3）4,600万円

<資料>相続税の速算表（一部抜粋）

法定相続分に応ずる取得金額			税率	控除額
万円超		万円以下		
	～	1,000	10%	－
1,000	～	3,000	15%	50万円
3,000	～	5,000	20%	200万円
5,000	～	10,000	30%	700万円
10,000	～	20,000	40%	1,700万円

 が正しい　　　　　　テキスト6章　P407、P420-421

設問の場合、配偶者（1／2）と子（1／2）が相続人となります。なお、既に死亡している二男Dさんについては孫Gさん、孫Hさんが代襲相続します。法定相続分は、妻Bさん**1／2**、長男Cさんは**1／4**（1／2を2等分）、孫Gさん、孫Hさんは各**1／8**（二男Dさんの相続分1／4を2等分）となります。

相続税の総額は課税遺産総額を**法定相続人**が**法定相続分**どおりに財産を取得したものとして求めた金額に相続税率を乗じて求めます。

配偶者の相続税　　　　　：2億円×1／2＝1億円
　　　　　　　　　　　　　1億円×30％－700万円＝2,300万円

長男Cさんの相続税　　　　：2億円×1／4＝5,000万円
　　　　　　　　　　　　　5,000万円×20％－200万円＝800万円

孫Gさん、孫Hさんの相続税：2億円×1／8＝2,500万円
　　　　　　　　　　　　　（2,500万円×15％－50万円）×2人＝650万円

相続税の総額＝2,300万円＋800万円＋650万円＝3,750万円

6章 ● 相続・事業承継

実技試験

【金財】 個人資産相談業務・保険顧客資産相談業務

問 3 ☑☑☑   重要度 **B**

Aさんの相続に関する次の記述のうち、最も適切なものはどれか。

1）「自宅の敷地と賃貸マンションの敷地について、小規模宅地等についての相続税の課税価格の計算の特例の適用を受けようとする場合、適用対象面積の調整はせず、それぞれの宅地の適用対象の限度面積まで適用を受けることができます。」

2）「孫Gさんが相続により財産を取得した場合、孫Gさんの相続税額に100分の20に相当する金額が加算されます。」

3）「配偶者に対する相続税額の軽減の適用を受けた場合、原則として、妻Bさんが相続により取得した財産の額が、配偶者の法定相続分相当額と1億6,000万円とのいずれか多い金額までであれば、妻Bさんが納付すべき相続税額は算出されません。」

正解　3　が適切　　　　　テキスト6章　1）P445-446、2）P422、3）P423

1）**不適切**　「特定**居住用**宅地等・特定**事業用**等宅地等」と「**貸付**事業用宅地等」について小規模宅地等の特例の適用を受ける場合、適用**面積**について一定の**調整**を行います。

　　　　　　なお、「特定**居住用**宅地等」と「特定**事業用**等宅地等」について適用を受ける場合には、**面積調整は必要ありません**。

2）**不適切**　配偶者、子（**代襲相続人である孫を含む→G さん**）、父母が相続または遺贈により財産を取得する場合には2割加算の適用はありません。

　　　　　　言い換えると、祖父母、代襲相続人でない孫、兄弟姉妹が相続または遺贈により財産を取得すると、2割加算が適用されます。

3）**適切**　配偶者の税額軽減は「**法定相続分**」「**1億6,000万円**」のいずれか**多い**方までであれば、相続税がかかりません。「少ない方」までではありません。

461

第3問

[2019年5月　個人]

次の設例に基づいて、下記の各問（《問1》～《問3》）に答えなさい。

《設 例》

　Aさん（72歳）は、妻Bさん（65歳）との2人暮らしである。Aさん夫妻には、子がいない。Aさんは、妻Bさんに全財産を相続させたいと考えており、遺言書の準備を検討している。

＜Aさんの親族関係図＞

＜Aさんが保有する主な財産（相続税評価額）＞
現預金　　　　　　　　　：　　　　4,000万円
自宅（敷地400㎡）　　　：　　　　6,000万円
自宅（建物）　　　　　　：　　　　1,000万円
賃貸ビル（敷地400㎡）　：　　1億1,000万円
賃貸ビル（建物）　　　　：　　　　7,000万円
※敷地は、「小規模宅地等についての相続税の課税価格の計算の特例」適用前の金額
※上記以外の条件は考慮せず、各問に従うこと。

| 問1 | ☑☑☑ | 重要度 A |

現時点において、Aさんの相続が開始した場合に関する以下の文章の空欄①～③に入る語句の組合せとして、次のうち最も適切なものはどれか。

> ⅰ) Aさんの相続に係る法定相続人は、妻Bさん、妹Cさん、弟Dさんの3人となる。妻Bさんの法定相続分は（ ① ）である。
> ⅱ) Aさんの相続における遺産に係る基礎控除額は、（ ② ）である。
> ⅲ) Aさんの相続により、妻Bさんが自宅の敷地を取得し、小規模宅地等についての相続税の課税価格の計算の特例の適用を受けた場合、当該敷地は（ ③ ）までの部分について80％の減額が受けられる。

1) ①4分の3　②4,200万円　③200㎡
2) ①3分の2　②4,200万円　③330㎡
3) ①4分の3　②4,800万円　③330㎡

正解 **3** が適切　　テキスト6章　①P407、②P419、③P445

①設問の場合、配偶者（**3／4**）と兄弟姉妹（**1／4**）が相続人となります。なお、妹Cさん、弟Dさんの法定相続分は2等分するため、各1／8となります。

②相続税の計算における遺産に係る基礎控除額は「**3,000万円＋600万円×法定相続人の数**」により求めます。設問の場合、法定相続人の数は3人（配偶者Bさん、妹Cさん、弟Dさん）であるため、3,000万円＋600万円×3人＝4,800万円となります。

③特定居住用宅地等に該当する自宅の敷地を配偶者が相続により取得した場合は、**330㎡**までの部分について評価額が**80％**減額されます。

以上より、正解は3.となります。

問2

仮に、Aさんの相続が現時点で開始し、Aさんの相続に係る課税遺産総額（課税価格の合計額－遺産に係る基礎控除額）が2億円であった場合の相続税の総額は、次のうちどれか。

1) 4,950万円
2) 5,100万円
3) 6,300万円

＜資料＞相続税の速算表（一部抜粋）

法定相続分に応ずる取得金額			税率	控除額
万円超		万円以下		
	～	1,000	10%	－
1,000	～	3,000	15%	50万円
3,000	～	5,000	20%	200万円
5,000	～	10,000	30%	700万円
10,000	～	20,000	40%	1,700万円
20,000	～	30,000	45%	2,700万円

正解 が正しい　　　　　　　　テキスト6章　P407、P420-421

前問の解説のとおり、法定相続分は妻Bさん**3／4**、妹Cさん、弟Dさんは各**1／8**となります。

相続税の総額は課税遺産総額を**法定相続人**が**法定相続分**どおりに財産を取得したものとして求めた金額に相続税率を乗じて求めます。

配偶者の相続税　　　　：2億円×3／4＝1億5,000万円
　　　　　　　　　　　　1億5,000万円×40％－1,700万円
　　　　　　　　　　　　＝4,300万円

妹Cさん、弟Dさんの相続税：2億円×1／8＝2,500万円
　　　　　　　　　　　　（2,500万円×15％－50万円）×2人
　　　　　　　　　　　　＝650万円

相続税の総額＝4,300万円＋650万円＝4,950万円となります。

問3 重要度

遺言書に関する次の記述のうち、最も適切なものはどれか。

1)「遺言により、全財産を妻Bさんに相続させることも可能ですが、遺言書の作成の際には、妹Cさんおよび弟Dさんの遺留分を侵害しないように配慮してください。」

2)「公正証書遺言は、作成された遺言書の原本が家庭裁判所に保管されるため、紛失や改ざんのおそれがなく、安全性が高い遺言といえます。」

3)「仮に、Aさんの相続開始後、相続人がAさんの自筆証書遺言を自宅で発見した場合、相続人は、遅滞なく、その遺言書を家庭裁判所に提出して、その検認を請求しなければなりません。」

正解 **3** が適切   テキスト6章 1) P411-412、2) 3) P410

1) 不適切　最低保証割合である遺留分は、**兄弟姉妹以外**の相続人（配偶者、子、代襲相続人である孫、直系尊属）に認められています。妹Cさん、弟Dさんに遺留分はありません。

2) 不適切　**公正証書遺言**の原本は**公証役場**に保管されます。なお、**自筆証書遺言**は、手続きをすれば**法務局**に保管されます。

3) 適切　自筆証書遺言が**法務局に保管**されている場合は、遺言者の死亡後、家庭裁判所の検認は**不要**ですが、それ以外の場合（例：**自宅で発見**した場合）は、遅滞なく、**家庭裁判所の検認**を受けなければなりません。

第4問

[2022年5月 保険]

次の設例に基づいて、下記の各問（《問1》～《問3》）に答えなさい。

―――《設 例》―――

Aさん（73歳）は、X市内の自宅で妻Bさん（72歳）との2人暮らしである。

Aさんには、2人の子がいる。X市内の企業に勤務する二男Dさん（43歳）は、妻および孫Eさん（9歳）の3人で賃貸マンションに住んでいる。一方、長男Cさん（45歳）は、県外で働いており、X市に戻る予定はない。

Aさんは、普段から身の回りの世話をしてくれる二男Dさんに対して、生活資金や孫の学費等について面倒を見てやりたいと思っており、現金の贈与を検討している。

また、長男Cさんと二男Dさんの関係は悪くないものの、Aさんは、自身の相続が起こった際に遺産分割で争いが生じるのではないかと心配している。

＜Aさんの親族関係図＞

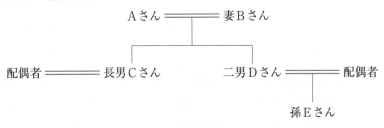

＜Aさんが加入している一時払終身保険の内容＞

契約者（＝保険料負担者）・被保険者 ： Aさん
死亡保険金受取人 ： 妻Bさん
死亡保険金額 ： 2,000万円

※上記以外の条件は考慮せず、各問に従うこと。

問1 重要度

Aさんの相続等に関する次の記述のうち、最も不適切なものはどれか。

1) 「自筆証書遺言は、その遺言の全文および財産目録をパソコンで作成し、日付および氏名を自書して押印することで作成することができます」
2) 「公正証書遺言は、証人2人以上の立会いのもと、遺言者が遺言の趣旨を公証人に口授し、公証人がこれを筆記して作成します」
3) 「妻Bさんが受け取る一時払終身保険の死亡保険金は、みなし相続財産として相続税の課税対象となりますが、死亡保険金の非課税金額の規定の適用を受けることで、相続税の課税価格に算入される金額は、500万円となります」

正解 **1** が不適切

テキスト6章　1）2）P410、3）P417

1) **不適切**　自筆証書遺言のうち、**財産目録はパソコンでも作成できますが、その他の部分は自書で作成**しなければなりません。

2) 適切　なお、**公正証書遺言**は、遺言者死亡後、**家庭裁判所の検認は不要**です。

3) 適切　**相続税の対象となる死亡保険金を相続人が受け取る場合は「500万円×法定相続人の数」**の金額が非課税となります。設問の法定相続人の数は3人（妻Bさん、長男Cさん、二男Dさん）ですので、500万円×3人＝1,500万円が非課税となり、死亡保険金2,000万円のうち、課税価格に算入される金額は2,000万円－1,500万円＝500万円となります。

問2　☑☑☑　重要度

生前贈与に関する次の記述のうち、最も不適切なものはどれか。

1)「Aさんが二男Dさんに現金を贈与し、二男Dさんが暦年課税を選択した場合、その年にAさんから二男Dさんへ贈与した財産の価額が贈与税の基礎控除額を超えるときは、受贈者である二男Dさんが贈与税の申告書を提出しなければなりません」

2)「Aさんが二男Dさんに現金を贈与し、二男Dさんが相続時精算課税制度を選択した場合、累計で2,500万円までの贈与について贈与税は課されません」

3)「『直系尊属から教育資金の一括贈与を受けた場合の贈与税の非課税』の適用を受けた場合、受贈者1人につき2,000万円までは贈与税が非課税となります」

正解　**3**　が不適切　　テキスト6章　1) P438、2) P432、3) P436

1) 適切　　贈与税は、**受贈者（もらう側）が申告**を行います。

2) 適切　　本年中に相続時精算課税制度を選択した場合、特定贈与者ごとに累計で**2,500万円**までは贈与税がかからず、超える部分は一律**20％**の贈与税が課税されます。
2024年以降、特別控除前に年間110万円を控除できる制度となり、贈与税額は以下のとおり計算されます。
　贈与税額＝｛(課税価格－年間110万円)－特別控除2,500万円の残額｝×20％

3) **不適切**　直系尊属から教育資金の一括贈与を受けた場合の贈与税の非課税制度では、受贈者1人につき**1,5000万円**まで贈与税が非課税となります。

問 3

仮に、二男Dさんが暦年課税（各種非課税制度の適用はない）により、本年中にAさんから現金600万円の贈与を受けた場合の贈与税額は、次のうちどれか。

1） 68万円
2） 90万円
3）114万円

＜資料＞特例贈与財産の贈与税の速算表（一部抜粋）

基礎控除後の課税価格			特例贈与財産	
			税率	控除額
万円超		万円以下		
	～	200	10％	－
200	～	400	15％	10万円
400	～	600	20％	30万円

正解 **1** が正しい　　　　　　　　　　テキスト6章　P428-429

二男Dさん（43歳）がAさん（父）から贈与を受ける場合は**特例贈与**に該当します。

基礎控除額を差し引いてから、贈与税率を乗じて、控除額を控除します。

（600万円－110万円）×20％－30万円＝68万円

以上より、正解は1.となります。

第5問

[2022年1月　個人]

次の設例に基づいて、下記の各問（《問1》～《問3》）に答えなさい。

《設 例》

Aさん（74歳）は、妻Bさん（72歳）とX市内で暮らしている。長男Cさん（44歳）は、妻と小学生の長女との3人で隣県にある賃貸マンションに住んでいる。Aさんは、長男Cさん家族の生活資金や孫の学費等について面倒を見てやりたいと思っており、現金の贈与を検討している。

＜Aさんの家族構成（推定相続人）＞

妻Bさん	（72歳）：	Aさんと自宅で同居している。
長男Cさん	（44歳）：	会社員。妻と子の3人で賃貸マンションに住んでいる。

＜Aさんの主な所有財産（相続税評価額）＞

現預金	：	1億円
上場株式	：	2,000万円
自宅（敷地300㎡）	：	8,000万円（注）
自宅（建物）	：	500万円

（注）「小規模宅地等についての相続税の課税価格の計算の特例」適用前の金額

※上記以外の条件は考慮せず、各問に従うこと。

問1 重要度

生前贈与に関する以下の文章の空欄①～③に入る数値の組合せとして、次のうち最も適切なものはどれか。

> ⅰ）「Aさんが生前贈与を実行するにあたっては、暦年課税制度による贈与、相続時精算課税制度による贈与、教育資金の非課税制度を活用した贈与などが考えられます。仮に、Aさんからの贈与について、本年中に長男Cさんが相続時精算課税制度を選択した場合、累計で（①）万円までの贈与について贈与税は課されませんが、その額を超える部分については、一律（②）％の税率により贈与税が課されます。なお、2024年以降、特別控除前に年間110万円を控除できる制度となります」
>
> ⅱ）「『直系尊属から教育資金の一括贈与を受けた場合の贈与税の非課税制度』の適用を受けた場合、受贈者1人につき（③）万円までは贈与税が非課税となります。ただし、学習塾などの学校等以外の者に対して直接支払われる金銭については、500万円が限度となります」

1) ① 2,000 　② 25 　③ 1,500
2) ① 2,500 　② 20 　③ 1,500
3) ① 2,500 　② 25 　③ 1,000

正解 **2** が適切　　　　テキスト6章　①② P432-433、③ P436

①② 本年中に相続時精算課税制度を選択した場合、特定贈与者ごとに累計で**2,500万円**までは贈与税がかからず、**超える部分は一律20％**の贈与税が課税されます。なお、**2024年以降、特別控除前に年間110万円を控除できる**制度となります。

贈与税額＝{（課税価格－年間110万円）－特別控除2,500万円の残額}×20％

③ **教育資金**の一括贈与の非課税制度は**1,500万円**、**結婚・子育て資金**の一括贈与の非課税制度は**1,000万円**が限度となっています。

以上より、正解は2.となります。

問2

仮に、長男Cさんが暦年課税（各種非課税制度の適用はない）により、本年中にAさんから現金900万円の贈与を受けた場合の贈与税額は、次のうちどれか。

1）147万円
2）180万円
3）191万円

<資料>贈与税の速算表（一部抜粋）

基礎控除後の課税価格			特例贈与財産		一般贈与財産	
			税率	控除額	税率	控除額
万円超		万円以下				
	～	200	10%	－	10%	－
200	～	300	15%	10万円	15%	10万円
300	～	400	15%	10万円	20%	25万円
400	～	600	20%	30万円	30%	65万円
600	～	1,000	30%	90万円	40%	125万円

正解 **1** が正しい　　　テキスト6章 P428-429

長男Cさん（44歳）がAさん（父）から贈与を受ける場合は**特例贈与**に該当します。

基礎控除額を差し引いてから、贈与税率を乗じて、控除額を控除します。

（900万円－110万円）×30％－90万円＝147万円

 レック先生のワンポイント

原則、
特例贈与（直系尊属から18歳以上の子・孫への贈与）→**タテ**の関係
一般贈与（その他）→**ヨコ**（夫婦間・兄弟間等）・**ナナメ**（叔父・叔母等）
と理解すると覚えやすいです。

問3　☑☑☑　重要度 A

本年現時点において、Aさんの相続が開始した場合に関する次の記述のうち、最も不適切なものはどれか。

1)「Aさんの相続における相続税額の計算上、遺産に係る基礎控除額は、4,200万円となります」
2)「妻Bさんが自宅の敷地と建物を相続し、『小規模宅地等についての相続税の課税価格の計算の特例』の適用を受けた場合、自宅の敷地（相続税評価額8,000万円）について、相続税の課税価格に算入すべき価額は、1,600万円となります」
3)「妻Bさんが配偶者に対する相続税額の軽減の適用を受けた場合、妻Bさんが相続により取得した財産の額が、配偶者の法定相続分相当額と1億6,000万円とのいずれか少ない金額までであれば、妻Bさんが納付すべき相続税額は算出されません」

正解　3　が不適切　　テキスト6章　1) P419、2) P445、3) P423

1) 適切　相続税の計算における遺産に係る基礎控除額は「**3,000万円＋600万円×法定相続人の数**」により求めます。設問の場合、法定相続人の数は2人（妻Bさん、長男Cさん）であるため、3,000万円＋600万円×2人＝4,200万円となります。

2) 適切　**特定居住用宅地等**に該当する自宅の敷地を配偶者が相続により取得した場合は、**330㎡**までの部分について評価額が**80％**減額されます。設問の場合、自宅敷地は300㎡であり、敷地全体が80％減額となるため、相続税の課税価格に算入すべき価額は8,000万円×（1－0.8）＝1,600万円となります。

3) 不適切　配偶者の税額軽減は「**法定相続分**」「**1億6,000万円**」のいずれか多い方までであれば、**相続税がかかりません**。「少ない方」までではありません。

必ず出題されるのがバランスシートの作成と係数を使った計算。あわせて老後の年金、iDeCo、健康保険の給付、遺族年金等もよく出題されます。ベースとなるのは「ライフプランニングと資金計画」ですが、幅広い分野から出題されます。

総合問題

実技試験問題&解答

[日本FP協会] 資産設計提案業務

総合問題 [日本FP協会] 資産設計提案業務

第1問　　　　　　　　　　　　　　　　　　　　　　[2020年9月]

次の設例に基づいて、下記の各問（《問1》～《問5》）に答えなさい。

《設 例》

布施秀則さんは株式会社RTに勤める会社員である。秀則さんは40歳代半ばを過ぎたこともあり、今後の生活設計について、FPで税理士でもある大垣さんに相談をした。なお、下記のデータはいずれも本年9月1日現在のものである。

[家族構成（同居家族）]

氏名	続柄	生年月日	年齢	職業
布施　秀則	本人	19xx年9月20日	47歳	会社員
美鈴	妻	19xx年7月18日	46歳	専業主婦
綾香	長女	20xx年11月5日	17歳	高校生

[保有財産（時価）]　　　　（単位：万円）

金融資産	
普通預金	480
定期預金	600
財形年金貯蓄	220
個人向け国債	50
上場株式	200
生命保険（解約返戻金相当額）	80
不動産（自宅マンション）	2,300

[負債残高]
住宅ローン（自宅）：1,700万円（債務者は秀則さん、団体信用生命保険付き）

[その他]
上記以外については、各設問において特に指定のない限り一切考慮しないこととする。

476

問1 重要度 A

FPの大垣さんは、布施家の本年9月1日時点でのバランスシートを作成した。下表の空欄（ア）にあてはまる金額として、正しいものはどれか。なお、＜設例＞に基づいて解答することとする。
また、問題作成の都合上、バランスシートの［資産］および［負債］の内訳の記載を省略している。

＜布施家のバランスシート＞　　　　　　　　　　　　　　　（単位：万円）

［資産］	×××	［負債］	×××
		［純資産］	（ア）
資産合計	×××	負債・純資産合計	×××

1. 2,030（万円）
2. 2,150（万円）
3. 2,230（万円）

正解 **3** が正しい　　　　　　　　　　　　　　　テキスト1章　P11-12

純資産＝**資産－負債**により求めます。
資産＝480＋600＋220＋50＋200＋80＋2,300＝3,930（万円）
負債＝1,700（万円）
純資産＝3,930万円－1,700万円＝2,230（万円）

 レック先生のワンポイント

バランスシートの空欄問題は必ず出題されますので、丁寧に落ち着いて解答しましょう。

問2　☑☑☑　重要度

秀則さんは、今後15年間で毎年36万円ずつ積立貯蓄をして、老後の資金準備をしたいと考えている。積立期間中に年利2.0％で複利運用できるものとした場合、15年後の積立金額として、正しいものはどれか。なお、下記＜資料＞の3つの係数の中から最も適切な係数を選択して計算し、解答に当たっては、千円未満を四捨五入すること。また、税金や記載のない事項については一切考慮しないこととする。

＜資料：係数早見表（年利2.0％）＞

	終価係数	年金終価係数	年金現価係数
15年	1.346	17.293	12.849

＊記載されている数値は正しいものとする。

1. 7,268,000円
2. 6,225,000円
3. 4,626,000円

正解　**2**　が正しい　　　　　　　　　　　　テキスト1章　P14-18

複利運用しながら一定金額を積み立てる場合の将来の金額は「積立額×年金終価係数」により求めます。

36万円×17.293＝6,225,480円→6,225,000円

覚えるのが苦手な人は、**分かっている金額を「1」**としたとき、**求めたい金額**の割合を表したものが**係数**と考えましょう。

問題の場合は15年積み立てるため15年後の積立額は1×15年＝15、加えて利息が付くため「15＋α」となり、15より大きい17.293を乗じると考えます。

問3　重要度 B

秀則さん、美鈴さんが加入している生命保険は下表のとおりである。下表の契約A～Cについて、保険金・給付金が支払われた場合の課税関係に関する次の記述のうち、最も適切なものはどれか。

	保険種類	保険料払込方法	保険契約者（保険料負担者）	被保険者	死亡保険金受取人	満期保険金受取人	保険期間
契約A	終身保険	月払い	秀則	秀則	美鈴	－	終身
契約B	医療保険	月払い	美鈴	美鈴	－	－	終身
契約C	養老保険	年払い	秀則	美鈴	秀則	秀則	20年間

1. 契約A：秀則さんが死亡し、美鈴さんが死亡保険金を受け取った場合は、所得税・住民税の課税対象となる。
2. 契約B：美鈴さんが受け取った入院給付金は、所得税・住民税の課税対象となる。
3. 契約C：秀則さんが受け取る満期保険金は、所得税・住民税の課税対象となる。

正解 **3** が適切　　　テキスト2章　1. P125、2. P127、3. P126

1. 不適切　保険料負担者と被保険者が同一である場合の死亡保険金は**相続税**の課税対象となります。
2. 不適切　被保険者が受け取る入院給付金は**非課税**です（手術給付金、通院給付金等も同様）。
3. **適切**　保険料負担者が受け取る満期保険金は**所得税・住民税**の課税対象となります。

原則、「**死亡・満期・解約・老後の年金**」は**課税**され、**他は非課税**と理解し、課税される場合は「保険料負担者が受け取る場合は所得税、他の人が受け取る場合は贈与税（保険料負担者が死亡した場合は相続税）」と考えましょう。

問 4　☑☑☑　　　　　　　　　　　　　　　　　　重要度 B

秀則さんは、通常65歳から支給される老齢基礎年金を繰り下げて受給できることを知り、FPの大垣さんに質問をした。老齢基礎年金の繰下げ受給に関する次の記述のうち、最も適切なものはどれか。なお、老齢基礎年金の受給要件は満たしているものとする。

1. 老齢基礎年金を繰下げ受給した場合の年金額の増額は一生涯続く。
2. 老齢基礎年金を繰下げ受給した場合の年金額は、繰下げ月数1月当たり0.5%の割合で増額された額となる。
3. 老齢基礎年金を繰下げ受給した場合、老齢厚生年金も同時に繰下げ受給しなければならない。

正解　1　が適切　　　　　　　　　テキスト1章　1．2．P56、3．P61

1. **適切**　なお、繰上げ支給した場合の減額も一生続きます。
2. **不適切**　繰下げ支給では、1カ月当たり**0.7%**の割合で増額されます。
3. **不適切**　**繰上げ支給**は**同時**が条件ですが、**繰下げ支給**は**一方のみ**繰下げ、**別の時期**から繰下げ等の選択もできます。

問5 ☑☑☑ 重要度 A

秀則さんの年金加入歴は下記のとおりである。仮に、秀則さんが現時点（47歳）で死亡した場合、秀則さんの死亡時点において妻の美鈴さんに支給される公的年金の遺族給付に関する次の記述のうち、最も適切なものはどれか。なお、秀則さんは、入社時（22歳）から死亡時まで厚生年金保険に加入しているものとし、遺族給付における生計維持要件は満たされているものとする。

国民年金加入 （保険料納付済）	厚生年金加入

▲20歳　　▲22歳　　　　　　　　　　　　　　　▲47歳

1. 死亡一時金と遺族厚生年金が支給される。
2. 遺族厚生年金のみが支給される。
3. 遺族基礎年金と遺族厚生年金が支給される。

正解　**3**　が適切　　　　　　　　　　　　テキスト1章　P65-68

会社員である夫が死亡し、生計を維持する配偶者と18歳到達年度末までの未婚の子がいる場合、死亡時点では**遺族基礎年金**と**遺族厚生年金**が支給されます。**遺族基礎年金**は原則、**子が18歳到達年度末**（一般に高校卒業時の3月末）まで支給され、遺族基礎年金の**支給終了後**は、その時点で40歳以上である妻の場合は、65歳に達するまで遺族厚生年金に**中高齢寡婦加算**が加算されます。

以上より、正解は3.となります。

 レック先生のワンポイント

過去の出題はこのパターンが多くなっています。

		[2021 年 5 月]

第 2 問

次の設例に基づいて、下記の各問（《問１》～《問６》）に答えなさい。

《設 例》

橋口翔太さんは株式会社PBに勤める会社員である。翔太さんは、今後の生活設計について、FPで税理士でもある馬場さんに相談をした。なお、下記のデータはいずれも本年９月１日現在のものである。

［家族構成（同居家族）］

氏名	続柄	生年月日	年齢	職業
橋口　翔太	本人	19XX 年 4 月 15 日	35 歳	会社員
桃子	妻	19XX 年 3 月 20 日	34 歳	専業主婦
龍馬	長男	20XX 年 10 月 9 日	2 歳	

［保有財産（時価）］　　　（単位：万円）

金融資産	
普通預金	100
定期預金	250
投資信託	100
生命保険（解約返戻金相当額）	20

［負債残高］

なし

［マイホーム：資金計画］

翔太さんは、2,400万円のマンションの購入を検討しており、民間金融機関で2,000万円の住宅ローンを組む予定である。マンション購入の頭金は400万円の予定で、その内訳は、定期預金250万円のうち200万円、親から受ける贈与の200万円である。

［その他］

上記以外については、各設問において特に指定のない限り一切考慮しないこととする。

482

問 1 ☑☑☑ 重要度

FPの馬場さんは、資金計画どおりにマンションを購入した後の橋口家のバランスシートを作成した。下表の空欄（ア）にあてはまる金額として、正しいものはどれか。なお、＜設例＞に記載のあるデータに基づいて解答することとし、記載のないデータについては一切考慮しないこととする。

＜橋口家の（マンション購入後の）バランスシート＞　　　　（単位：万円）

［資産］	×××	［負債］	×××
		負債合計	×××
		［純資産］	（ア）
資産合計	×××	負債・純資産合計	×××

1. 270（万円）
2. 670（万円）
3. 870（万円）

正解 2 が正しい　　　　　　　　　　テキスト1章　P11-12

純資産＝資産－負債により求めます。
マイホーム購入後の資産＝普通預金100＋定期預金50＋投資信託100＋生命保険20＋不動産2,400＝2,670（万円）
負債＝2,000（万円）
純資産＝2,670万円－2,000万円＝670（万円）となり、正解は2.となります。

レック先生のワンポイント

マイホーム購入により、設例の**資産の入れ替え**があるため、丁寧に解きましょう。

問2　☑☑☑　　　　　　　　　　　　　　　　　　　　　重要度

翔太さんは、今後15年間で毎年20万円ずつ積立貯蓄をし、将来の生活費の準備をしたいと考えている。積立期間中に年利2.0％で複利運用できるものとした場合、15年後の積立金額として、正しいものはどれか。なお、下記＜資料＞の3つの係数の中から最も適切な係数を選択して計算し、解答に当たっては、千円未満を四捨五入すること。また、税金や記載のない事項については一切考慮しないこととする。

＜資料：係数早見表（年利2.0％）＞

	終価係数	年金終価係数	年金現価係数
15年	1.346	17.293	12.849

※記載されている数値は正しいものとする。

1. 4,038,000円
2. 3,459,000円
3. 2,570,000円

正解　**2**　が正しい　　　　　　　　　　　　　　テキスト1章　P14-18

複利運用しながら一定金額を積み立てる場合の将来の金額は「**積立額×年金終価係数**」により求めます。

20万円×17.293＝3,458,600円→3,459,000円（千円未満四捨五入）となり、2.が正解となります。

覚えるのが苦手な人は、分かっている金額を「1」としたとき、求めたい金額の割合を表したものが係数と考えましょう。

問題の場合は15年積み立てるため15年後の積立額は1×15年＝15、加えて利息が付くため「15＋α」となり、15より大きい17.293を乗じると考えます。

問3 重要度

翔太さんと桃子さんは、教育資金が不足した場合を考え、日本政策金融公庫の教育一般貸付（国の教育ローン）について、FPの馬場さんに質問をした。次の記述の空欄（ア）～（ウ）にあてはまる数値または語句の組み合わせとして、正しいものはどれか。なお、記載のない事項については、一切考慮しないこととする。

> 国の教育ローンは、日本政策金融公庫で取り扱う（ア）金利型の公的な融資制度である。子ども1人につき（イ）万円まで借り入れることが可能である。また、一定の要件を満たす海外留学などに該当する場合には上限（ウ）万円まで借り入れることが可能である。借入れに当たり、世帯年収の上限が設定されている。

1. （ア）変動　（イ）350　（ウ）450
2. （ア）固定　（イ）350　（ウ）450
3. （ア）固定　（イ）450　（ウ）550

正解 2 が正しい　　　テキスト1章　P21

国の教育ローンは、**固定金利**（ア）で、最長返済期間は**18年**、融資限度額は通常**350万円**（イ）、所定の海外留学資金、自宅外通学、大学院等の場合の融資限度額は**450万円**（ウ）となります。
以上より、正解は2.となります。

問 4 重要度

翔太さんは、個人型確定拠出年金（以下「iDeCo」という）について、FPの馬場さんに質問をした。iDeCoに関する馬場さんの次の説明のうち、最も不適切なものはどれか。

1. 「iDeCoに加入した場合、支払った掛金は、小規模企業共済等掛金控除として税額控除の対象となります。」
2. 「iDeCoの年金資産は、原則として60歳になるまで引き出すことができません。」
3. 「国民年金の第3号被保険者である桃子さんは、iDeCoの加入対象者となります。」

| 正解 | 1 | が不適切 | テキスト1章 P70-72、テキスト4章 P298 |

1. **不適切** 加入者本人が拠出した確定拠出年金の掛金は全額が**所得控除**（小規模企業共済等掛金控除）の対象となります。

2. 適切 通算加入者等期間が**10年以上**あれば、**60歳以降**払い出すことができます。

3. 適切 **国民年金第3号被保険者もiDeCoに加入でき**、掛金の拠出限度額は年間276,000円となります。

問5

翔太さんは、会社の定期健康診断で異常を指摘され、本年8月に2週間ほど入院をして治療を受けた。その際の病院への支払いが高額であったため、翔太さんは健康保険の高額療養費制度によって払戻しを受けたいと考え、FPの馬場さんに相談をした。翔太さんの本年8月の保険診療に係る総医療費が100万円であった場合、高額療養費制度により払戻しを受けることができる金額として、正しいものはどれか。なお、翔太さんは全国健康保険協会管掌健康保険（協会けんぽ）の被保険者で、標準報酬月額は「36万円」である。また、翔太さんは限度額適用認定証を病院に提出していないものとする。

＜70歳未満の者：医療費の自己負担限度額（1ヵ月当たり）＞

標準報酬月額	医療費の自己負担限度額
83万円以上	252,600円＋（総医療費－842,000円）×1％
53万～79万円	167,400円＋（総医療費－558,000円）×1％
28万～50万円	80,100円＋（総医療費－267,000円）×1％
26万円以下	57,600円
市区町村民税非課税者	35,400円

※高額療養費の多数該当および世帯合算については考慮しないものとする。

1. 87,430円
2. 212,570円
3. 272,570円

正解 **2** が正しい　　　　　　　　　　　　　　テキスト1章　P34-35

翔太さん（35歳）の医療費の自己負担割合は**3割**ですので、設問の自己負担額は100万円×0.3＝30万円となりますが、自己負担限度額を超える部分は高額療養費として支給されます。

標準報酬月額36万円である者の1カ月間の自己負担限度額は　80,100円＋（1,000,000円－267,000円）×1％＝87,430円　ですので、高額療養費として支給される金額は、300,000円－87,430円＝212,570円となり、正解は2.となります。

レック先生のワンポイント

第1ステップ　**自己負担額**を求める　（医療費×0.3）
第2ステップ　**自己負担限度額**を求める　（表から計算する）
第3ステップ　**自己負担額－自己負担限度額**により高額療養費として払い戻される金額を求める

の順に解きましょう。

問6 重要度

桃子さんの妹の三上恵子さんは会社員であるが出産を間近に控えており、現在産前産後休業を取得中である。産前産後休業期間中の社会保険料の取扱いに関する次の記述のうち、最も適切なものはどれか。なお、恵子さんは、全国健康保険協会管掌健康保険（協会けんぽ）の被保険者であり、かつ厚生年金保険の被保険者である。

1. 事業主が申出を行った場合、被保険者負担分のみ免除される。
2. 事業主が申出を行った場合、事業主負担分のみ免除される。
3. 事業主が申出を行った場合、被保険者負担分および事業主負担分が免除される。

正解 **3** が適切　　　　　　　　　　　　　　　テキスト1章　P32

健康保険および厚生年金保険の被保険者の**産前産後休業、育児休業**（最長3歳に達するまで）の期間は、事業主が申出を行った場合、**被保険者負担分および事業主負担分の健康保険料および厚生年金保険料はともに免除**されます。

以上より、正解は3.となります。

第3問

[2022年1月]

次の設例に基づいて、下記の各問（《問1》～《問5》）に答えなさい。

《設 例》

　香川航平さんは株式会社WAに勤める会社員である。航平さんは、今後の生活設計について、FPで税理士でもある成田さんに相談をした。なお、下記のデータはいずれも本年9月1日現在のものである。

[家族構成（同居家族）]

氏名	続柄	生年月日	年齢	職業
香川　航平	本人	19XX年 7月23日	42歳	会社員
優子	妻	19XX年 5月30日	40歳	専業主婦
あかり	長女	20XX年10月10日	17歳	高校生

[保有財産（時価）]　　　　（単位：万円）

金融資産	
普通預金	200
定期預金	400
投資信託	100
上場株式	150
生命保険（解約返戻金相当額）	30
不動産（自宅マンション）	3,500

[負債]

住宅ローン（自宅マンション）：2,500万円（債務者は航平さん、団体信用生命保険付き）

[その他]

上記以外については、各設問において特に指定のない限り一切考慮しないものとする。

| 問1 | ☑☑☑ | 重要度 |

FPの成田さんは、香川家のバランスシートを作成した。下表の空欄（ア）にあてはまる金額として、正しいものはどれか。なお、＜設例＞に記載のあるデータに基づいて解答することとする。

＜香川家のバランスシート＞　　　　　　　　　　　　　　（単位：万円）

［資産］	×××	［負債］	×××
		負債合計	×××
		［純資産］	（ア）
資産合計	×××	負債・純資産合計	×××

1. 880（万円）
2. 1,850（万円）
3. 1,880（万円）

正解　**3**　が正しい　　　　　　　　　　　　　　テキスト1章　P11-12

純資産＝**資産－負債**により求めます。
資産＝普通預金200＋定期預金400＋投資信託100＋上場株式150＋生命保険30＋不動産3,500＝4,380（万円）
負債＝2,500（万円）
純資産＝4,380万円－2,500万円＝1,880（万円）
以上より、正解は3.となります。

　レック先生のワンポイント

マイホーム購入により、設例の**資産の入れ替え**があるため、丁寧に解きましょう。

問2 　　　　　　　　　　　　　　　　　　　　重要度

航平さんは、60歳で定年を迎えた後、公的年金の支給が始まる65歳までの5年間の生活資金に退職一時金の一部を充てようと考えている。仮に退職一時金のうち500万円を年利2.0％で複利運用しながら5年間で均等に取り崩すこととした場合、年間で取り崩すことができる最大金額として、正しいものはどれか。なお、下記＜資料＞の3つの係数の中から最も適切な係数を選択して計算し、円単位で解答すること。また、税金や記載のない事項については一切考慮しないこととする。

＜資料：係数早見表（年利2.0％）＞

	終価係数	資本回収係数	減債基金係数
5年	1.104	0.21216	0.19216

※記載されている数値は正しいものとする。

1. 960,800円
2. 1,060,800円
3. 1,104,000円

正解 **2** が正しい　　　　　　　　　　テキスト1章 P14-18

一定期間にわたり複利運用しながら一定金額を取り崩すことができる金額は**「元本×資本回収係数」**により求めます。

500万円×0.21216＝1,060,800円。

元本1を5年間にわたり一定金額を均等に取り崩す場合、元本部分の取り崩し額は1÷5＝0.2、利息を加えると0.2より少し多くなるため、乗ずる係数は0.2より少し大きい0.21216と分かります。

問 3 ☑☑☑   重要度 C

航平さんは、長女あかりさんの進路が決定したのちに、住宅ローンの繰上げ返済を検討しており、FPの成田さんに質問をした。住宅ローンの繰上げ返済に関する成田さんの次の説明のうち、最も不適切なものはどれか。

1. 「繰上げ返済は、通常の返済とは別に、現在返済しているローンの利息部分を返済するものです。」
2. 「繰上げ返済は、教育費や老後資金の準備など、他の資金使途とのやりくりを十分考慮したうえで、早期に行うほど、利息軽減効果は高くなります。」
3. 「毎月の返済額を変えずに、返済期間を短縮する方法を『期間短縮型』といいます。」

正解 **1** が不適切　　　　　　　　　　　　　　テキスト1章 P25

1) **不適切**　繰上げ返済した金額は、**元本部分の返済に充当**されます。

2) 適切　　　借入残高が多いとき（**早い時期**）に繰上げ返済するほど、**利息軽減効果は大きく**なります。

3) 適切　　　なお、**返済期間を変えず**に、**毎回の返済額を少なくする方法**を「**返済額軽減型**」といいます。

問 4 ☑☑☑ 重要度 B

航平さんは、病気やケガで働けなくなった場合、健康保険からどのような給付が受けられるのか、FPの成田さんに質問をした。成田さんが行った健康保険（全国健康保険協会管掌健康保険）の傷病手当金に関する次の回答の空欄（ア）～（ウ）にあてはまる数値または語句の組み合わせとして、正しいものはどれか。

＜成田さんの回答＞
「傷病手当金は業務外の病気やケガの療養のため、勤務先を休んだ日が連続して（ア）日間続いた後（イ）日目以降の休業して賃金が受けられない日について、休業1日につき、支給開始日以前の継続した12ヵ月間の各月の標準報酬月額の平均額を30で除した額の（ウ）相当額が支給されます。」

1. （ア）2　（イ）3　（ウ）3分の2
2. （ア）3　（イ）4　（ウ）3分の2
3. （ア）3　（イ）4　（ウ）4分の3

正解 **2** が正しい　　　　　　　テキスト1章　P36

健康保険の傷病手当金は、プライベート（業務外）の病気やケガにより連続した**3日間**（ア）会社を休んだ場合、休業**4日目**（イ）から**通算1年6カ月**を限度に支給されます。

休業1日につき「直近の継続した被保険者期間12カ月の標準報酬月額の平均額÷30×**2／3**（ウ）」が支給されます。

 レック先生のワンポイント

ポイントは「**連続3日間の休業**」「**2／3**」「**1年6カ月**」の3つです。

問5 重要度

航平さんの年金加入歴は下記のとおりである。仮に、航平さんが現時点（42歳）で死亡した場合、航平さんの死亡時点において妻の優子さんに支給される公的年金の遺族給付に関する次の記述のうち、最も適切なものはどれか。なお、航平さんは、入社時（24歳）から死亡時まで厚生年金保険に加入しているものとし、遺族給付における生計維持要件は満たされているものとする。

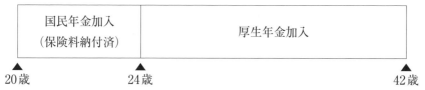

1. 遺族基礎年金と遺族厚生年金が支給される。
2. 遺族厚生年金が支給され中高齢寡婦加算額が加算される。
3. 寡婦年金と遺族厚生年金が支給される。

正解 **1** が適切 テキスト1章 P65-68

会社員である夫が死亡し、生計を維持する配偶者と**18歳到達年度末までの未婚の子がいる**場合、死亡時点では**遺族基礎年金と遺族厚生年金が支給**されます。遺族基礎年金は原則、子が18歳到達年度末（一般に高校卒業の3月末）まで支給され、遺族基礎年金の支給終了後は、その時点で妻が40歳以上である場合に、65歳に達するまで遺族厚生年金に中高齢寡婦加算が加算されます。

過去問題の掲載(引用)について
過去問題は、概ね実際に出題された試験の問題の通りに掲載していますが、年度表記や法改正などの必要
な改訂を行っておりますので、試験実施団体から公開されている試験問題とは記述が異なる場合があります。
一般社団法人金融財政事情研究会　ファイナンシャル・プランニング技能検定
3級FP技能検定実技試験(個人資産相談業務、保険顧客資産相談業務)
平成29年9月許諾番号 1709K000001

FP3級 合格のトリセツ 速習問題集 2023-24年版

2021年8月5日　　第1版　第1刷発行
2023年5月30日　　第3版　第1刷発行
2023年11月10日　　　　　第2刷発行

　　編著者●株式会社　東京リーガルマインド
　　　　　　LEC FP試験対策研究会

　　発行所●株式会社　東京リーガルマインド
　　　　　　〒164-0001　東京都中野区中野4-11-10
　　　　　　　　　　　　アーバンネット中野ビル
　　　　　LECコールセンター　　✉ 0570-064-464
　　　　　　　　　受付時間　平日9:30〜20:00/土・祝10:00〜19:00/日10:00〜18:00
　　　　　　　　　※このナビダイヤルは通話料お客様ご負担となります。
　　　　　書店様専用受注センター　　TEL 048-999-7581 / FAX 048-999-7591
　　　　　　　　　受付時間　平日9:00〜17:00/土・日・祝休み
　　　　　www.lec-jp.com/

　　　　　印刷・製本●情報印刷株式会社

©2023 TOKYO LEGAL MIND K.K., Printed in Japan　　　　ISBN978-4-8449-9776-4
複製・頒布を禁じます。
本書の全部または一部を無断で複製・転載等することは、法律で認められた場合を除き、著作
者及び出版者の権利侵害になりますので、その場合はあらかじめ弊社あてに許諾をお求めくだ
さい。
なお、本書は個人の方々の学習目的で使用していただくために販売するものです。弊社と競合
する営利目的での使用等は固くお断りいたしております。
落丁・乱丁本は、送料弊社負担にてお取替えいたします。出版部(TEL03-5913-6336)までご連
絡ください。

3・2級FPコース・講座 ご案内

LECのお勧めカリキュラム!

3・2級FP・AFP合格コース

3・2級FP・AFP対策パック
全42回【105.5時間】
通学／通信

ゼロから初めて実戦力まで習得!
3級・2級FPを取得するカリキュラム

3級FPスピード合格講座	2級FP・AFP養成講座	2級FP重点マスター講座	2級FP公開模擬試験	2級FP技能検定
全12回【30時間】通信 INPUT	全21回【52.5時間】通学／通信 INPUT	全8回【19.5時間】通信 OUTPUT	全1回【210分】会場受験／自宅受験 公開模試	

★日本FP協会のAFP認定研修

2級FP・AFP合格コース

2級FP・AFP対策パック
全30回【75.5時間】
通学／通信

2級の基礎知識をバランス良く習得!
しっかりと合格を目指すカリキュラム

2級FP・AFP養成講座	2級FP重点マスター講座	2級FP公開模擬試験	2級FP技能検定
全21回【52.5時間】通学／通信 INPUT	全8回【19.5時間】通信 OUTPUT	全1回【210分】会場受験／自宅受験 公開模試	

★日本FP協会のAFP認定研修

3級FP合格コース

3級FP合格パック
全13回【33時間】
通信

FPの基礎力を学習!
3級のFP合格を目指すカリキュラム

3級FPスピード合格講座	3級FP公開模擬試験	3級FP技能検定
全12回【30時間】通信 INPUT	全1回【計180分】自宅受験 公開模試	

各種講座のご案内

インプット講座 [通信]
3級FPスピード合格講座
全12回／計30時間

FPの基礎知識を身につける

初めて学習する方も、わかりやすい講義とテキストで、無理なく合格レベルに到達することを目標とする講座です。
※実技試験は日本FP協会実施の「資産設計提案業務」、金融財政事情研究会実施の「個人資産相談業務」に対応しています。

公開模試 [通信]
3級FP公開模擬試験
全1回／3時間

厳選問題で本試験をシミュレーション！

試験前に欠かせない！学習到達度をチェックするための模擬試験です。
※採点、成績表の発行、および、解説講義はございません。

インプット講座 [通学/通信]
2級FP・AFP養成講座
全21回／52.5時間

基礎知識をバランスよく習得！

出題が広範囲にわたる2級FP（AFP）の知識を、ムダなくバランス良く習得できるLECのメイン・インプット講座です。
※本講座は日本FP協会のAFP認定研修です。

アウトプット講座 [通信]
2級FP重点マスター講座
全8回／19.5時間

アウトプット対策の決定版！

徹底した過去問分析に基づいた問題演習を行います。アウトプット対策はこれで万全です！

公開模試 [通学/通信]
2級FP公開模擬試験
全1回／3.5時間

本試験と同レベル問題で実力をチェック！

厳選した問題で本試験シミュレーション＆実力診断を！（学科または実技のみの受験申込可能）
※解説講義はございません。

2級FP技能士取得者向け AFP認定研修講座 全2回（1講義：2.5時間）

2級または1級FP技能士取得者を対象に日本FP協会のAFP認定研修に特化した通信講座です。本講座を受講・修了することで、AFP資格を取得することができます。LECのAFP認定研修は「提案書」を分りやすく作成できるようにプログラムされており、安心して講座を受講することができます。また、CFP®の受験資格を取得することができます。

● 対象者
2級以上のFP技能士資格を既にお持ちの方で、AFP資格の取得を目指す方

● 使用教材
・FP総論　・受講のご案内
・提案書アドバイザー

● 講座の特長
・わかりやすい！「提案書アドバイザー」テキストと充実の講義
・インターネットの質問が無料です！　何回でも利用がOK

● 受講形態【通信】

講義形態	教材
Web+音声DL+スマホ	Webアップ版※
	教材発送
DVD	教材発送

※Webアップ版はインターネットでの質問はできません。

最新情報や講座申込受付はこちらまで

https://www.lec-jp.com/fp/

合格に導く！熱意あふれる講師陣

コンサルティングをはじめ、実務の第一線で活躍中の現役FPが講義を担当。独立系FPほか、社会保険労務士、行政書士など、各科目のスペシャリストによる講義は、試験対策はもちろん、実生活ですぐに活きるFP知識が身につくと評判です。

伊東 伸一 Ito Shinichi
身近なテーマで記憶に残る講義を！

『わかりやすく、かつ、聴くことで覚えることのできる講義』で受講生のみなさんを合格に導くこと、さらには、合格後も役立てていただけるような印象に残る講義を目指しています。

担当科目　● タックスプランニング　● 相続・事業承継

岩田 美貴 Iwata Miki
ポイントを押さえた講義で理解から合格へ導きます！

20余年のLECでの講義経験から、出題ポイントを的確に押さえ、メリハリの効いた講義を行い、さらにFPとしての実務経験から、"そうなる理由"をていねいに解説いたします。

担当科目　● 金融資産運用・提案書

山田 幸次郎 Yamada kojiro
分かりやすく、早く覚え、楽しめる講義！

資格の知識を受講生がイメージして覚えられるよう分かりやすく講義を進め、難しい内容もかみくだいて、理解しやすいように説明していきます。

担当科目　● リスク管理

熱田 宏幸 Atsuta Hiroyuki
やる気のある方、最短合格へ導きます！

専門学校だからこそできる、無駄や暗記を極力排除した講義を提供いたします。もちろん、試験傾向も網羅していますから、毎回講義に出席して頂き、復習をすれば合格することができます。

担当科目　● タックスプランニング　● 相続・事業承継

芳川 博一 Yoshikawa Hirokazu
基本が大事です！

FPを初めて学ぶ方が、専門用語につまずいてしまわないように、わかりやすい言葉に言い換えたり、図解を多用して楽しく学んでいただける工夫をしています。過去問分析による大事なポイントをお伝えすることで、合格につながる講義を心がけています。

担当科目　● 不動産

長沢 憲一 Nagasawa Kenichi
徹底分析こそ合格への近道です！

これまでに出題された過去問を徹底的に分析し、本試験に直結した講義を心がけています。勉強するからには一発合格を意識することはもちろんですが、学んだ知識を日常生活のさまざまな場面で生かしてもらえれば幸いです。

担当科目　● ライフプランニングと資金計画

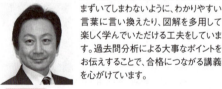

歌代 将也 Utasiro Masanari
「なぜ」を大切に、実生活でも役立つ講義を！

「ライフプランニングと資金計画」の分野は、人生の三大支出への対処やキャッシュフロー表作成などFPとしての基礎となる部分と社会保険全般が範囲となっており、ボリュームがあります。講義で背景も含めて説明することで、覚えやすくなるよう心がけています。

担当科目　● ライフプランニングと資金計画

長谷川 浩一 Hasegawa Kouichi
合格に導く「分かってもらう講義」を目指します！

FP資格では生活に直接関係のある内容を学びますが、専門用語も多く出ます。私の講義では、「暗記」ではなく「分かってもらう」ことで、難しい専門用語もしっかり理解でき合格に直結します。実生活にも役立つ有意義な講義を目指します！

担当科目　● リスク管理

3級FP公開模擬試験

（全1回・計180分　自宅受験のみ）

FP最新情報はこちら

厳選した問題で本試験をシミュレーション！

- 本試験と同形式・同レベルの公開模擬試験です。
- ひと通り学習が終わった後の実力診断に最適！
- 弱点・苦手分野を把握し、対策を講じて完璧に試験に備えることができます。
- 「資産設計提案業務」と「個人資産相談業務」「保険顧客資産相談業務」の3つの実技試験問題をご用意しています。
- 時間配分など、本試験をシミュレーションすることができます。

使用教材

本試験と同形式・同レベルの問題に、解説が付いています！

- オリジナル問題冊子
- 解答・解説冊子（右参照）

※学科または実技のみの受験もできます。
※自己採点となりますので、解説講義・成績表はございません。

問題冊子　　解答・解説冊子

おためしWeb受講制度

FP講座をおためしで受講してみよう！

おためしWeb受講申込はこちら

 講義の様子　 講師との相性　 便利な機能

LECの講義を無料でためせる！

\スマホもOK！／

おためしWeb受講制度とは

各種試験対策のさまざまな講座の一部分を、Web講義にて無料で受講していただくことができる、大変おススメの制度です。

FPおためWeb講座 ラインナップ　下記の講座をご用意しています。

- 3級FPスピードマスター講座
- 2級FP・AFP養成講座
- CFP®受験対策講座
- 1級FP学科試験対策講座

講義画面

企業様のFP資格取得もお手伝いします!

LECでは、企業様における人材育成も幅広くお手伝いしております。FP資格の取得に関しても、LECの持つ様々なリソースを活用し、貴社のニーズに合わせたサービスをご提案いたします。

研修のご提供形式

講師派遣型・オンライン型講義

貴社専用のスケジュールやカリキュラム、会場で、細やかなニーズに合わせた講義をご提供します。講師派遣型のみでなく、ビデオ会議システムを使ったオンライン講義もご提供可能となっており、従業員様の居住地に関わらず、リアルタイム&双方向の講義をご提供します。

オリジナルWeb通信型講義

受講させたいご参加者様のスケジュール調整が難しいものの、貴社オリジナルのカリキュラムで講義を受けさせたい場合には、弊社内のスタジオでオリジナル収録したWeb動画による講義のご提供が可能です。パソコンのみでなくスマートフォンでも受講ができ、インターネット環境があればいつでもどこでも、受講期間中であれば何度でもご受講いただけます。

法人提携割引

「企業として費用負担はできないが、FP資格取得のための自己啓発の支援はしてあげたいという」場合には、LECのFP講座(通学・通信)を割引価格にてお申込みいただける法人提携割引をご提案いたします。提携の費用は無料となっており、お申込書を一枚ご提出いただくだけで貴社従業者様がLEC講座をお得にお申込みいただけます。

LEC通信/通学講座を割引価格で受講することができます!

LEC 東京リーガルマインド

銀行・証券会社・保険会社・不動産会社にて、多くの導入実績・合格実績あり！

以下全てのFP資格対策をご提案いたします。

FP技能検定1級/CFP®

FP技能検定2級/AFP

AFP認定研修

FP技能検定3級

実施形式・スケジュール・ご予算など、柔軟にご提案いたします。
お気軽にお問い合わせください。

＜企業様向け FP取得支援サービス＞

https://partner.lec-jp.com/biz/license/fp/　　検索

※CFP®は、米国外においてはFinancial Planning Standards Board Ltd.(FPSB)の登録商標で、FPSBとのライセンス契約の下に、日本国内においてはNPO法人日本FP協会が商標の使用を認めています。

LEC東京リーガルマインド

LEC法人事業本部　☎03-5913-6047　📠03-5913-6387
■平日:9:00～18:00　■土日祝:休
✉hojin@lec-jp.com

〒164-0001 東京都中野区中野 4-11-10 アーバンネット中野ビル

LEC Webサイト ▷▷▷ www.lec-jp.com/

情報盛りだくさん！

資格を選ぶときも、
講座を選ぶときも、
最新情報でサポートします！

▶最新情報
各試験の試験日程や法改正情報，対策講座，模擬試験の最新情報を日々更新しています。

▶資料請求
講座案内など無料でお届けいたします。

▶受講・受験相談
メールでのご質問を随時受付けております。

▶よくある質問
LECのシステムから，資格試験についてまで，よくある質問をまとめました。疑問を今すぐ解決したいなら，まずチェック！

▶書籍・問題集（LEC書籍部）
LECが出版している書籍・問題集・レジュメをこちらで紹介しています。

充実の動画コンテンツ！

ガイダンスや講演会動画，
講義の無料試聴まで
Webで今すぐCheck！

▶動画視聴OK
パンフレットやWebサイトを見てもわかりづらいところを動画で説明。いつでもすぐに問題解決！

▶Web無料試聴
講座の第1回目を動画で無料試聴！気になる講義内容をすぐに確認できます。

スマートフォン・タブレットから簡単アクセス！ ▷▷▷

🖱 自慢のメールマガジン配信中！（登録無料）

LEC講師陣が毎週配信！ 最新情報やワンポイントアドバイス，改正ポイントなど合格に必要な知識をメールにて毎週配信。

www.lec-jp.com/mailmaga/

🖱 LEC E学習センター

新しい学習メディアの導入や，Web学習の新機軸を発信し続けています。また，LECで販売している講座・書籍などのご注文も，いつでも可能です。

online.lec-jp.com/

LEC電子書籍シリーズ

LECの書籍が電子書籍に！ お使いのスマートフォンやタブレットで，いつでもどこでも学習できます。
※動作環境・機能につきましては，各電子書籍ストアにてご確認ください。

www.lec-jp.com/ebook/

LEC書籍・問題集・レジュメの紹介サイト LEC書籍部 www.lec-jp.com/system/book/

- LECが出版している書籍・問題集・レジュメをご紹介
- 当サイトから書籍などの直接購入が可能（＊）
- 書籍の内容を確認できる「チラ読み」サービス
- 発行後に判明した誤字等の訂正情報を公開

＊商品をご購入いただく際は，事前に会員登録（無料）が必要です。
＊購入金額の合計・発送する地域によって，別途送料がかかる場合がございます。

※資格試験によっては実施していないサービスがありますので，ご了承ください。

LEC 全国学校案内

＊講座のお問合せ，受講相談は最寄りのLEC各校へ

LEC本校

■ 北海道・東北

札 幌本校 ☎011(210)5002
〒060-0004 北海道札幌市中央区北4条西5-1 アスティ45ビル

仙 台本校 ☎022(380)7001
〒980-0022 宮城県仙台市青葉区五橋1-1-10 第二河北ビル

■ 関東

渋谷駅前本校 ☎03(3464)5001
〒150-0043 東京都渋谷区道玄坂2-6-17 渋東シネタワー

池 袋本校 ☎03(3984)5001
〒171-0022 東京都豊島区南池袋1-25-11 第15野萩ビル

水道橋本校 ☎03(3265)5001
〒101-0061 東京都千代田区神田三崎町2-2-15 Daiwa三崎町ビル

新宿エルタワー本校 ☎03(5325)6001
〒163-1518 東京都新宿区西新宿1-6-1 新宿エルタワー

早稲田本校 ☎03(5155)5501
〒162-0045 東京都新宿区馬場下町62 三朝庵ビル

中 野本校 ☎03(5913)6005
〒164-0001 東京都中野区中野4-11-10 アーバンネット中野ビル

立 川本校 ☎042(524)5001
〒190-0012 東京都立川市曙町1-14-13 立川MKビル

町 田本校 ☎042(709)0581
〒194-0013 東京都町田市原町田4-5-8 MIキューブ町田イースト

横 浜本校 ☎045(311)5001
〒220-0004 神奈川県横浜市西区北幸2-4-3 北幸GM21ビル

千 葉本校 ☎043(222)5009
〒260-0015 千葉県千葉市中央区富士見2-3-1 塚本大千葉ビル

大 宮本校 ☎048(740)5501
〒330-0802 埼玉県さいたま市大宮区宮町1-24 大宮GSビル

■ 東海

名古屋駅前本校 ☎052(586)5001
〒450-0002 愛知県名古屋市中村区名駅4-6-23 第三堀内ビル

静 岡本校 ☎054(255)5001
〒420-0857 静岡県静岡市葵区御幸町3-21 ペガサート

■ 北陸

富 山本校 ☎076(443)5810
〒930-0002 富山県富山市新富町2-4-25 カーニープレイス富山

■ 関西

梅田駅前本校 ☎06(6374)5001
〒530-0013 大阪府大阪市北区茶屋町1-27 ABC-MART梅田ビル

難波駅前本校 ☎06(6646)6911
〒556-0017 大阪府大阪市浪速区湊町1-4-1
大阪シティエアターミナルビル

京都駅前本校 ☎075(353)9531
〒600-8216 京都府京都市下京区東洞院通七条下ル2丁目
東塩小路町680-2 木村食品ビル

四条烏丸本校 ☎075(353)2531
〒600-8413 京都府京都市下京区烏丸通仏光寺下ル
大政所町680-1 第八長谷ビル

神 戸本校 ☎078(325)0511
〒650-0021 兵庫県神戸市中央区三宮町1-1-2 三宮セントラルビル

■ 中国・四国

岡 山本校 ☎086(227)5001
〒700-0901 岡山県岡山市北区本町10-22 本町ビル

広 島本校 ☎082(511)7001
〒730-0011 広島県広島市中区基町11-13 合人社広島紙屋町アネクス

山 口本校 ☎083(921)8911
〒753-0814 山口県山口市吉敷下東 3-4-7 リアライズⅢ

高 松本校 ☎087(851)3411
〒760-0023 香川県高松市寿町2-4-20 高松センタービル

松 山本校 ☎089(961)1333
〒790-0003 愛媛県松山市三番町7-13-13 ミツネビルディング

■ 九州・沖縄

福 岡本校 ☎092(715)5001
〒810-0001 福岡県福岡市中央区天神4-4-11 天神ショッパーズ
福岡

那 覇本校 ☎098(867)5001
〒902-0067 沖縄県那覇市安里2-9-10 丸姫産業第2ビル

■ EYE関西

EYE 大阪本校 ☎06(7222)3655
〒530-0013 大阪府大阪市北区茶屋町1-27 ABC-MART梅田ビル

EYE 京都本校 ☎075(353)2531
〒600-8413 京都府京都市下京区烏丸通仏光寺下ル
大政所町680-1 第八長谷ビル

【LEC公式サイト】www.lec-jp.com/

スマホから簡単アクセス！

LEC提携校

＊提携校はLECとは別の経営母体が運営をしております。
＊提携校は実施講座およびサービスにおいてLECと異なる部分がございます。

■北海道・東北

八戸中央校【提携校】 ☎0178(47)5011
〒031-0035　青森県八戸市寺横町13　第1朋友ビル　新教育センター内

弘前校【提携校】 ☎0172(55)8831
〒036-8093　青森県弘前市城東中央1-5-2　まなびの森　弘前城東予備校内

秋田校【提携校】 ☎018(863)9341
〒010-0964　秋田県秋田市八橋鯲沼町1-60　株式会社アキタシステムマネジメント内

■関東

水戸校【提携校】 ☎029(297)6611
〒310-0912　茨城県水戸市見川2-3092-3

所沢校【提携校】 ☎050(6865)6996
〒359-0037　埼玉県所沢市くすのき台3-18-4　所沢K・Sビル　合同会社LPエデュケーション内

東京駅八重洲口校【提携校】 ☎03(3527)9304
〒103-0027　東京都中央区日本橋3-7-7　日本橋アーバンビル　グランデス内

日本橋校【提携校】 ☎03(6661)1188
〒103-0025　東京都中央区日本橋茅場町2-5-6　日本橋大江戸ビル　株式会社大江戸コンサルタント内

■東海

沼津校【提携校】 ☎055(928)4621
〒410-0048　静岡県沼津市新宿町3-15　萩原ビル　M-netパソコンスクール沼津校内

■北陸

新潟校【提携校】 ☎025(240)7781
〒950-0901　新潟県新潟市中央区弁天3-2-20　弁天501ビル　株式会社大江戸コンサルタント内

金沢校【提携校】 ☎076(237)3925
〒920-8217　石川県金沢市近岡町845-1　株式会社アイ・アイ・ピー金沢内

福井南校【提携校】 ☎0776(35)8230
〒918-8114　福井県福井市羽水2-701　株式会社ヒューマン・デザイン内

■関西

和歌山駅前校【提携校】 ☎073(402)2888
〒640-8342　和歌山県和歌山市友田町2-145　KEG教育センタービル　株式会社KEGキャリア・アカデミー内

■中国・四国

松江殿町校【提携校】 ☎0852(31)1661
〒690-0887　島根県松江市殿町517　アルファステイツ殿町　山路イングリッシュスクール内

岩国駅前校【提携校】 ☎0827(23)7424
〒740-0018　山口県岩国市麻里布町1-3-3　岡村ビル　英光学院内

新居浜駅前校【提携校】 ☎0897(32)5356
〒792-0812　愛媛県新居浜市坂井町2-3-8　パルティフジ新居浜駅前店内

■九州・沖縄

佐世保駅前校【提携校】 ☎0956(22)8623
〒857-0862　長崎県佐世保市白南風町5-15　智翔館内

日野校【提携校】 ☎0956(48)2239
〒858-0925　長崎県佐世保市椎木町336-1　智翔館日野校内

長崎駅前校【提携校】 ☎095(895)5917
〒850-0057　長崎県長崎市大黒町10-10　KoKoRoビル　minatoコワーキングスペース内

沖縄プラザハウス校【提携校】 ☎098(989)5909
〒904-0023　沖縄県沖縄市久保田3-1-11　プラザハウス　フェアモール　有限会社スキップヒューマンワーク内

※上記は2023年10月1日現在のものです。

書籍の訂正情報について

このたびは、弊社発行書籍をご購入いただき、誠にありがとうございます。
万が一誤りの箇所がございましたら、以下の方法にてご確認ください。

1 訂正情報の確認方法

書籍発行後に判明した訂正情報を順次掲載しております。
下記Webサイトよりご確認ください。

www.lec-jp.com/system/correct/

2 ご連絡方法

上記Webサイトに訂正情報の掲載がない場合は、下記Webサイトの
入力フォームよりご連絡ください。

lec.jp/system/soudan/web.html

フォームのご入力にあたりましては、「Web教材・サービスのご利用について」の
最下部の「ご質問内容」に下記事項をご記載ください。

- ・対象書籍名（○○年版、第○版の記載がある書籍は併せてご記載ください）
- ・ご指摘箇所（具体的にページ数と内容の記載をお願いいたします）

ご連絡期限は、次の改訂版の発行日までとさせていただきます。
また、改訂版を発行しない書籍は、販売終了日までとさせていただきます。

※上記「2 ご連絡方法」のフォームをご利用になれない場合は、①書籍名、②発行年月日、③ご指摘箇所、を記載の上、郵送
にて下記送付先にご送付ください。確認した上で、内容理解の妨げとなる誤りについては、訂正情報として掲載させてい
ただきます。なお、郵送でご連絡いただいた場合は個別に返信しておりません。

送付先：〒164-0001 東京都中野区中野4-11-10 アーバンネット中野ビル
　　　　株式会社東京リーガルマインド 出版部 訂正情報係

- ・誤りの箇所のご連絡以外の書籍の内容に関する質問は受け付けておりません。
  また、書籍の内容に関する解説、受験指導等は一切行っておりませんので、あらかじめ
  ご了承ください。
- ・お電話でのお問合せは受け付けておりません。

講座・資料のお問合せ・お申込み

LECコールセンター ☎ 0570-064-464

受付時間：平日9:30～20:00／土・祝10:00～19:00／日10:00～18:00

※このナビダイヤルの通話料はお客様のご負担となります。
※このナビダイヤルは講座のお申込みや資料のご請求に関するお問合せ専用ですので、書籍の正誤に関
　するご質問をいただいた場合、上記「2 ご連絡方法」のフォームをご案内させていただきます。